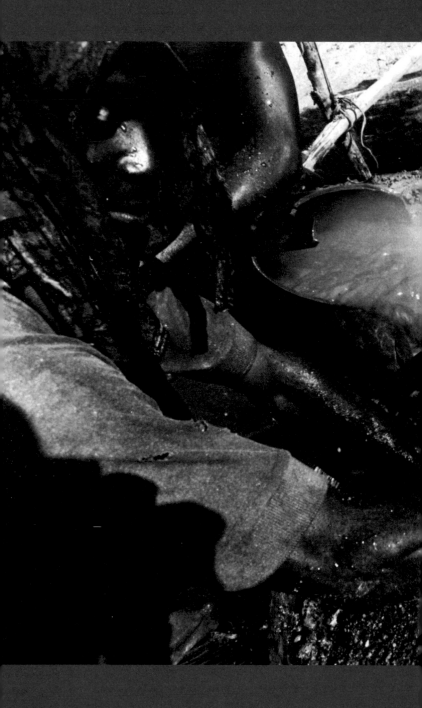

Im Januar 2011

Liebe Leserinnen und Leser,
liebe Freunde der »Anderen Bibliothek«,

durch Lektüren war mir Hans Christoph Buch längst vertraut,
als ich ihn beim Lektorieren seiner »haitianischen Romane«
endlich kennenlernen konnte. Das liegt zwanzig Jahre zurück.
Schon damals schrieb dieser Autor anders als seine literari-
schen Zeitgenossen: Mit einem Großvater als Apotheker auf
Haiti und einer kreolischen Großmutter kannte er, nicht zuletzt als Diplomatensohn, bereits die Welt, er war gerade von
einer Reise zurück oder soeben beim Kofferpacken …
Seitdem ist Hans Christoph Buch ein singulärer Romancier,
Erzähler und Essayist geworden, den immer auch die
Bürgerkriegs- und Katastrophenorte dieser Welt angezogen
haben und dessen literarische Reportagen wachsam und
beunruhigend hinschauen – wenn wir und die Öffentlichkeit
am liebsten wegsehen wollen.
Die Traumata, die Hans Christoph Buch sich bei seinen Au-
genzeugenschaften zufügt, die albtraumhaften Erfahrungen,
denen Hans Christoph Buch sich bei seinen afrikanischen
Autopsien aussetzt, formt er für uns zu dramatischer und auf-
klärerischer Literatur von ganz eigenem Rang.
»Apokalypse Afrika oder Schiffbruch mit Zuschauern« ist
ein neuer Band in unserer Bibliothek, die er zuletzt mit einem
Roman über das koloniale Sansibar und mit seinen Berichten
aus Haiti – und auch diese sind aktueller denn je – bereichert
hat.

Lesen Sie wohl wünscht

Ihr

Christian Döring

Hans Christoph Buch

APOKALYPSE AFRIKA
ODER SCHIFFBRUCH MIT ZUSCHAUERN

DIE ANDERE BIBLIOTHEK

Begründet von Hans Magnus Enzensberger

Hans Christoph Buch

Romanessay

APOKALYPSE AFRIKA ODER SCHIFFBRUCH MIT ZUSCHAUERN

Mit zwei Fotobogen von Andreas Herzau

eichborn

Frankfurt am Main, 2011

INHALT

I. FLOSS DER MEDUSA

»Schwärendes Fleisch, von Géricault gemalt
Ans Holz gekrallt im grünen Wellental
Wer hier sich aufbäumt, der wird schnell zu Aas
Und dient, eh er verfault, den Stärkeren zum Fraß ...«

1 Der Schiffbruch geschah am zweiten Juli um viertel nach drei nachmittags

der Augenblick kam, an dem wir die Fregatte verlassen mussten

der Ruf »Es lebe der König!« wurde angestimmt von der Besatzung des Schiffes

der Chef der Division, die uns an Land bringen sollte, hatte geschworen, uns nicht im Stich zu lassen

führen wir uns vor Augen, wie das Floß konstruiert war, dem hundertfünfzig Personen anvertraut waren

kaum befanden sich alle hundertfünfzig auf dem Floß, wurde dieses durch ihr Gewicht unter Wasser gedrückt

beim Abstoßen von der Fregatte warf man uns das Großsegel zu und einen Sack mit fünfundzwanzig Pfund Schiffszwieback, der im Meer landete

Kommandant des Floßes war ein Offiziersanwärter erster Klasse namens Coudin

die Schaluppe stieß zu uns; sie wurde als Letztes zu Wasser gelassen

zwei Rettungsboote kreuzten in unserer Nähe, aber als wir sie zu erreichen versuchten, entfernten sie sich

das bestätigte unsere schlimmsten Befürchtungen

Sie lassen uns im Stich!

Nach dem Verschwinden der Rettungsboote herrschte größte Konsternation

vor unseren Augen standen Schreckbilder von Hunger und Durst

Verzweiflung bemächtigte sich der Matrosen und Soldaten nach dem ersten Schock

feste Entschlossenheit und tröstende Worte beruhigten die aufgebrachten Gemüter

unsere erste Mahlzeit bestand aus feuchtem Schiffszwieback, der sich in eine teigige Masse verwandelt hatte

der Rest des Tages verlief ruhig

am Abend richteten wir, wie unter Schiffbrüchigen üblich, flehentliche Gebete gen Himmel

Monsieur Savigny übernahm es, einen Mast zu bauen

die Nacht brach herein, ohne dass unsere Gebete erhört wurden

Welch schreckliche Nacht!

Was für ein Schauspiel bot sich unseren Augen!

Vor dem Essen wurden Nummern gezogen

zwei Schiffsjungen und ein Bäcker gaben sich den Tod

die erste Nacht war furchtbar gewesen, die zweite wurde noch schrecklicher

sie beschlossen, das Sterben zu erleichtern, indem sie sich sinnlos betranken

das war das Signal zum Aufstand

es gab nicht nur Einzelkämpfe, sondern einen regelrechten Krieg

ein Infanterieoffizier wurde von seinen Soldaten ergriffen, ins Meer geschleudert

die Aufständischen warfen sich uns zu Füßen und baten um Pardon, den wir ihnen sofort gewährten

einige von uns waren durch Bisswunden verletzt wie Monsieur Savigny an den Beinen und an der Schulter die Nacht verhüllte mit ihrem düsteren Schleier die grässlichen Kämpfe

Monsieur Griffon verlor den Verstand und sprang über Bord, um zu ertrinken

es folgt die Schilderung dessen, was Herr Savigny in dieser Nacht empfand

die Unglücklichen, die keine Kraft mehr hatten, die Symptome zu bekämpfen, ereilte der Tod

Geschrei und Tumult rissen uns aus unserer todesähnlichen Lethargie

seltsame Bilder schwebten vor den Augen der Fiebernden

erschöpft von den Kämpfen, halb verrückt vor Hunger und Durst, versuchten wir vergebens, Ruhe zu finden

die aufgehende Sonne beleuchtete die schreckliche Szenerie

das Licht des Tages beruhigte die aufgebrachten Gemüter während des Tumults hatten die Aufständischen zwei Weinfässer und die letzte Tonne Trinkwasser ins Meer gekippt

ein Hoffnungsschimmer dämpfte vorübergehend unsere Verzweiflung

wir kauten unsere Patronentaschen und die Wehrgehänge unserer Säbel

zum vierten Mal ergoss das Licht der Sonne sich über unser Desaster

ein unvorhergesehenes Ereignis ließ uns Trost schöpfen

ein Schwarm fliegender Fische landete auf dem Floß

die Nacht verlief ruhig und beinahe glücklich, hätte es nicht erneut ein Massaker gegeben

unter Aufbietung aller Kräfte stellten wir die Ordnung wieder her

das Salzwasser hatte uns die Haut von den Beinen geätzt

zwei Soldaten hatten sich in das noch verbliebene Weinfass verkrochen ein Schiffsjunge namens Léon hauchte sein Leben aus

wir brieten das unaussprechliche Fleisch, alle aßen davon

einzig Monsieur Corréard, den dieses Gedächtnis ehrt, weigerte sich

lieber wollte er sterben als –

nur außergewöhnliche Mittel konnten unser Überleben sichern

wir hielten Kriegsrat und beschlossen, die Verletzten ins Meer zu werfen

doch wer war bereit, den von Verzweiflung diktierten Beschluss in die Tat umzusetzen?

Der abscheuliche Akt rettete fünfzehn noch verbliebenen Personen das Leben

mit unartikulierten Schreien wünschten wir uns den Tod herbei

in der Mitte des Floßes errichteten wir eine Art Podest

auf dieser Bühne erwarteten wir auf Franzosen würdige Weise den Tod

jedes Mal, wenn die Wogen über uns hinwegspülten, krümmten wir uns vor Schmerz

brennender Durst, verstärkt von der Gluthitze der Sonne, verzehrte uns

gierig netzten wir unsere aufgesprungenen Lippen mit Urin

vergeblich versuchten wir, den Durst mit Meerwasser zu stillen

selbst um ein paar Knoblauchzehen gab es Streit

unter den verbliebenen Vorräten hatte man zwei Phiolen entdeckt, die Alkohol für die Zahnpflege enthielten

ein leeres Fläschchen mit Resten von Rosenessenz war ein begehrtes Objekt

mit einem als Strohhalm dienenden Federkiel saugten wir die Neige des Weins aus dem Fass

Monsieur Savigny konstatierte, dass wir uns in an Trunkenheit grenzendem Zustand befanden

wir hingen so wenig am Leben, dass wir in Sichtweite von Haien im Meer badeten

acht zum Äußersten entschlossene Männer sollten versuchen, aus eigener Kraft Land zu erreichen

schwer zu glauben, doch trotz aller Schrecken erlaubten sich einige von uns, Scherze zu machen

die Schwärze der Nacht weckte unsere düstersten Gedanken

am siebzehnten morgens war der Himmel wolkenlos

ein Infanteriehauptmann, der den Horizont absuchte, sah ein Schiff

von freudigem Delirium fielen wir zurück in tiefste Verzweiflung

wir bauten ein Zelt aus dem Großsegel der Fregatte

resigniert erwarteten wir den Tod

jemand schlug vor, die Erinnerung an unsere Qualen auf einem Brett einzuritzen

Wir sind gerettet! Die Brigg hält auf uns zu!

Man lässt ein Rettungsboot zu Wasser

fünfzehn Unglückliche, fast nackt, mit Brandblasen am Körper und im Gesicht

dem sicheren Tod entronnen, fielen einige von uns ins Delirium

durch verdoppelte Bemühungen wurden unsere Lebensgeister geweckt

die Brigg *Argus* war von Senegal losgesegelt, um das Floß zu suchen und Schiffbrüchige zu retten

der Offizier, der das Tau gekappt hatte, reichte mir die Hand

französische Kaufleute nahmen uns auf und gaben uns die bestmögliche Pflege

doch niemand wollte mit uns am gleichen Tisch sitzen

drei Überlebende des Floßes starben an Entkräftung
früh am Morgen, der Mond war untergegangen, schlief
ich erschöpft ein

2 Die Stadt wimmelte von Negern, die sich mit Westen oder Pantalons brüsteten; andere zeigten sich in
grauen Überröcken, Mützen oder Gilets
es folgt eine Abhandlung über die Sitten dieser Völker,
ihre unbändige Herrschsucht, ihren halsstarrigen Stolz
ein Zögern bei der Vollstreckung eines Befehls bringt sie
dermaßen in Wut, dass sie ihre Untergebenen töten
Messerschmiede aus Mauretanien, habgierige Wolloff,
räuberische Mandingo, Fulbe mit ihren Herden, kriege-
rische Tuareg
Bauern und Fischer sind den Nomaden tributpflichtig
Saint-Louis wurde zum Basar, auf dem Überreste unserer
Habe die Besitzer wechselten: Kleider von Lebenden oder
Toten, Gerätschaften und Tafelgeschirr des Kommandanten, Fahnen, aus denen Negerinnen Umhänge nähten, Ta-
kelwerk und Segel der Fregatte, Betttücher, Hängematten,
Instrumente und Bücher
und die Nationalflagge, wo war sie hingekommen? Das
ehrwürdige Panier zu niedrigem Hausbedarf verwendet,
zerschnitten zu Waschlappen oder Putzlumpen

nach der Raubverteilung befahl der britische Gouverneur
den französischen Offizieren, Saint-Louis zu verlassen
und sich nach Dakar zu verfügen
der Kommandant des Floßes und der Schiffsarzt, Monsieur Savigny, fanden Aufnahme bei einem Kaufmann namens Lassalle
Monsieur Corréard ging es nicht gut, fast ohne Leben, am
ganzen Leib wund, schnallte man ihn auf ein Gurtbett mit
vierfach gefalteten Decken

der Gouverneur versprach Stoff zur Bekleidung, Brot und Wein zur Stärkung, doch nichts geschah

sich selbst überlassen an diesem furchtbaren Ort, von Menschen umgeben, denen sein Leiden kein Mitgefühl einflößte, haderte der Kranke mit seinem Schicksal

Monsieur Corréard verlangte bessere Kost als gewöhnliche Soldaten; vergeblich wies er darauf hin, dass Offiziere überall auf der Welt bevorzugt behandelt wurden

der englische Arzt war unerbittlich, der Gouverneur herzlos; nur dem Beistand von Major Peddy verdankte er seinen kärglichen Unterhalt

der Major erbot sich, bis zur Übergabe der Kolonie seinen Tisch mit Monsieur Corréard zu teilen, dem seine Wunden nicht erlaubten, das Krankenzimmer zu verlassen; hinzu kam der Mangel an Kleidungsstücken, er besaß nichts als ein zerschlissenes Laken, mit dem er seine Blöße bedeckte

kaum hatte er ausgesprochen, ging Major Peddy auf sein Zimmer, um Kleider, Geld und Wäsche einzupacken, während Monsieur Corréard, auf dem Bett sitzend, seinen Zustand beklagte

schlimmer als die Qualen auf dem Floß war das, was er nach der Rettung erlebte; nur aus Neugier stattete man ihm Besuche ab; wäre er in Frankreich gewesen, hätten seine Landsleute ihm Linderung verschafft

aber hier, unter einem brennenden Himmel, umringt von Afrikanern, durch die Unmenschlichkeit der Sklaverei moralisch verroht und abgestumpft

dazu der Ekel erregende Dreck, die Pflege durch einen ständig betrunkenen Wärter, die Härte des Bettes, die Widrigkeiten des Klimas, der Verfall der körperlichen und geistigen Kräfte

den sicheren Tod vor Augen, sah er zwei Offiziere eintreten, gefolgt von Sklaven, die für ihn bestimmte Sachen

13

trugen: »Nehmen Sie mit diesen Kleinigkeiten vorlieb, sie kommen von Major Peddy und Kapitän Campbell. Bleiben Sie in Saint Louis, gehen Sie nicht nach Dakar, dort ist die Pest ausgebrochen!«

die von seinem Elend gerührten Engländer schworen ihm ewige Freundschaft, weil ihnen ein Franzose in ähnlicher Lage das Leben gerettet hatte

Corréards Leidensgenosse Clairet verschied 35 Tage nach der Landung; britische Offiziere folgten dem Leichenzug, der Bürgermeister von Saint Louis erwies dem Toten die letzte Ehre

Monsieur Corréard blieb dem Begräbnis fern, weil er keinen Anzug besaß

Clairet wurde 28 Jahre alt; er hatte sich in Sierra Morena und Montmirail ehrenvoll ausgezeichnet und in Waterloo seinem Regiment die Fahne vorangetragen, bevor er in Saint-Louis den Folgen des Schiffbruchs erlag

der britische Gouverneur versuchte mit allen Mitteln, die Übergabe der Kolonie zu verzögern

der Schiffbruch der Fregatte *Medusa* begünstigte die Absicht des Gouverneurs, denn was für einen Eindruck macht eine Flotte, deren Besatzung ihr Flaggschiff verloren hat und sich auf ein Floß retten muss?

die Kautschuk-Ernte stand vor der Tür, es war nur natürlich, dass die Engländer sie für sich beanspruchten, und die Regenzeit rückte heran, die in den Faktoreien am Gambia-Fluss ein Drittel aller Europäer hinwegrafft

am 24. November sah Monsieur Corréard seinen Wohltäter zum letzten Mal

begleitet von Kapitän Campbell als Astronom und dem Naturforscher Kummer, einem Sachsen, der französisches Bürgerrecht besaß, brach Major Peddy ins Innere Afrikas auf, mit einem Mulatten als Dolmetscher, hundert Negersoldaten, zehn Kamelen, fünfzig Pferden und ebenso vielen Eseln, auf den Spuren des seit Jahren verschollenen Mungo Park, und starb bald nach dem Abmarsch am Tropenfieber

Ach, dass einen so großherzigen Menschen der Tod ereilt!

am 28. November begab Monsieur Corréard sich an Bord der *Loire*; bei der Einschiffung musste er sich übergeben und sank kraftlos auf eine Taurolle: »Der kommt nicht lebend nach Frankreich«, hörte er einen Matrosen sagen, bevor er die Besinnung verlor; nach der Ankunft in Rochefort verbrachte er Wochen im Spital

trotz seiner angegriffenen Gesundheit weigerte er sich, ein kompromittierendes Dokument zu unterschreiben, das den Schiffsarzt, Monsieur Savigny, der Lüge bezichtigte

Corréard verbürgte sich für die Lauterkeit seines Charakters und für das untadelige Benehmen von Monsieur Savigny, dessen Bericht über den Schiffbruch das *Journal des débats* ohne sein Wissen abgedruckt hatte

statt der zugesagten Belohnung und Beförderung wurde Monsieur Savigny vom Marineminister entlassen, obwohl Corréard bestätigte, dass seine Darstellung in allen Punkten der Wahrheit entsprach

der Aufsatz aus dem *Journal des débats* gelangte in englischer Übersetzung nach Senegal und erregte das Missfallen des Gouverneurs, der eine Gegendarstellung schreiben und vom Kapitän und allen Offizieren gegenzeichnen ließ

Monsieur Savigny hatte mit Anteilnahme gerechnet; stattdessen wurde er an den Pranger gestellt, mit haltlosen Vorwürfen und Verdächtigungen überhäuft

vergeblich stritt er um seine Rehabilitierung; erst unter Louis Philippe erhielt er das Kreuz der Ehrenlegion, das der Marineminister ihm vorenthalten wollte

mit nur neunundvierzig Jahren starb Monsieur Savigny an den Spätfolgen des Schiffsuntergangs

Monsieur Corréard kandidierte für die Wahl zur Abge-
ordnetenkammer, wurde aber nicht gewählt; er zog sich
auf sein Landgut zurück und verschied, verbittert und ein-
sam, ein Sonderling

im Dezember 1980 stießen französische Taucher auf der
Sandbank von Arguin in nur sechs Metern Tiefe auf zehn
Kanonen, fünf Anker und zwei Mörser der Fregatte *Mé-
duse*; von drei mit Goldfrancs gefüllten Fässern fehlte jede
Spur; Gerüchte, der Kapitän habe das Schiff absichtlich
auf die Sandbank gelenkt und, im Einvernehmen mit dem
Gouverneur, das Gold beiseitegeschafft, entbehren jeder
Grundlage

II. BLAUHELM IM GRÜNEN

»Schlächterrote Moose

in Lianengewirrn,

wahllos fallen die Lose –

Afrika im Hirn ...«

Gottfried Benn

1 »Es gibt zwei Kategorien von Menschen, VIPS und PAX«, sagte der Protokollchef. »VIPS sind hochgestellte Persönlichkeiten – früher sagte man Prominente, noch früher Großkopfeten dazu. Das war vor meinem Eintritt ins Auswärtige Amt. PAX sind gewöhnliche Passagiere – Leute wie Sie und ich. Dann gibt es noch die einheimische Bevölkerung, die in Opfer und Täter zerfällt, wobei die Grenzen fließend sind. Man kann auch Betroffene sagen: Betroffene eines Bürgerkriegs, einer Hilfsmaßnahme oder eines Staatsbesuchs wie dieser hier.« Der Protokollchef beugte sich vertraulich vor. »Kennen Sie den Unterschied zwischen Protokollbeamten und Terroristen? Mit Terroristen kann man verhandeln – mit Protokollbeamten nicht! Schreiben Sie das ruhig, aber erwähnen Sie meinen Namen nicht!«

Sie saßen in der VIP-Lounge des Flughafens, die wie alle Repräsentationsräume ehemals britischer Kolonien im Stil eines Country-Club der fünfziger Jahre ausgestattet war: falsche Perserteppiche, die jedes Geräusch verschluckten, bis zum Boden herabhängende Vorhänge, die keinen Sonnenstrahl hereinließen, und Sessel, in deren Polster man so tief einsank, dass man nicht mehr aufstehen konnte; dazu Rauchtische, klobige Aschenbecher und wie Handgranaten geformte Feuerzeuge. Ein Kellner in abgewetztem Frack stellte eine Kristallschale mit Cashewnüssen und Gläser mit Eiswürfeln vor sie hin, in die er Gin oder Whisky goss. Bachmaier fröstelte, und er sah sich Hilfe suchend um. In Erwartung des Staatsbesuchs hatten die Gastgeber die Klimaanlage aufgedreht, und die VIP-Lounge war kalt wie eine Tiefkühltruhe.

Sein Blick blieb haften an einem in Kopfhöhe installierten Flachbildschirm, der ein Fußballspiel übertrug, das nur aus Elfmeterschießen zu bestehen schien. Der Ton war abgestellt, und durch die geschlossene Tür war das Tamtam der Trommeln zu hören, übertönt vom glucksenden Sound eines Balaton, der ihn an das Gurren von Tauben erinnerte, nein – an den auf und nieder zuckenden Hals einer liebestollen Eidechse: Gecko war das richtige Wort dafür. »Früher war es umgekehrt«, dachte Bachmaier. »Das Nationalballett trat im Fernsehen auf, statt auf dem von der Sonne aufgeheizten Beton des Flugfelds herumzuwirbeln, und Fußball wurde auf Müllhalden oder am Strand gespielt: Also gab es doch Fortschritt in Afrika!« Er fragte den Kellner, zu welcher ethnischen Gruppe die Trommler und Tänzer gehörten. Der Mann im abgewetzten Frack drehte den Kopf zur Seite und lauschte auf das rhythmisch pulsierende Geräusch, das wie ein Lockruf aus dem Urwald Mauern und Wände durchdrang. »Susu«, sagte er dann. »Aus dem Süden von Sierra Leone?« – »Nein, aus dem Norden.«

Die Frau des Bundespräsidenten blieb vor ihm stehen und kehrte dem Protokollchef, der vergeblich auf sich aufmerksam zu machen versuchte, den Rücken zu. »Also Sie sind der Schriftsteller, der Buchmeyer heißt und Bücher schreibt – ein sprechender Name, der leicht zu merken ist!« Er machte eine linkische Verbeugung und versuchte aufzustehen, was ihm nur zur Hälfte gelang. »Ich heiße

Bachmaier und bin kein Dichter, sondern Publizist«, sagte er und sank kraftlos in den Sessel zurück. »Ich war ARD-Korrespondent in Nairobi und bin jetzt im vorzeitigen Ruhestand. Herr Buchmeyer steht dort drüben, hinter der Säule, und plaudert mit der rechten Hand des Premierministers. Er trifft überall auf Anhieb die richtigen Leute!«

»Daran sollten Sie sich ein Beispiel nehmen«, sagte die First Lady und rauschte davon, gefolgt von einem Personenschützer, der die ihr überreichten Blumen und Geschenke trug.

Ein Kellner wies ihm den Weg zur Toilette. Im Inneren des holzgetäfelten Verschlags war es feuchtwarm wie in einer Sauna. Sein Hemd war durchgeschwitzt, und die gestreifte Krawatte, die er umbinden wollte, lag in dem mit einer Plombe versiegelten Koffer, der in diesem Augenblick elektronisch durchleuchtet wurde und erst Stunden später im Hotel eintreffen würde. Er strich sich eine verklebte Haarsträhne aus der Stirn und massierte die Tränensäcke in seinem von der Hitze aufgedunsenen Gesicht, dessen im Spiegel zerfließende Konturen trotz ihrer Schlaffheit eine Art grimmiger Härte ausstrahlten.

»Wie ein im Dienst ergrauter Offizier, der bei Beförderungen übergangen worden ist«, dachte er und nahm sich vor, diese Formulierung zu notieren. Aber als er die Toilette verließ, hatte er sie schon wieder vergessen, während der Protokollchef ihn mit dem Ruf »Der Helikopter ist startklar!« zum Flugfeld geleitete.

2 Es stimmte nicht, dass man Bachmaier bei Beförderungen übergangen hatte – im Gegenteil: Vor sieben Jahren hatte er auf die Frage, ob er Abteilungsleiter im WDR

oder ARD-Korrespondent in Nairobi werden wolle, ohne zu zögern für Afrika votiert: eine doppelte Flucht, weil er nicht nur vor dem restaurativen Klima in der Bundesrepublik, sondern auch vor einer gescheiterten Ehe geflohen war mit dem Ziel, individuelles Leid einzutauschen gegen kollektives, das so überpersönlich war, dass privater Schmerz nicht mehr zählte. Und er hatte, ohne zu zögern, Ja gesagt, als ein Mitarbeiter des Bundespräsidialamts telefonisch anfragte, ob er interessiert sei, das Staatsoberhaupt auf dessen Afrikareise zu begleiten: »Ja, gern«, eine spontane Reaktion, die der Anrufer nicht erwartet hatte, denn offenbar gehörte es zum guten Ton, sich zu zieren und Bedenkzeit zu erbitten mit Hinweis auf Terminprobleme oder Tropentauglichkeit. Das war drei Monate her, und zwischen der Entscheidung für Nairobi und dem Anruf aus dem Präsidialamt hatte der spontan gefasste Entschluss gelegen, die vorzeitige Pensionierung zu beantragen, nachdem sein Landrover sich im Osten des Kongo überschlagen hatte und in einem Schlammloch stecken geblieben war. Der kenianische Kameramann, der seinen Kölner Kollegen vertrat – Leben und Gesundheit deutscher Kamerateams waren zu wertvoll, um im afrikanischen Busch aufs Spiel gesetzt zu werden –, hatte mehrere Rippen gebrochen, aber ihm selbst war nichts passiert, als er von Schmutzwasser triefend aus dem Schlamm kroch. Mit einer blutigen Beule auf der Stirn war er am Tod vorbeigeschrammt, und in diesem Moment wurde ihm klar, dass sein Glückskonto aufgebraucht war und dass die Vorsehung nicht länger ihre schützende Hand über ihn hielt. Noch am gleichen Abend hatte er, von Moskitos umschwärmt, im Lagezentrum der Rebellenarmee, die sich auf die Einnahme von Kisangani vorbereitete, den Antrag auf vorzeitige Pensionierung per Satellitentelefon und Fax nach Köln übermittelt. Der tiefere Grund für das Gesuch, dem sofort stattgegeben wurde, war, dass er genug gesehen und erlebt und die Nase voll hatte von ethnischen Säuberungen und Massakern bis hin zum Völkermord: Er verabscheute jede Form von Gewalt und hatte sich nach Nairobi versetzen lassen, um über Frauen- und Kulturthemen zu berichten, die seinen Ressortleiter nicht die Bohne interessierten, weil aus dessen Sicht nur schlechte Nachrichten aus Afrika gute Nachrichten waren. Nicht im Busch verborgene Rebellen, die Journalisten als Geiseln nahmen, um Lösegeld zu erpressen, und jeden, der nicht zu ihrem Volksstamm gehörte, mit Macheten zerstückelten – nicht Rebellen und Milizionäre waren der Hauptfeind, sondern der Chefredakteur in Köln, der den Kongo mit dem Nil verwechselte und Hutu und Tutsi nicht unterscheiden konnte. Aber das hatte Bachmaier schon vorher gewusst. Die Versetzung in den vorzeitigen Ruhestand hatte er nie bereut, denn er hasste das Fernsehen, jedenfalls das, was seit Einführung der Privatsender daraus geworden war. Er kam von der schreibenden Zunft, wie man früher sagte, und anders als die meisten seiner Kollegen hatte er sich einen Rest sprachlicher Sensibilität bewahrt. Es bereitete ihm physischen Schmerz, wenn jemand das Genitiv-s wegließ oder Dschurnalist statt Journalist sagte (nur Bayern war das erlaubt), und bei Formulierungen wie »die Hausaufgaben machen«, »ein Paket schnüren« oder etwas »in trockene Tücher« schlagen wurde ihm schlecht, während der Satz »Nicht überall, wo XY draufsteht, ist auch XY drin« Brechreiz bei ihm auslöste. Er hasste Klugscheißer, die ihr Handwerk nicht von der Pike auf gelernt hatten und, statt über brennende Gartenlauben oder Massenkarambolagen zu berichten, direkt von elitären Journalistenschulen in die Redaktionen überregionaler Zeitungen oder Sender katapultiert worden waren. Viele dieser

Yuppie-Reporter waren schwul und hatten sich zur Chefetage hochgeschlafen, oder sie zogen in Kriegsgebiete mit Seidenschals um den Hals, Tropenhelmen und Moskitonetzen, die sich auf Knopfdruck um sie herum aufbauten, nicht zu vergessen *Ray-Ban*-Brillen mit dazu passenden Wasserflaschen, als hätten sie ihr Outfit bei der Firma *Banana Republic* bestellt.

8 »Ich dachte, Sie seien auf der Toilette verschütt gegangen«, rief der Schriftsteller gut gelaunt. »Montezumas Rache – hab ich recht? Oder muss es Kabilas Rache heißen?« – »Imodium hilft«, sagte der Afrikanistik-Professor aus Kassel und bot ihm eine in Zellophan eingeschweißte Tablette an, die er dankend ablehnte. Der Hubschrauber war bis zum letzten Platz besetzt. Die grüne Staatsministerin war grün im Gesicht und fächelte sich mit einem Aktenordner Kühlung zu, während ihr Assistent, der genauso hieß wie sie, seine feucht beschlagene Brille putzte. Plüsch und Plum, die beiden Bundestagsabgeordneten – der Spitzname stammte von Buchmeyer, der gern mit seiner Bildung prahlte und die im Doppelpack auftretenden Volksvertreter mit Kafkas Gehilfen verglich – Plüsch und Plum waren eingeschlafen, die Köpfe zusammengesteckt, sodass sie wie siamesische Zwillinge aussahen, die operativ voneinander getrennt werden mussten; der CSU-Abgeordnete schnarchte, während der Sozialdemokrat Pfeiftöne von sich gab. Der Rockstar aus Essen, dessen Ruhrpottslang Bachmaier nur halb verstand, wippte gelangweilt mit spitz zulaufenden Schuhen, während die beiden Schüler, die einen Wettbewerb für Entwicklungsprojekte gewonnen hatten, ein Siebzehnjähriger mit Pickeln im Gesicht und eine Achtzehnjährige mit Schlafzimmerblick, sich die Augen rieben und gähnten.

»Willkommen in Lungi! Dies ist ein Nichtraucherflug«, sagte der ukrainische Kopilot in gutturalem Englisch und demonstrierte mit stummen Gesten die Lage der Notausgänge und das Aufblasen der Schwimmwesten. »Die Flugzeit zum Mammy-Yoko-Hotel beträgt zwanzig Minuten. Wir bitten Sie, während des gesamten Fluges angeschnallt zu bleiben und kein Mobiltelefon zu benutzen.« Kopfhörer und Ohrenstöpsel gingen von Hand zu Hand, und als Bachmaier den Sicherheitsgurt einrasten ließ, glitt vor dem Bullauge der baufällige Hangar vorbei, in dem er vor Jahren kampiert hatte im Lärm startender und landender Kampfhubschrauber. Umgeben von Satellitenschüsseln und Computer-Monitoren, hatten US-Marines ihre Verpflegung mit ihm geteilt, bis der Kommandeur der *Special Forces* ihm mit hochgerecktem Daumen das vereinbarte Zeichen gab, und er durch glühend heiße Abgaswolken auf die geöffnete Heckklappe zugelaufen war, wo ein mit einem Anker tätowierter Arm ihn ins Innere des Helikopters zog, der mit laufenden Rotoren knapp über dem Rollfeld schwebte. APOCALYPSE NOW: Zerhackte Grasbüschel flogen durch die Luft, aber statt des mit einem Kreuz markierten Landeplatzes an Deck des Helikopterschiffes sah er den Blauhelm eines Postens aus Pakistan, der in hüfthohem Elefantengras das mit Sandsäcken und Stacheldraht verbarrikadierte Flughafengelände bewachte. *Blauhelm im Grünen* – diese Worte notierte Bachmaier in winziger Schrift in sein Ringbuch.

4 Betäubt vom Lärm der Rotoren, der sich wie ein Korkenzieher in seine mit Ohropax verstopften Gehörgänge bohrte, schloss er die Augen und nickte ein. Sekundenschlaf, wie ihm schien, denn kurz darauf setzte der

Helikopter auf dem als Start- und Landebahn dienenden Tennisplatz des Mammy-Yoko-Hotels auf. Schon bei seinem ersten Besuch in Sierra Leone hatte er in dem Hotel logiert und abends am Swimmingpool einem Schönheitswettbewerb beigewohnt, dessen Siegerin, eine aus Conakry stammende Guineerin, mit den Worten »c'est l'amour qui passe« nachts an seine Zimmertür geklopft hatte. Einem ungeschriebenen Gesetz zufolge kam käufliche Liebe stets aus dem Nachbarland. Im selben Augenblick war ein Donnerschlag ertönt, kein Artilleriebeschuss – erst Wochen später rückten Foday Sankohs Rebellen in Freetown ein –, sondern ein tropischer Orkan, der das sechsstöckige Hotel bis in die Grundfesten erbeben ließ. Baumstämme wurden wie Streichhölzer geknickt, armdicke Äste prasselten herab, eiskalter Regen peitschte gegen das Panoramafenster, und hinter einem Vorhang aus fließendem Wasser hatten sie sich geliebt, wie es in Kolportageromanen hieß, obwohl es sich genau genommen nicht um Liebe handelte und auch nicht um Sex, denn die Schönheitskönigin schlief vor Erschöpfung sofort ein. Erst am nächsten Morgen –

»Wagen Nummer vier!«, schrie der Protokollchef ihm ins Ohr, und ein Militärpolizist eskortierte Bachmaier zu einer mit laufendem Motor wartenden Limousine, die ihn fünf Minuten später am Bintumani-Hotel absetzte, dessen rot uniformierte Ehrengarde die Gewehre präsentierte. Der militärische Salut galt nicht ihm, sondern dem Präsidentenehepaar, das in diesem Augenblick, gefolgt von der Staatsministerin und den Abgeordneten Plüsch und Plum, die Drehtür durchschritt.

Experten aus der Volksrepublik China hatten das Hotel renoviert, das nicht von Foday Sankohs Rebellen, sondern von Ecomog-Truppen aus Nigeria kaputtbesetzt worden war, und auf jeder Etage wachte ein schlitzäugiger Asiate über das afrikanische Personal, dem aus chinesischer Sicht nicht zu trauen war. Eine smaragdgrüne Eidechse huschte durch den Korridor, die später, als Bachmaier grübelnd auf der Toilette saß, mit dem Kopf nach unten an der Wand hing und spöttisch, wie es schien, auf ihn heruntersah – vielleicht war es auch ein anderes Reptil, das dem ersten ähnlich sah. »Im Bintumani-Hotel steht kein Duschgel zur Verfügung«, hatte das Auswärtige Amt vor Reiseantritt schriftlich mitgeteilt: »Bitte leiten Sie diese Information an die Bedarfsträger Ihres Bereichs weiter.«

Vergeblich sann er darüber nach, was das Wort Bedarfsträger zu bedeuten habe, während er seinen Koffer aufklappte und den dunklen Anzug, den er bei C & A gekauft hatte, über einen Bügel hing. Anstelle von Duschgel hatte die Hoteldirektion eine Flasche Mineralwasser und einen in Zellophan verpackten Korb mit Früchten bereitgestellt, und als Bachmaier den Fenstervorhang zur Seite schob, blickte er ins dunkelgrüne Laub eines Avocado-Baums, in dessen Schatten zwei mit Schrotflinten bewaffnete Wächter dösten, während ein Geier über die Kacheln des Swimmingpools hüpfte und in kleinen Schlucken Wasser trank.

5 Als Bachmaier die Bar betrat, lief auf dem Monitor noch immer das Elfmeterschießen – vielleicht war es auch ein anderes Match, das dem ersten zum Verwechseln glich, denn kein Fußballspieler schießt zweimal dasselbe Tor. »Man gönnt sich zu wenig in unserem Beruf«, sagte der CSU-Abgeordnete und leerte mit einem Zug das vor ihm stehende Glas. »Wenn ich in mein Penthouse zurückkehre, mache ich Geschnetzeltes. Ich bin ein begeisterter Hobbykoch«, fügte er hinzu, und der SPD-Mann konterte mit der Bemerkung, seine Spezialität seien Steaks vom Lavagrill. »Ich will nicht indiskret sein«, sagte Buchmeyer, dem die Indiskretion zur zweiten Natur geworden war, während er dem Barmann mit kreisender Handbewegung signalisierte, dass die nächste Runde auf seine Rechnung ging. »Ich will nicht indiskret sein, aber Sie waren lange in Nairobi stationiert. Haben Sie sich dort eine afrikanische Geliebte zugelegt?« – »Nein, aber warum interessiert Sie das?«

Bachmaier log: In Nairobi hatte er mit einer Kenianerin zusammengelebt und später, nach der Scheidung von seiner Frau, deren Freundin geheiratet. Aber das waren alte Geschichten, und er hatte keine Lust, von Buchmeyer durch den Fleischwolf gedreht und in einem seiner Bücher verwurstet zu werden.

»Das verstehe ich nicht«, rief der Schriftsteller. »Ich bin kein Kostverächter, und wenn ich einen Braten rieche, lasse ich nichts anbrennen!« Er strich über den hochgereckten Hintern der Bardame, die den Gästen Bier einschenkte, und fragte sie in kolonialherrlicher Manier, wie sie hieß und ob sie Mende oder Temne sei. »My name is Aisha, and I am a Susu.« – »Und was machst du nach Feierabend?« – »Ich warte auf den Bus.« – »Sie hätten einen hervorragenden Sklavenhändler abgegeben«, sagte Bachmaier, um die sexuelle Anmache zu beenden. »Was mich betrifft«, setzte er nach einer Pause hinzu, »so bin ich nie in Versuchung gekommen. Meine Frau kocht vorzüglich!« Die Szene löste sich in Gelächter auf, bis Buchmeyer aus heiterem Himmel vorschlug, sich zu duzen. Bachmaier hätte lieber Nein gesagt, weil er das Du als Einmischung in seine Privatsphäre empfand, aber Plüsch und Plum griffen den Vorschlag auf und prosteten ihm begeistert zu. »Mit gehangen, mit gefangen«, dachte Bachmaier und zog sich, eine Erkältung vorschützend, auf sein Zimmer zurück.

6 »Wagenfolge, Teilnehmerformel, Boots- und Busbelegung«, sagte der Protokollchef. »Diese Worte stehen nicht im Duden, aber sie sind unerlässlich zur Orientierung bei einem Staatsbesuch. Am besten markieren Sie das ausgedruckte Programm mit Lesezeichen, damit Sie nicht ständig vor- und zurückblättern müssen!«
Der Bus fuhr über die Friedensbrücke, die den Nobelvorort auf der Halbinsel Aberdeen mit Freetown verband. Bis hierher waren Foday Sankohs Rebellen gekommen, aber nicht weiter: Die *Special Forces* hatten leichtes Spiel gehabt gegen mit Buschmessern bewaffnete Kindersoldaten, die, wenn sie auf Gegenwehr stießen, sofort Reißaus nahmen. Linker Hand lag das Hauptquartier der Vereinten Nationen im Mammy-Yoko-Hotel, weiter unten das Lager von *Handicap International*, wo Opfer des Bürgerkriegs Prothesen angepasst bekamen – »Typen mit abbenen Armen«, wie der Rockstar sagte. Und am Ende der Brücke, auf der Steilküste oberhalb der Lagune, lag Paddy's Bar, wo er mit Igor, einem russischen Piloten, Gin getrunken und Haifischsteaks gegessen hatte: Aus Igors Sicht war Gin Tonic das beste Mittel gegen Aids, eine Seuche, die nur verweichlichte Westler befiel. Das war sechs Jahre her, und damals hatte sich das UN-Hauptquartier noch im einzigen Hochhaus der Stadt befunden, das kurz darauf von Rebellen geplündert wurde: Sie warfen Büromöbel, Wand- und Deckenverkleidungen auf die Straße und hinterließen eine Hochhausruine, an deren leeren Fensterhöhlen der Bus in diesem Moment vorbeifuhr.

Er bog in die Gloucester Street ein und hielt vor einer viktorianischen Villa, die das Zentrum für Kriegswaisen beherbergte. Über der Tür hing ein aufblasbarer Santa Claus neben einem Poster mit dem Slogan: UNITED PEOPLE – PROGRESSIVE NATION – BRIGHT FUTURE, was angesichts der Verkommenheit ringsum wie ein frommer Wunsch erschien. »Viele Kinder haben ihre Eltern verloren und sind deshalb traumatisiert«, sagte Reverend Theophilus, die rechte Hand des Erzbischofs. »Wenn wir ihren Herkunftsort ermittelt haben oder das Dorf, aus dem sie vertrieben oder verschleppt worden sind, finden sie bei Verwandten, Freunden oder Nachbarn Unterkunft. In Afrika heilen die Wunden des Krieges schneller als anderswo, weil unsere Familienstrukturen intakt geblieben sind. Dafür danken wir Gott!«

Ein Chor in Schuluniformen gekleideter Jungen und Mädchen sang ein von Händeklatschen begleitetes Lied mit dem Refrain OH YES, in dem die Präsidentengattin willkommen geheißen wurde mit den Worten WELCOME YOUR LADYSHIP! – »Wo liegt Deutschland«, rief der Vorsinger, und eine Gruppe von Schülerinnen in T-Shirts mit dem Aufdruck SWEET LIFE IS BAD, unter dem sich wippende Brüste abzeichneten, antwortete im Chor: »In Europe.« – »Und wo liegt Berlin?« »In Germany.« Wer ist der Präsident der Bundesrepublik? Und wie heißt seine Frau? Nachdem sie alle Fragen richtig beantwortet hatten, machten die Schülerinnen einen Knicks und übergaben der Präsidentengattin einen Blumenstrauß, den diese an ihr Gefolge weitergab, bevor sie sich mit einem in Silberfolie verpackten Geschenk bedankte und die Schülerinnen auf die Wangen küsste.

»Afrika als Kindergarten – man spielt Krieg und Politik, Entwicklungshilfe oder Big Business«, kritzelte Bachmaier in sein Notizheft, während Erzbischof Ganda eine von Beifall unterbrochene Rede hielt, in der er das Fehlen von Essgeschirr, Decken und Matratzen beklagte, ohne die das Zentrum für Kriegswaisen nicht funktionieren könne: »God help us to be heroes!« Die First Lady überreichte ihm einen auf Pappe aufgeklebten, überdimensionalen Scheck, und die Anwesenden formierten sich zu einem Gruppenfoto, während Theophilus Bachmaier zuflüsterte, Michael Francis, der katholische Erzbischof von Monrovia, habe einen Schlaganfall erlitten und liege halbseitig gelähmt in einer Washingtoner Reha-Klinik. Erst jetzt erinnerte Bachmaier sich, dass er dem Reverend 1995 in Monrovia begegnet war, wo Erzbischof Michael Francis ihm sein Programm zur Resozialisierung minderjähriger Mörder erläutert hatte, das aus drei Phasen bestand: Entwaffnung, Enttraumatisierung, Rehabilitierung. Mit minderjährigen Mördern waren Kindersoldaten wie Rebel King gemeint, den er in der Grenzstadt Tabou interviewt hatte: Der ehemalige Missionsschüler hatte Dutzende Menschen getötet, unter ihnen drei italienische Nonnen, die er vergewaltigt und zu Tode gequält hatte. Auf seine Frage, was mit Rebel King geschehen solle, hatte Bischof Francis geantwortet: »Ich bete für sein Seelenheil, aber wenn man ihn umbringt, tut es mir nicht leid!« Das Letzte, was Bachmaier vor Augen stand, während er seinen Namen ins Gästebuch des Waisenhauses schrieb, waren das Papst-Poster über dem Pult des Bischofs und die Adidas-Turnschuhe unter seinem Talar. Und er konnte sich nur schwer vorstellen, dass Michael Francis, damals noch dynamisch und vital, halbseitig gelähmt in einer Washingtoner Klinik lag.

Wieder wurden Blumen und in Silberfolie verpackte Geschenke ausgetauscht, und eine Gruppe von Kriegswaisen führte eine stumme Pantomime vor, beklatscht von der Präsidentengattin, die den Tanz der traumatisierten Kinder als Ausdruck spontaner Fröhlichkeit missverstand. Im Hinausgehen sah Bachmaier, wie sich ein kleiner Junge an ihre Rockschöße klammerte und mit verzweifelten Gesten zu verstehen gab, dass er von der First Lady adoptiert zu werden wünschte, bis zwei Personenschützer ihn mit Gewalt losrissen und den sich sträubenden Jungen dem Aufsichtspersonal übergaben.

7 Auf der Busfahrt zum Meinungsaustausch mit sexuell missbrauchten Frauen, der als Teil des Damenprogramms unter der Schirmherrschaft der Präsidentengattin stand, verteilte Buchmeyer Qat an die Gewinner des Wettbewerbs *Jugend forscht*: Ovale Blätter, wie Lorbeer gekerbt, die er für einen Spottpreis, wie er sagte, in Sanaa, der Hauptstadt des Jemen, gekauft hatte und demonstrativ zu kauen begann. »Qat wirkt ähnlich wie Kokain«, erklärte Buchmeyer, der nichts für sich behalten konnte oder wollte. »Man fühlt sich abwechselnd todmüde oder hellwach.« Und vor den Augen eines BILD-Reporters, der sich eifrig Notizen machte, gab er der blonden Schülerin, die am Vortag erklärt hatte, Afrika sei genauso, wie sie es sich vorgestellt hätte, ein Bündel Blätter zu kosten, vermutlich weil er scharf auf sie war und auf diese Weise

schneller ans Ziel zu kommen hoffte.
»Stellen Sie sich die Schlagzeile vor«, sagte der Militärattaché der Botschaft, genannt Rohrkrepierer, weil er stark stotterte: »Stellen Sie sich die rot unterstrichene Schlagzeile vor: Gast des Bundespräsidenten verführt Schülerin zu Drogenkonsum.« Alle lachten, nur die Blondine verzog angewidert das Gesicht und gab den grünen Zweig an ihren Nebenmann weiter, den pickligen Unterprimaner, der die Blätter zu Kugeln zusammenrollte

und, um sie einzuspeicheln, von einer Backentasche in die andere schob, als habe er sein Leben lang Qat gekaut.

Die Droge zeigte Wirkung, als der Kleinbus vor dem Zentrum für sexuell missbrauchte Frauen hielt und der picklige Primaner, dem mit Qat vermischter Speichel aus den Mundwinkeln troff, wissen wollte, von wem und wie oft die Frauen sexuell missbraucht worden seien. Seine Stimme bebte vor Erregung – vielleicht war es auch der Stimmbruch, der seinen Kehlkopf vibrieren ließ. »Qat enthemmt«, flüsterte Buchmeyer Bachmaier zu, während die blonde Schülerin, um die Peinlichkeit zu überbrücken, fragte, ob die jungen Frauen Hobbys hätten und, wenn ja, was für welche? »Ich habe keine Zeit für Hobbys«, sagte eine Siebzehnjährige, während sie einen Säugling stillte, dessen älterer Bruder an ihrem Ausschnitt nestelte, »weil ich mein Baby versorgen muss. Aber ich möchte Berlin besuchen!« – »Nichts leichter als das«, sagte Buchmeyer gut gelaunt, »Sie brauchen bloß ein Visum zu beantragen!« Betretenes Schweigen breitete sich aus, das die Präsidentengattin mit dem Hinweis beendete, ihr Mann habe mit dem Premierminister auch über Visumfragen gesprochen.

8 Der Tanz der sexuell missbrauchten Frauen und Mädchen ähnelte der träge schwappenden Dünung eines tropischen Ozeans, er war langsam und getragen wie die sich aus sich selbst hervortreibende und in sich zurücknehmende Brandung eines mit Ölschlieren bedeckten Meeres. Das hätte Buchmeyer sagen können, aber er sagte es nicht und überließ die Deutungshoheit des Phänomens den beiden Bundestagsabgeordneten, von denen einer, es war Plüsch, den Tanz aufreizend fand: Er erinnere ihn an

die sexuell expliziten Tänze in einer Schwulendisco, die
er zu Studienzwecken im Auftrag seiner Fraktion besucht
habe – bekanntlich trete seine Partei für die Gleichberech-
tigung der Homosexuellen ein. Unsinn, meinte Plum, im
Vergleich zum Geschlechtsverkehr auf offener Bühne, wie
er in den Gay Bars von San Francisco zu sehen sei, habe
der Tanz der sexuell missbrauchten Frauen und Mädchen
eher gehemmt gewirkt: Was Plüsch für Erotik halte, sei
ein kathartisches Ritual mit dem Ziel, den Pulsschlag des
Körpers kompatibel zu machen mit den Schwingungen
des Universums, gemäß der von dem Dichter Leopold
Senghor formulierten Devise: Ich tanze, also bin ich, die
das afrikanische Weltempfinden bis heute prägt.

»Wollen Sie damit sagen, dass Afrikaner nicht logisch denken können«, warf Buchmeyer mit jakobinischer Schärfe
ein, und Plums Antwort ging unter in einer Woge von Applaus, der nicht den sexuell missbrauchten Mädchen und
Frauen, sondern der Gattin des Bundespräsidentin galt,
die, flankiert von Bodyguards, die Bühne erklomm und
der Leiterin der Tanzgruppe eine Urkunde mit dem Siegel
des Bundespräsidialamts überreichte. Die Gruppenleite-
rin machte einen Hofknicks, und neuer Beifall brandete
auf, während die First Lady die sexuell missbrauchten
Mädchen und Frauen umarmte und jeder von ihnen eine
von der Protokollchefin bereitgehaltene gelbe Rose gab.
Anschließend verschwand sie in einem mit rotem Halbmond gekennzeichneten Zelt, aus dem sie eine Dreivier-
telstunde später, grün im Gesicht, wieder zum Vorschein
kam. »Was ist los«, fragte Buchmeyer und drängte sich
durch den Pulk der Protokollbeamten, um als Erster im
Blickfeld der Präsidentengattin zu sein, »ist Ihnen nicht
gut?« Er bot ihr Kopfschmerztabletten an. »Danke, nicht
nötig. Es geht mir schon besser. – Die sexuell missbrauchten Frauen haben mir Sachen erzählt«, fügte sie, an Bach-

maier gewandt, hinzu, »die jedes Fassungsvermögen übersteigen. Es gibt Dinge zwischen Himmel und Erde, von denen man besser nichts weiß. Besonders in Afrika. Aber schreiben Sie das lieber nicht!«

Auf der Rückfahrt im Bus gab es einen verbalen Schlagabtausch zwischen Plüsch und Plum, der handgreiflich hätte enden können, wenn Bachmaier sich nicht eingemischt und den Streit geschlichtet hätte.

»Was machen Sie da?«

»Ich mache mir Notizen, das sehen Sie doch!«

»Und wofür, wenn ich fragen darf?«

»Ich arbeite an einer Geschichte der menschlichen Niedertracht.«

»Also finden Sie den Bundespräsidenten niederträchtig?«

»Das sagen Sie – ich habe nichts dergleichen gesagt!«

»Oder denken Sie an die afrikanischen Präsidenten, die wir auf unserer Reise besuchen? Genau genommen handelt es sich nicht um Regierungschefs, sondern um Diktatoren.«

»Nein, ich finde *Sie* niederträchtig!«

Plüsch stellte sich auf die Zehenspitzen, hielt die Hände trichterförmig vor den Mund und posaunte durch den Bus: »Hört, hört! Er findet mich niederträchtig!«

Zu Plum gewandt: »Und warum, wenn ich fragen darf?«

»Sie reden zu viel!«

33

Der Bus fuhr durch das zerstörte Stadtzentrum. Nur das Wahrzeichen von Freetown, ein uralter Baumwollbaum, unter dessen mit Moosbärten bewachsenen Ästen Priesterkönige Gericht gehalten hatten in vorkolonialer Zeit, hatte sämtliche Bürgerkriege und Revolutionen überstanden – von Valentine Strassers Militärputsch über die Plünderung der Geschäfte und Büros bis zur Rückkehr des demokratisch gewählten Präsidenten Kabbah: Zwölf

Jahre, in denen die einstige Musterkolonie zur Kloake Westafrikas verkommen war – *colonial backwater* hieß der Fachausdruck dafür.

Auf halbem Weg zwischen dem die Hügelkuppe krönenden State House und der zum Hafen absteigenden Sklaventreppe, wo die Portugiesen Sklaven gekauft und verkauft hatten, lag die Botschaft der Vereinigten Staaten, eine waffenstarrende Festung mit schwenkbaren Videokameras und mit NATO-Draht gesicherten Wachtürmen, das einzige Gebäude der Stadt, das nie von Rebellen attackiert worden war: Die Kindersoldaten hatten zu viel Respekt vor den auf dem Gelände stationierten US-Marines, die erst schossen und dann Fragen stellten. Hier hatte Bachmaier in einer Kampfpause zwischen zwei Bürgerkriegswellen den Afrika-Experten des State Department interviewt, der mit Nachnamen *Swing* hieß. Aber das war alles *history*, wie Mr. Swing zu sagen pflegte, als er ihn Jahre später im Kongo wiedersah.

9 »Die Ruhe auf dem Lande ist oft stille Wut«, rief Buchmeyer und deutete auf das Panoramafenster der Bar, in dem sich sein unrasiertes Gesicht spiegelte, flankiert von Plüsch und Plum, die im Duett HAPPY BIRTHDAY TO YOU sangen, während Bachmaier das um sein Spiegelbild ergänzte Trio mit Blitzlicht fotografierte. Heute war Buchmeyers sechzigster Geburtstag, und zur Feier des Tages hatte er den harten Kern der Delegation, wie er sagte, in die Hotelbar eingeladen, hinter deren getönter Scheibe vom Wind bewegte Palmen raschelten, um auf seine Kosten Gin Tonic zu trinken – es durfte auch Bloody Mary sein. »Die Ruhe auf dem Lande ist oft stille Wut«, wiederholte Buchmeyer. »Dabei denke ich nicht an Afrika, wo Affen und Papageien einen solchen Lärm veranstalten,

dass man sein eigenes Wort nicht versteht. Ich denke an Niedersachsen, wo ich nicht geboren, aber aufgewachsen bin, weil meine Mutter bei Kriegsende dort hängen blieb. Mein Vater ist in Russland gefallen, einer von Millionen, von denen nur die Erkennungsmarke nach Hause zurückkehrte, ein von einer Gewehrkugel perforiertes Stück Blech, der Wehrpass und eine Handvoll Pornofotos, die in einem Briefkuvert steckten – Schwarzweißfotos, keine Farbbilder.«

»Und was war auf den Fotos zu sehen?«, fragten Plüsch und Plum wie aus einem Munde.

»Woher soll ich das wissen«, sagte Buchmeyer. »Ich weiß nur, dass meine Mutter aus allen Wolken fiel, als sie den Umschlag öffnete. Übrigens haben viele deutsche Landser mit Hilfe von Sexfotos, wie sie nach dem Frankreichfeldzug in der Wehrmacht kursierten, die Lager überlebt. Die russischen Posten waren scharf auf Pornographie und tauschten die Bilder gegen Bucheckern oder Graupen ein. Vermutlich war das der Grund, warum mein Alter die Fotos bei sich hatte.« Buchmeyer tupfte sich eine Träne aus dem Augenwinkel.

»Mein Vater starb vor meiner Geburt«, fügte er mit fester werdender Stimme hinzu. »Ich habe ihn nicht persönlich gekannt. Meine Mutter schlug sich mit einem Flüchtlingstreck nach Niedersachsen durch. Auf der Zwergschule dort habe ich mehr gelernt als später in der Universität. Oder muss es Zwergenschule heißen?«

Diesmal waren es zwei Tränen, die auf Buchmeyers Wangen tropften, von wo er sie mit einem Kleenextuch wegtupfte. »Wenn ich von Niedersachsen spreche, meine ich das Hannoversche Wendland. Genauer gesagt, den von Atomgegnern besetzten Kiefernwald am Ortsrand von Trebel, wo ich mich in die Sprecherin des Anti-Atom-

Widerstands verliebte. Ich habe ein Buch darüber geschrieben«, seufzte Buchmeyer, »aber das ist alles *history*« – er benutzte das englische Wort.

10 Im ersten Augenblick dachte Bachmaier, er habe
sich in der Zimmernummer geirrt, denn das King
Size Bed seiner Suite im Bintumana Hotel war von zwei
schwarzen Schönheiten besetzt, von denen eine sich,
auf dem Bettrand sitzend, die Fußnägel lackierte, während die andere, einen Taschenspiegel in der Hand, ihre
Augenbrauen nachzog und gleichzeitig fernsah: kein
Elfmeterschießen, sondern eine Seifenoper ohne Ton,
unterbrochen von Werbespots für Flachbildschirme,
Mikrowellenherde und Rasenmäher, Geräte für Haus
und Garten, die hierzulande keinen Sinn ergaben, weil
es nach zwölf Jahren Bürgerkrieg in Sierra Leone keine
Häuser und Gärten mehr gab – ganz zu schweigen von
elektrischem Strom. Bintu – so hieß die Unbekannte –
bediente sich an der Minibar und schenkte drei Gläser
mit Whisky voll – auf Bachmaiers Kosten. Dann stellte
sie ihm ihre Freundin Fatu vor, die dem Namen nach
eine Muslima war, aber darauf bestand, Christin zu sein:
Zum Beweis entblößte sie ihren Unterleib, auf den ein ge-
kreuzigter Christus tätowiert war, komplett mit Dornen-
krone und der Inschrift INRI, die quer über den Nabel
verlief.
»Ich bin dein Geburtstagsgeschenk«, sagte Bintu, aber
Fatu war nicht einverstanden und erklärte, beide gehörten zusammen und bildeten ein Doppelpack.
»Und wer hat euch hergeschickt?«
»Das verraten wir nicht.«
Bachmaier trank einen Schluck Johnny Walker Red
Label – oder war es Black Label? – und dachte nach.

»Das Problem ist, dass ich nicht Geburtstag habe. Das Geburtstagskind logiert in Zimmer 007, am anderen Ende des Flurs. Sein Name ist Buchmeyer.«

»Bei dem waren wir schon.«

»Und weshalb schickt er euch zu mir?«

»Als Überraschung. Wenn Fatu dir nicht gefällt, nimm mich. Ich mache alles, was du willst.«

»Warum versucht ihr es nicht eine Etage tiefer, bei Plüsch und Plum? Zwei hochgestellte Persönlichkeiten – die zahlen gut.«

»Dort waren wir schon!«

»Demnach bin ich die Nummer drei oder vier und nicht das Geburtstagskind! Verlasst sofort mein Zimmer, sonst rufe ich den Sicherheitsdienst. Oder die Polizei!«

»Die Hoteldirektion weiß Bescheid, und die Polizei ist mit im Boot. Was hast du gegen uns – sind wir dir nicht hübsch genug?«

»Raus!«

Bachmaier riss die Tür auf und jagte die Eindringlinge mit wedelnden Armen in den Korridor. Hinterher drehte er den Schlüssel im Schloss und warf sich auf das King-Size-Bett, froh, dass der Spuk vorüber war. Um sich abzukühlen, stellte er die Dusche an, aber das Wasser war weder heiß noch kalt, nur handwarm, und im gleichen Augenblick bereute er seine übereilte Reaktion. Ohne sich abzutrocknen, schlüpfte er in den Bademantel und lief treppauf, treppab durch die Hotelkorridore, auf der Suche nach den Besucherinnen, die so schwarz gewesen waren wie die Nacht, die sie verschluckt hatte. Der Hotelportier wusste von nichts – wie die über dem Tresen hängende Skulptur dreier Affen, die sich Münder, Augen und Ohren zuhielten. Statt das Angebot zu testen, hatte Bachmaier das Handtuch geworfen und würde nie mehr erfahren, ob es sich um sexuell missbrauchte Frauen oder um Prostituierte gehandelt hatte, ganz zu schweigen von der Frage, ob Fatu eine Kurzform von Fatima war. Mit diesen unklaren Gedanken im Kopf kroch er unter die Bettdecke und schlief erst ein, als im Morgengrauen ein Hahn zu krähen begann. Doch auch das stimmte nicht, denn am Golf von Guinea krähen die Hähne ab Mitternacht.

11 Der Bundespräsident trank nur Mineralwasser, aber seinen Sondergästen – so hießen die mitreisenden Journalisten protokollarisch korrekt – wurde Kaffee und Cognac serviert, auf Wunsch auch Kirschwasser oder Himbeergeist. Dies war der dritte Tag des Staatsbesuchs, der in nur neun Tagen durch fünf Länder führen sollte, aber die Mitglieder der Delegation wirkten schon jetzt so abgekämpft und ausgelaugt, als hätten sie einen Fußmarsch durch die Sahara hinter sich. Die First Lady hatte sich zum Mittagsschlaf in ihre Kabine zurückgezogen, Plüsch und Plum schnarchten um die Wette, und der Rockstar aus Essen stülpte sich Kopfhörer über die Ohren, während Buchmeyer auf Wunsch des Bundespräsidenten, der mühsam ein Gähnen unterdrückte, die Geschichte von Benin erzählte, das früher Dahomey geheißen hatte und ein Zentrum des transatlantischen Sklavenhandels gewesen war. »Die Könige von Dahomey mussten ständig Krieg führen«, erklärte Buchmeyer, »um Nachschub für den Sklavenhandel zu beschaffen. Ihr Thron ruhte auf den Schädeln besiegter Feinde, und sie waren gefürchtet wegen ihrer Amazonenarmee. Jeden Morgen wurde ein Kriegsgefangener geopfert, um den Ahnen im Jenseits auszurichten, dass der König gut geschlafen habe.« – »Das täte unser König auch gern«, meinte Plüsch mit Blick auf den schlafenden Bundespräsidenten, während sich Plum nach dem Voodoo-

kult erkundigte, der auf Sklavenschiffen von Benin nach Amerika gelangt war. Bei diesen Worten schlug der Bundespräsident die Augen auf und fragte Buchmeyer, wie er die gegenwärtige Regierung Benins einschätze.

»Auf Kerekou folgte Soglo«, dozierte Buchmeyer, während die Maschine zur Landung ansetzte – unter tief hängenden Wolken war eine Lagune mit Pfahlbauten zu sehen, dann kam das Hochhaus der Staatsbank in Sicht – oder war es das Novotel? »Bei seiner Amtseinführung in Porto Novo wurde Soglo Opfer eines Voodoofluchs – ich war selbst dabei. Der Staatschef brachte kein Wort mehr über die Lippen, weil er sich geweigert hatte, mit den Fetischpriestern zu reden. Erst als er eine Delegation aus Ouidah empfing, fand er die Sprache wieder. Ouidah ist die Hauptstadt des Voodoo, und die Fetischpriester sind gewerkschaftlich organisiert.«

»Sie haben meine Frage nicht beantwortet«, sagte der Bundespräsident, während die Maschine zuerst die vom Wind bewegten Wipfel einer Palmölplantage und dann ein Mangrovendickicht überflog und ruckartig auf der Rollbahn aufsetzte. Vor einer mit Flaggen geschmückten Rednertribüne wartete das Empfangskomitee, dahinter blinkte das Meer, und am Rand der Rollbahn war ein Zirkusorchester aufmarschiert, angeführt von Akrobaten und Trommlern, die ohrenbetäubenden Lärm veranstalteten, übertönt vom Dröhnen der auf Schubumkehr geschalteten Düsenaggregate. »Sie haben meine Frage noch nicht beantwortet!«

»Kerekou kam durch einen Militärputsch an die Macht. Er verstaatlichte die Palmölindustrie – eine andere gab es nicht – und holte nordkoreanische Berater ins Land. Seit seiner Wiederwahl bekennt er sich zur Marktwirtschaft und hat die Anrede *Bürger* und *Bürgerin* durch *Monsieur* und *Madame* ersetzt. Aber von demokratischer Transparenz kann keine Rede sein – ganz zu schweigen von *good governance*!«

Der Protokollchef drängte zum Aufbruch, doch das Staatsoberhaupt war noch nicht so weit. Er prüfte den Sitz seiner Krawatte, seine Frau strich ihm eine Haarsträhne aus der Stirn, und nach einem letzten Blick in den Spiegel – der Protokollchef zupfte das ans Revers geknöpfte Bundesverdienstkreuz glatt – schritt der Präsident die Gangway hinab, das gefrorene Lächeln im Gesicht, das er bei offiziellen Anlässen aufsetzte, gefolgt von der First Lady, deren Sommerkleid der Wind bauschte, sodass sie sich wie Marilyn Monroe mit einer Hand zwischen die Beine griff, während sie mit der anderen ihren mit rosa Schleifen geschmückten Hut festhielt. Gelächter und Beifall, untermalt vom Tamtam der Trommler und Tänzer, die auf dem aufgeheizten Beton des Flugfelds Räder schlugen, Pirouetten drehten und wilde Verrenkungen vollführten. Die Prozession wurde angeführt von einem Krüppel ohne Beine, der sich wie eine Heuschrecke hüpfend vorwärtsbewegte und mit beiden Armen die Knie des Bundespräsidenten umschlang, als dieser, um die Ehrenformation abzuschreiten, den roten Teppich betrat. »Ein großer Schritt für die Menschheit, aber ein kleiner Schritt für mich«, murmelte Bachmaier, ohne zu wissen, wie nah er der Wahrheit kam. Der Bundespräsident blickte Hilfe suchend auf den Protokollchef, der die First Lady die Gangway hinabgeleitete, und lächelte gequält, während er darüber nachsann, ob es sich um eine Protestdemonstration, einen Terrorangriff oder um ein landesübliches Begrüßungsritual handelte. Beim Versuch, den Behinderten abzuschütteln, der sich wie ein Schraubstock an seine Hosenbeine klammerte, verlor er einen Schuh, den der

Krüppel triumphierend durch die Luft schwang und, als Personenschützer sich auf ihn stürzten, in die begeistert johlende Menge warf. Der Delinquent wurde mit auf den Rücken gedrehten Armen weggeschleift und in ein Polizeiauto gestoßen, das mit eingeschaltetem Blaulicht und Sirenengeheul davonfuhr.

12 »Eins zwei drei vier – können Sie mich hören?«, sagte Präsident Kerekou, der wie Michael Jackson aussah in seiner mit Tressen behängten Generalsuniform, die aus dem Fundus eines Kostümverleihs zu stammen schien, und pochte mit dem Knöchel gegen das Mikrofon. Der Staatschef hatte sich selbst eingeladen und war mit seiner Entourage aus Ministern, Offizieren und Soldatinnen der Palastgarde unangemeldet zu dem Gartenfest erschienen, auf dem der Bundespräsident mit Vertretern der Zivilgesellschaft, Diplomaten und Entwicklungshelfern hatte reden wollen. Der Empfang fand unter tropischem Sternenhimmel statt, im Garten der Residenz, und der unprotokollarische Besuch bedeutete zusätzlichen Stress für das Botschaftspersonal. Soldaten in Fallschirmjägeruniformen drängten sich zwischen die Gäste, die vor einem weißblauen Bierzelt warteten, in dem Leberkäse mit Brezeln und Weißwürste mit süßem Senf ausgegeben wurden, und bewachten, Maschinenpistolen im Anschlag, das Buffet. Eine Amazone im gescheckten Kampfanzug trat der Frau des Schweizer Honorarkonsuls auf den Fuß, als die nach einer Brezel griff, und stieß ihrem Mann, der sich beschweren wollte, den Ellbogen in den Bauch.

»Bin ich zu hören?«, fragte Kerekou und nestelte an dem defekten Mikrofon, das seine Stimme bis zur Unkenntlichkeit verzerrt wiedergab. »Hört ihr mich?« – Er sei umgeben von Verrätern und Saboteuren, fuhr er fort, aber

sein Freund, der Bundespräsident, habe ihm das Versprechen abgenommen, Gnade vor Recht ergehen zu lassen,
und als Ehrenmann stehe er zu seinem Wort. Trotzdem
habe er den Sicherheitsorganen befohlen, den Übeltäter
hart anzufassen, um Auftraggebern und Komplizen auf
die Spur zu kommen, denn der Körperbehinderte sei nur
ein Rädchen oder Schräubchen in einem ferngesteuerten
Komplott. »Ich spreche nicht von Politik«, fügte er hinzu,
nachdem er sich mit einem Schluck Mineralwasser gestärkt hatte, »sondern von einem Krüppel, dessen Un-
dankbarkeit mich persönlich tief enttäuscht.« Als Staatschef habe er alles in seiner Macht Stehende getan, um
das Los der Behinderten zu verbessern, und ihnen den
Zutritt zu Hotels und Restaurants erleichtert. Dabei wisse
jeder, der den Film *Glöckner von Notre Dame* gesehen
habe, dass in einem missgebildeten Körper eine ebensol-
che Seele wohnt. Die Rollstuhlfahrer hätten die auf Staatskosten erbauten Behindertentoiletten als Waffenlager
und Drogendepots benutzt mit dem Ziel, Benins Freundschaft zur Bundesrepublik zu unterminieren. »Dahinter
steckt eine auswärtige Macht, deren Identität – da bin ich
mir sicher – der Delinquent preisgeben wird, sobald mein
Sicherheitschef ihn in die Mangel nimmt – notfalls lege
ich selbst Hand mit an!«

Obwohl er miserabel Französisch sprach und nur die
Hälfte verstand, bekundete Plüsch dem Staatschef seinen
Respekt: Kerekou habe aus seinem Herzen keine Mör-
dergrube gemacht und frei geredet, ohne Rücksicht auf
diplomatische Usancen und politische Tabus. »Unsinn«,
meinte Plum, der kürzlich ein Rhetorikseminar besucht
hatte: »Das war eine klassische Harangue, eine Vergatte-
rung, die besser auf den Kasernenhof passt als zu einem
Cocktailempfang – typisch afrikanische Despotenherr-

lichkeit.« Diesen Ausdruck hatte er in alten Reiseberichten gelesen und zitierte ihn bei jeder passenden oder unpassenden Gelegenheit. »Wenn überhaupt, handelt es sich um asiatische Despotie«, warf Buchmeyer ein. »Aber Kerekou ist kein Gottkönig, sondern gläubiger Moslem und überzeugter Marxist obendrein – doppelt genäht hält besser. Er wurde an der *Frunse*-Militärakademie ausgebildet und hat mehrmals Mekka besucht.«

»Haben Sie seine Hände bemerkt«, fuhr Buchmeyer fort und knackte mit den Handgelenken, die, wie Bachmaier erst jetzt bemerkte, feingliedrig waren wie die Finger des chinesischen Klaviervirtuosen, den er kürzlich im Fernsehen bewundert hatte, ein frühreifes Genie, dessen Hände wie Mozartkugeln über die Tastatur rollten – ein schiefer Vergleich, aber hier stimmte er. »Wovon sprechen Sie?« – »Nicht von den behaarten Tatzen eines Gorillas, sondern von den Chirurgenhänden des Präsidenten der Republik. Haben Sie gesehen, wie er sein Handy entsichert hat? Dabei fällt mir ein, dass Eyadema seinen Amtsvorgänger Olympio eigenhändig erwürgt haben soll.«

»Das war in Togo, nicht hier. Oder meinen Sie Liberia, wo Samuel Doe seinen Vorgänger Tolbert im Bett zerstückelt hat?«

»Klassische Mörderhände«, sagte Buchmeyer und betrachtete seine gespreizten Finger, so als sei auf den verschwitzten Handballen die Widerlegung von Bachmaiers Einwand zu finden: »Klassische Mörderhände!«

Er presste die Fingerkuppen aneinander und entfernte sie wieder voneinander, als öffne er gegen zähen Widerstand eine der Länge nach gespaltene Kokosnuss. Mit dieser charakteristischen Handbewegung, erklärte Buchmeyer, hatte Gottfried Benn im Sektionssaal der Charité menschliche Schädel geöffnet, um das unter dem Großhirn verborgene Stammhirn freizulegen. »Rönne, ein junger Arzt, der viel seziert hatte – Sie wissen schon. Und in Togo regiert Eyadema der Zweite«, setzte er übergangslos hinzu, »der *Lomé zwei* zur neuen Hauptstadt ausbauen lässt!«

13 Nach dem Abgang der ungeladenen Gäste – der Staatschef und sein Gefolge entfernten sich so abrupt, wie sie gekommen waren – lockerte sich die Stimmung, und der diplomatische Empfang wurde zum Bacchanal. Höhepunkt des Abends war eine Modenschau, bei der die First Lady die schicksten Kleider und der Bundespräsident das hübscheste Mannequin prämieren sollten. Erster Preis war eine offizielle Einladung zur Modemesse in Düsseldorf, zweiter Preis ein Besuch der Bundesgartenschau, Flugkosten und Hotel inbegriffen. »Ich komme mir vor wie Paris, der sich nicht entscheiden kann, ob er Athene, Aphrodite oder Euphrosyne den goldenen Apfel überreichen soll«, sagte der Bundespräsident, dessen genaue Kenntnis der antiken Mythologie Bachmaier in Erstaunen versetzte. »Oder war es Hektor?« – »Nein, Paris«, warf Buchmeyer ein, »aber die dritte im Bunde war Hera, die Gattin des Zeus, während Euphrosyne keine der drei Grazien, sondern eine Muse ist.« – »Wie auch immer ich mich entscheide«, sagte der Bundespräsident, »es ist falsch, weil eine der Grazien leer ausgeht.« Er wog einen goldgelben Tennisball in der Hand, den der Protokollchef ihm überreicht hatte, und sah sich Rat suchend nach Buchmeyer um, der mit zwei beim Wettbewerb ausgeschiedenen Mannequins hinter einem Spalier von Bougainvillea-Hecken verschwand. Dahinter lag die Bar, und in der feuchtheißen Tropennacht war der Durst besonders groß. Erst jetzt wurde Bachmaier klar, dass Buchmeyer der Sonderberater des Staatsoberhaupts für Public Relations war – *Coaching* und *Casting* hießen die Modewörter dafür. »Machen Sie es wie Paris«, riet der Protokollchef, »werfen Sie den Ball in die Luft und warten Sie ab, wer aus dem Damenringkampf als Sieger hervorgeht!«

»Ich habe eine bessere Idee«, sagte Bachmaier. »Klettern Sie auf den Laufsteg, Herr Bundespräsident, und lassen Sie sich mit den Mannequins fotografieren. Alles Weitere ergibt sich ganz von selbst. Der Applaus des Publikums wird entscheiden, welche die Schönste ist.«

Der Protokollchef schüttelte bedenklich den Kopf, aber die Präsidentengattin signalisierte ihr Einverständnis, und mit einer Behändigkeit, die man dem Sechzigjährigen nicht zugetraut hätte, klomm das Staatsoberhaupt auf den Laufsteg und posierte für die Fotografen, flankiert von zwei schwarzen Schönheiten, von denen eine einen farbenprächtigen Boubou, die andere einen mit Pailletten verzierten Minirock trug, unter sich dem ein knapp sitzender Tanga abzeichnete, während sie mit schaukelnden Brüsten nach dem Ball haschte, den der Bundespräsident wie ein Jongleur hin und her warf. In diesem Augenblick ging das Licht aus, und im Blitzlichtgewitter der Kameras waren nur noch verwackelte Bilder zu sehen, isolierte Details aus einem unterbelichteten Pornofilm, gestreifte Hosenträger, eine verrutschte Krawatte, rot lackierte Fingernägel und gebleckte Zähne, die sich um ein Bundesverdienstkreuz schlossen, dazwischen hüpfte ein Tennisball auf und nieder, während der bis zur Schmerzgrenze verstärkte Gesang des Rockstars nach dem Ausfall der Lautsprecherboxen in fernes Schrammeln überging.

»Sie waren gewarnt«, sagte der Protokollchef, während er dem Gestürzten auf die Beine half, »aber Sie haben nicht auf mich gehört.« Der Botschafter schaltete das Notstromaggregat an, bunte Glühbirnen flammten auf, und Scheinwerfer tauchten die Gartenparty in grelles Licht. »Sparen

Sie sich Ihre Ratschläge«, sagte der Bundespräsident und strich sich den Anzug glatt. »Ich möchte wissen«, fuhr er fort, während die First Lady die Lippenstiftspuren von seinem Revers entfernte – nur der Knutschfleck am Hals blieb sichtbar –, »ich möchte wissen, wer oder was hinter der Sache steckt? Haben wir es mit Sabotage zu tun oder mit einem Stromausfall – oder hat die Oppositionspartei meinen Auftritt torpediert?« Und er drohte Bachmaier mit dem Zeigefinger, als sei der ein *Agent provocateur.*

14 Am nächsten Morgen hingen die Delegierten wie angezählte Boxer in den Seilen – wörtlich und nicht im übertragenen Sinn: Buchmeyer hatte ein blaues Auge und ein Blutgerinnsel an der Unterlippe, das ebenso gut von einer Bisswunde wie von einer Herpes-Infektion stammen konnte. »Was ist passiert«, fragten Plüsch und Plum unisono, während Kellner das Frühstücksgeschirr abräumten. Buchmeyer bestellte einen Katerimbiß, Tomatensaft mit Chilisauce und einen Eisbeutel für seinen lädierten Kopf, aber der Ober erklärte bedauernd, er komme zu spät: Die Frühstückszeit sei vorbei, und das Mittagessen werde erst in zwei Stunden serviert. Buchmeyer hielt sich die Ohren zu, während Plüsch und Plum wissen wollten, ob die beiden Mannequins ihn ausgeraubt oder k. o. geschlagen hätten.

»Nicht die Mannequins«, stöhnte er und nippte am kalten Kaffee, der noch bitterer schmeckte als sonst. »Es war der Modeschöpfer – oder soll ich Zuhälter sagen?«
»Haben Sie die Dienstleistung nicht angemessen bezahlt?«
»Die Mädels wollten kein Geld von mir. Die Aussicht auf ein Visum war mehr als genug.«

Gibt es einen schöneren
Egoismus als den des Lesers,
der bei der Lektüre Trost,
Glück und Heiterkeit sucht?

☆
🕮

DIE ANDERE BIBLIOTHEK
im Eichborn Verlag

Wer liest, hat einen Sinn für das Besondere. Noch wichtiger: Wer liest, hat auch einen Anspruch auf das Besondere. Auf Bücher, wie sie Monat für Monat in der **ANDEREN BIBLIOTHEK** erscheinen.

Neugierig geworden? Dann sollten Sie sich schnell für ein Abonnement der »*in ihrer Art schönsten Buchreihe der Welt*« (DIE ZEIT) entscheiden. Denn jeden Monat erscheint ein Band der **ANDEREN BIBLIOTHEK** als streng limitierte und numerierte Erstausgabe. Und nur als Abonnent sichern Sie sich Ihr Exemplar zum Vorzugspreis.

Einfach den rückseitigen Coupon ausfüllen und in Ihrer Buchhandlung abgeben. Zusätzlich erhalten Sie als persönliches Dankeschön unsere aktuelle Aboprämie, über die Sie sich unter www.die-andere-bibliothek.de informieren können.

☐ Ich will Abonnent der **ANDEREN BIBLIOTHEK** werden und erhalte jeden Monat den aktuellen
Band zum Vorzugspreis durch meine Buchhandlung.
Je Band 2,50 € günstiger als der festgesetzte Ladenpreis.

☐ Bitte informieren Sie mich unverbindlich und kostenfrei über **DIE ANDERE BIBLIOTHEK,**
die **LESEGESELLSCHAFT ANDERE BIBLIOTHEK** und das Gesamtprogramm Ihres Verlags.

Name ————————————————— Straße —————————————

PLZ/Ort ————————————— Unterschrift —————————————

Ich bin darüber informiert, daß ich von dieser Vereinbarung innerhalb von 14 Tagen durch schriftlichen Widerruf
zurücktreten kann und bestätige dies durch meine zweite Unterschrift.

Unterschrift —————————————

Das Abonnement gilt für die Dauer von mindestens einem Jahr (12 Bände) und kann danach jederzeit gekündigt werden.
Sonderbände sind nicht Bestandteil des Abonnements und können separat bestellt werden.

Direkte Informationen erhalten Sie beim **Eichborn Verlag** von Daniela Ebeling unter der
Telefonnummer (069) 25 60 03-756

Eichborn Verlag
DIE ANDERE BIBLIOTHEK
Kaiserstraße 66

60329 Frankfurt am Main

»Und wie schützen Sie sich vor Aids?« Bachmaier hasste sich für diese Frage, aber er stellte sie trotzdem.

»Das muss jeder selbst herausfinden.«

»Sie sind der Afrika-Kenner – nicht ich!«

»Das Infektionsrisiko hängt davon ab, welche Art von Sex du bevorzugst – Missionarsstellung, anal oder oral.«

»So genau wollte ich es nicht wissen. Und seit wann duzen wir uns?«

»Wir haben Brüderschaft getrunken – oder etwa nicht?« Der Küchenchef beendete den Wortwechsel, indem er eine Schale mit Eiswürfeln auf den Tisch stellte, die Buchmeyer, in eine Serviette gewickelt, an die Schläfe presste. In diesem Moment hätte Bachmaier ihm gern einen Kinnhaken verpasst, aber mit dem blauen Auge und einem Eisbeutel auf der Stirn war sein Intimfeind schon gestraft genug. »Gnothi seauton – erkenne dich selbst«, sagte der Bundespräsident, öffnete den obersten Kragenknopf und lockerte den Knoten seiner Krawatte, während der Protokollchef mit dem Ruf *Wagenfolge, Busbelegung, Flugbereitschaft* zum Aufbruch mahnte.

III. HOTTENTOTTEN-VENUS

»Und der läppisch verfärbte
Okzident stottert, fällt,
wenn eine nubisch Vererbte
naht und sammelt die Welt ...«

Gottfried Benn

1 Man nennt mich die Hottentotten-Venus, aber mein richtiger Name ist Satchwe, was in der Sprache der Hottentotten, die sich selbst als Khoi-Khoi, also als Menschen bezeichnen, erstgeborene Tochter bedeutet, und da die Sprache der Hottentotten angeblich nur aus Schnalzlauten besteht, die ein Europäer weder verstehen noch nachahmen kann, nannte mein erster Besitzer, der Bure Peter Caezar, mich Saartjie oder Klein-Sarah. Mein Taufschein auf den Namen Sarah Baartman, Hottentottenfrau aus der Kapkolonie, geboren an der Grenze des Kaffernlands, wird heute zusammen mit meinen sterblichen Überresten im Archiv des Pariser *Musée de l'Homme* aufbewahrt, das aus Angst vor dem durch die Zurschaustellung meiner Leiche verursachten Skandal nicht mehr für Besucher geöffnet ist. Was heißt hier Leiche: Nachdem man mich zu Lebzeiten – zuerst in einem Kral in Südafrika, später auf einer Farm bei Kapstadt und noch später auf Londons Piccadilly Street und im Pariser Jardin des Plantes – von allen Seiten betrachtet, vermessen, befingert, betatscht, begrapscht und, ohne um Erlaubnis zu fragen, in den Hintern gekniffen hatte – mit »man« ist die männliche Hälfte der Menschheit gemeint –, wurde ich

nach meinem durch Unterkühlung und unzureichende Ernährung, Alkohol und Nikotin herbeigeführten Tod von dem Zoologen Cuvier, der dafür eine Sondergenehmigung des Polizeipräfekten erbat und erhielt, eigenhändig seziert: Cuvier machte einen Gipsabguss meines nackten Körpers, der später bunt bemalt neben meinem präparierten Skelett ausgestellt wurde, dem ein Trophäenjäger den Kopf gestohlen, später aber dem Museum zurückerstattet hat. Vorher hatte der von Goethe geschätzte Naturforscher und Anatom mir den Arsch aufgerissen – wörtlich und nicht im übertragenen Sinn – und einen Gipsabguss meines Anus angefertigt, den er mit der Lupe nach Spuren von Analverkehr untersuchte, sowie meine Schamlippen und mein Gehirn in Spiritus eingelegt, um zu beweisen, dass die Hottentotten in der Hierarchie der Natur dem Orang-Utang näher stehen als dem Menschen. Meine abgezogene Haut wurde nach England verkauft und dort, mit Holzwolle ausgestopft, auf Jahrmärkten gezeigt, sodass es nicht übertrieben ist, wenn ich sage, dass ich nach meinem Tod der Wissenschaft noch selbstloser diente als zu meinen Lebzeiten. Aber ich will die Geschichte von Anfang an erzählen, so wie sie sich wirklich zugetragen hat.

2 »Sie kennen nichts außer ihren Fuhrwagen und haben noch nie in ein Buch geschaut. Ihre Unwissenheit ist grenzenlos. Sie wissen nichts über die einfachsten Dinge, die jedes Kind in Europa kennt, und stellen einem die widersinnigsten Fragen. In ihrer Freizeit rauchen sie Pfeife und trinken übermäßig viel Kaffee. Sie lassen sich endlos aus über ihre Jagderlebnisse, bis man sie auswendig kennt. Nicht zu vergessen ihr Aberglaube, der noch törichter ist als der der Kaffern.«

In dieser Notiz eines englischen Reisenden, dessen Name nichts zur Sache tut, ist nicht, wie man meinen könnte, von den Ureinwohnern Südafrikas die Rede, die sich selbst Khoi oder San nannten, später verballhornt zu Khoisan, sondern von weißen Siedlern, die sich für das auserwählte Volk hielten, dem Gott die Kapkolonie von Rechts wegen übereignet hatte mit dem Auftrag, Buschmänner, Kaffern, Hottentotten und wie die Nachkommen Hams alle hießen, zu unterjochen und, falls sie sich der Versklavung widersetzten, mit Feuer und Schwert auszurotten. Die holländischen Siedler, die sich, dem Ruf des Gouverneurs van Riebeck folgend, am Kap der Guten Hoffnung niederließen, nannten sich Buren – zu deutsch Bauern; später kamen aus Frankreich vertriebene Hugenotten hinzu, die nach der Aufhebung des Edikts von Nantes in Südafrika Zuflucht fanden. Anders als der britische Reisende behauptet, lasen sie die Bibel, doch statt die zehn Gebote zu befolgen, trieben sie widernatürliche Unzucht mit Kaffern, die sich mit Fett einrieben und mit blutigen Schafsdärmen schmückten, denn das Fleisch war willig, aber der Geist war schwach – oder war es umgekehrt? Weder Schmutz noch Übelkeit erregender Gestank hielt christliche Seefahrer davon ab, sich mit Hottentottenweibern zu paaren, deren verfilztes Haar an das kotverschmierte Fell schwarzer Schafe erinnerte, um

noch einmal unseren Gewährsmann zu zitieren. Das Ergebnis dieser Rassenschande waren Mischlinge, die sich Bastarde nannten und ihr Minderwertigkeitsgefühl kompensierten, indem sie den Buren als Spurenleser dienten und Jagd machten auf ihre dunkelhäutigen Brüder und Schwestern, die sich in immer unwirtlichere Gebiete zurückzogen und, vor die Wahl gestellt zwischen Sklaverei oder Tod, zu den Waffen griffen.

»Flieht, ihr unseligen Hottentotten, flieht in die tiefsten Urwälder! Die wilden Tiere, die dort hausen, sind weniger blutdürstig als die Menschen, unter deren despotischem Joch ihr seufzt. Ein Löwe kann euch zerfleischen, aber er raubt euch weder die Unschuld noch die Freiheit. Nehmt allen Mut zusammen, spannt eure Bögen und lasst Giftpfeile regnen auf die Weißen, die euch ihre verkehrten Ansichten aufzwingen wollen, um euch zu versklaven!«

Dieser Kampfruf stammt nicht von einem Kriegshäuptling der Khoi-Khoi, Nama oder San, sondern von einem Philosophen der Aufklärung namens Denis Diderot, dessen Appell nicht in Afrika befolgt wurde, sondern in Paris, wo sich das französische Volk am 14. Juli 1789 zusammenrottete, um die Zwingburg der verhassten Despotie, die Bastille, zu erstürmen. Zur selben Zeit erblickte ich das Licht der Welt in einem Kaffernkral auf der in Stufen zur Küste absteigenden Kapebene, genannt Karroo, im Jahr des Herrn 1789, mit dem zwar ein neues Zeitalter, aber noch keine neue Zeitrechnung begann – erst 1791 wurde der republikanische Kalender eingeführt.

Von alldem wusste meine Mutter nichts, als die Wehen einsetzten und sie nach Hottentottenbrauch auf dem blutigen Fell einer frisch geschlachteten Kuh, einer Färse genauer gesagt, mit einer Tochter niederkam, deren Nabelschnur sie in zwei Teile zerbiss, von denen sie einen ins Feuer warf und den andern in einem Loch vergrub, um Geister und Dämonen von ihrem Kind abzulenken. Als Erstgeborene taufte meine Mutter mich also auf den Namen Satchwe, das zweite Kind heißt Ungka, das dritte Tsiko, aber so weit kam es nicht, weil mein Vater, der kein Hottentotte, sondern Buschmann war, noch vor der Geburt meines Bruders von einem Bastard ermordet wurde.

Damals war ich zwei Jahre alt, und da meine Mutter ihre beiden Kinder nicht von Heuschrecken und Termiten ernähren konnte, ließ sie sich in der Nähe einer Farm nieder, wo sie den Kaffernfrauen beim Sammeln von Tamarindensamen half. Aus den Samenkapseln machte sie Kerzen, aber was deren Verkauf einbrachte, war zum Leben zu wenig und zum Sterben zu viel. Peter Caezar, so hieß der Besitzer der Farm, war wie alle Buren hartherzig, und als Calvinist empfand er keine Gewissensbisse, seinen Reichtum zu mehren auf Kosten anderer, auch wenn die dabei vor die Hunde gingen. Denn weil Ham den Blick nicht abgewendet hatte von der Blöße seines Vaters Noah, hatte Gott die Hamiten zu ewiger Knechtschaft verdammt und ihre Haut schwarz gefärbt.

Das Leben der Buren hatte eine Tag- und eine Nachtseite. Damals gab es noch keine Apartheid, und immer öfter verließ Peter Caezar das durch den frühen Tod seiner Frau verwaiste Ehebett und schlüpfte im Schutz der Dunkelheit in den benachbarten Kral. Weder das Brüllen der Löwen noch das Fauchen der Hyänen hielt ihn davon ab, zu meiner Mutter ins Bett zu steigen, sofern man eine auf den Lehmboden gebreitete Bastmatte als Bett bezeichnen will. Seine nächtlichen Besuche dauerten nicht länger als eine Stunde, aber es kam auch vor, dass Herr Caezar sich erst im Morgengrauen wieder entfernte und auf Zehenspitzen über den Hof schlich, um die schlafenden Hunde nicht zu wecken, die beim Anblick ihres Herrn gelangweilt gähnten und nur anschlugen, wenn ein Kaffer sich dem Haus näherte. Eines Morgens erregte ich seine Aufmerksamkeit: Das Seufzen meiner Mutter oder das Stöhnen ihres Besuchers hatte mich geweckt, und ich kroch auf allen vieren aus der Hütte, um draußen Pipi zu machen, als über dem Kral die Sonne aufging und ein Schatten auf mich fiel. Ich wandte erschrocken den Kopf und blickte in die blauen Augen des Herrn Caezar, während ich, barfuß im Sand hockend, mein Geschäft verrichtete. Ich war damals sechs oder sieben Jahre alt, ein Kind und noch keine Frau, aber meine Hottentottenschürze war schon voll ausgeprägt, eine gut sichtbare, aber nicht abnorme Verlängerung der Schamlippen, an der sich die Phantasie europäischer Reisender entzündete, die darin ein Indiz für sexuelle Ausschweifungen sahen, weil schon damals der Wunsch Vater des Gedankens war.

Vielleicht ist das der Grund, warum der Blick der wasserblauen Augen länger als nötig auf dem gleichschenkligen Dreieck zwischen meinen Beinen ruhte; ein anzügliches Lächeln, nein Grinsen, das mir trotz meiner Unerfahrenheit schmutzig erschien, umspielte seinen Bart, während Herr Caezar den Gürtel ausklinkte und den obersten Knopf seiner Hose öffnete. In diesem Augenblick bellte ein Hund, meine Mutter streckte ihren Wuschelkopf aus der Tür und verjagte mit unflätigen Flüchen und einem Urinschwall aus dem Nachttopf den geilen Bock, der wie ein begossener Pudel den Rückzug antrat zu seiner Farm, wo die alte Jungfer, die seinen Haushalt führte, ihn auf den Weg der Tugend zurückführte, indem sie ihm die Familienbibel um die Ohren schlug.

53

Außer der frommen Betschwester, einer Cousine seiner an einem Schlangenbiss verstorbenen Frau, gab es niemanden, der sich um Herrn Caezar kümmerte. Die Ehe war kinderlos geblieben, und der einzige Kontakt zur Außenwelt war ein jüngerer Bruder, der in Kapstadt am Hafen herumlungerte und Herrn Caezar nur besuchte, um Geld zu borgen, wenn er wieder mal knapp bei Kasse war. »Die Geschäfte gehen schlecht«, so lautete der ständig wiederholte Refrain, und bei einem dieser Besuche, während er im Schaukelstuhl wippte und am Tamarindensaft nippte, den die alte Jungfer, mit Branntwein und Zucker versetzt, in Tonkrügen gären ließ, warf der Bruder ein Auge auf mich.

Herr Caezar hatte seine nächtlichen Eskapaden eingestellt, wahrscheinlich hatte er schon vergessen, wie meine Mutter hieß, aber er gestattete mir, im Vorgarten zu spielen, solange ich das für Weiße reservierte Haus nicht betrat. Ich lag im Schatten der Veranda auf dem Bauch und amüsierte mich mit blankgescheuerten Knöchelchen, die uns Buschkindern als Spielzeug dienten, als der Blick des jüngeren Bruders an meinem hochgereckten Hintern hängen blieb. Inzwischen war ich nicht mehr sechs oder sieben, sondern zwölf oder dreizehn Jahre alt und hatte zwar noch keinen Busen, aber einen ausladenden Arsch, der die Neugier der Männer noch mehr erregte als die Hottentottenschürze, die sich zwischen meinen Schenkeln verbarg. »Dein Hintern ist Gold wert«, sagte der Besucher mehr zu sich selbst als zu mir, und während er seine Tonpfeife stopfte, entwickelte er, immer schneller redend, eine Geschäftsidee, die seinen Namen ins Handelsregister bringen und – darauf ging er jede Wette ein – die Gebrüder Caezar steinreich machen würde.

3 Es stimmte nicht, dass die Buren keine Bücher lasen: Es gab zumindest ein Buch, das sie immer wieder lasen oder sich vorlesen ließen, das Buch der Bücher, die Bibel – selbst die Analphabeten unter ihnen konnten die Schöpfungsgeschichte, die Geburt Jesu und die Kreuzigung Christi auswendig hersagen. In diesem Passionsspiel war mir die Rolle der Maria Magdalena zugedacht,

weil ich von Natur aus sündhaft war, nein – mehr als das: Ich war die Inkarnation der Erbsünde, die fleischgewordene Versuchung, um deretwillen Adam aus dem Paradies verstoßen worden ist. Warum sonst hätte Gott meine Haut so schwarz, mein Haar so kraus, meinen Busen so üppig und meinen Hintern so fett gemacht, dass ich, wo immer ich ging oder stand, die Blicke der Männer auf mich zog? Als bußfertige Sünderin musste ich niederknien und jedem Fremden, der die Schwelle des Hauses überschritt, die Füße waschen, wie Maria Magdalena es für den Messias getan hatte. Doch die Besucher im Hause Caezar waren nicht so selbstlos und engelhaft rein wie Jesus, ihre Augen ruhten wohlgefällig auf mir, während ich, mit Wasser und Seife, Waschlappen und Bürste zuerst ihre Fußsohlen, dann die Zehen und zuletzt die Fußnägel reinigte, nicht zu vergessen die Zwischenräume zwischen den Zehen, sie stöhnten leise und konnten sich nicht sattsehen an meinen damals noch festen Brüsten, die im Rhythmus des Schrubbens auf und nieder hüpften, oder am Panorama meines Hinterns, der die Türfüllung verdunkelte und den Kral mit seinen pickenden Hühnern, watschelnden Enten und grunzenden Schweinen den Blicken entzog.

Hatte ich meine Arbeit zur Zufriedenheit seiner Gäste erledigt, belohnte der Hausherr mich mit einem Zug aus der Tonpfeife oder mit einem Schluck Schnaps, zwei Dinge, die mich für seine weiteren Absichten gefügiger machten. Auf die Fußwaschung folgte die Reinigung des Intimbereichs, zu der ich beide Hände und manchmal auch den Mund zu Hilfe nahm, und wenn auch dies erledigt und der Kelch bis zur Neige ausgetrunken war, wischte er sich an meinem Wollhaar die Finger sauber, mit denen er meine Brüste geknetet hatte, tätschelte mir den Nacken und entschädigte mich mit einem Geldstück, das mir wiederum zum Ankauf von Alkohol diente, ohne den das Leben in der Karroo schwer erträglich und kaum lebbar war.

4 Wo Schanghai lag, wusste ich nicht, aber was »schanghaien« bedeutete, ahnte ich oder hatte davon gehört, denn es passierte nicht zum ersten Mal, dass ein Kaffer oder Hottentotte während der Viehdrift in Kapstadt, wo er Rinder und Schafe in die Schlachthöfe trieb, in eine Hafenkneipe gelockt und mit Branntwein betrunken gemacht wurde. Der arme Teufel hatte keine Ahnung, wo er sich befand, er glaubte, er sei im Himmel oder in der Hölle gelandet, wenn er Stunden später auf hoher See erwachte, an Bord eines Walfängers oder Seelenverkäufers, der ihn gratis rund um die Welt beförderte, bevor man ihn Jahre später anderswo in Afrika von Bord gehen ließ, nachdem er die Kosten für seine Freiheitsberaubung abgearbeitet, mit der neunschwänzigen Katze Bekanntschaft gemacht hatte und bei der Äquatortaufe kielgeholt worden war.

So ähnlich erging es mir. Ich begleitete Herrn Caezar während einer endlosen Viehdrift, die in meiner Erinnerung nur aus Pfiffen und Peitschenknallen bestand. Die

meiste Zeit über lief ich keuchend, in rote Staubwolken gehüllt, neben dem Ochsenkarren her, aber gelegentlich saß ich auch auf dem Kutschbock und schwang die Peitsche oder, wenn es nicht schnell genug ging, den Ochsenziemer. Nachmittags döste ich, von Fliegen umsummt, auf der schaukelnden Ladung, die aus Mais und Kartoffeln bestand, und nachts kroch ich auf Geheiß meines Herrn in dessen Zelt, wo Herr Caezar – manchmal war es auch sein jüngerer Bruder oder dessen Geschäftspartner – sich, während draußen Löwen brüllten, wärme- und schutzsuchend an mich kuschelte. Die Nächte sind kalt in der Karroo, und von Hirten bewachte Feuer hielten die Raubtiere auf Distanz.

In Kapstadt nahm ich meine gewohnte Beschäftigung wieder auf und wusch jedem Fremden, der sich in unser am Stadtrand gelegenes Haus verirrte, die Füße, wie Herr Caezar es von mir verlangte. Die Namen der Besucher sind mir entfallen – nur der Name Dunlop ist mir im Gedächtnis haften geblieben, nicht wegen der Ähnlichkeit mit dem Reifenhersteller, den es damals noch nicht gab – die Lokomotive war noch nicht erfunden, geschweige denn das Automobil, und die Ochsenkarren rollten auf Holzrädern mit knarrenden Achsen und quietschenden Deichseln, quälend langsam, im Schneckentempo, der Küste entgegen.

Den Hafen von Kapstadt mit Hafenmeisterei, Zollhaus und Speichergebäuden, Marinehospital und Quarantänestation, nicht zu vergessen die schon damals berüchtigte Gefängnisinsel Robben Island, bekam ich erst zu Gesicht, als es zu spät war und man mich, in ein leeres Rumfass gesteckt, dessen Alkoholdunst mich betäubte, über einen Laufsteg an Bord der *Exeter* rollte, die noch am selben Tag nach Southampton auslief. Es war der 24. Mai 1810, ein historischer Tag, und ich ahnte nicht, dass ich nie wieder einen Fuß auf die afrikanische Küste setzen würde, die hinter mir im Nebel versank. Genau genommen habe ich von Kapstadt nicht viel gesehen, denn das Rumfass hatte kein Guckloch, und um Fluchtversuche zu unterbinden, hatte man mich in das blutige Fell einer Giraffe gewickelt, die Mister Dunlop geschossen und abgehäutet hatte. Das Giraffenfell war nur notdürftig gegerbt und stank so bestialisch, dass ich vorzeitig aus der durch Alkohol bewirkten Narkose erwachte. Beim Anblick der Blutflecken und Fleischfetzen wurde mir schlecht; vielleicht war es auch das ungewohnte Schlingern des Schiffs oder der Gestank von Seetang und Teer, der mich auf die Planken kotzen ließ.

Zwei Tage vor meiner Ein- und Ausschiffung hatte ein gewisser Mister Dunlop meinem Herrn seine Aufwartung gemacht. Nachdem ich die Fußwaschung zu seiner Zufriedenheit erledigt hatte, unterhielt er sich mit Mynheer Caezar in Englisch, eine Sprache, die ich damals noch nicht verstand. Nur das Verb *to shanghai* ist mir noch in Erinnerung sowie die Tatsache, dass Mister Dunlop einen von Herrn Caezar aufgesetzten Vertrag unterschrieb und diesem einen Geldbeutel aushändigte – in meiner Erinnerung war er mit Nuggets gefüllt. So wechselte ich den Besitzer, und nach Abschluss des Geschäfts, das ohne Rücksprache mit mir getätigt wurde, flößte mein neuer Besitzer mir mit Schlaf- oder Betäubungsmitteln vermischten Portwein ein, dessen aromatischer Duft mir den Mund wässrig gemacht hatte.

6 Ich wurde unter Alkohol gesetzt und gegen meinen Willen an Bord eines Schiffes gebracht, als sei ich kein menschliches Wesen, das denken, fühlen und folglich auch leiden kann, sondern ein zur Ausfuhr bestimmtes Kolonialprodukt, Röstkaffee zum Beispiel, laut Etikett von der Grenze des Kaffernlands, der in Rotterdam oder Hamburg einen guten Preis erzielt. Dass die *Exeter* keinen dieser Häfen anlief, obwohl der Kaffeedurst in Europa größer war denn je, lag daran, dass ein Feldherr namens Napoleon den Kontinent eroberte und die britische Flotte

eine Blockade verhängt hatte, um Frankreich vom überseeischen Nachschub abzuschneiden. Unter Engländern und Franzosen stellte ich mir Buren vor, die anstelle von Ochsenkarren Pferdekutschen benutzten, und wer Napoleon war, begriff ich erst, als der Korse, aus Elba kommend, im Triumph in Paris einmarschierte, wo ich während der berühmten hundert Tage im Jardin des Plantes ausgestellt war – aber ich eile den Ereignissen voraus.

Nach wochenlanger Seefahrt, bei der ich mich täglich übergab, ohne dass der Umfang meines Hinterns schrumpfte – die Blicke der Matrosen auf meinen Allerwertesten waren genauso lüstern wie am ersten Tag –, stieg eine Steilküste aus dem Meer, bei der es sich nicht um die Kreidefelsen von Dover handelte, sondern um die Lavaklippen von Sankt Helena. Kein Mitreisender, weder der Kapitän noch die Offiziere und Matrosen, ganz zu schweigen von meiner Wenigkeit, ahnte, dass der korsische Kaiser sein Leben beschließen würde an diesem öden Ort, der von Europa so weit entfernt lag wie von Afrika und Südamerika. Das Schiff überbrachte Briefe und Depeschen und nahm Passagiere an Bord, britische Beamte, deren verschämte Seitenblicke auf mein Gesäß nicht nur von Wissensdurst kündeten.

Die *Exeter* ließ die Kapverden rechts und die Kanaren links liegen – nautisch korrekt muss es backbord und steuerbord heißen. Nachdem sie die Biskaya weiträumig umfahren hatte, um den dort kreuzenden französischen Fregatten nicht zu begegnen, ankerten wir zwischen der Küste von Cornwall und der Isle of Wight und liefen, als das Wetter sich besserte, in den Hafen von Southampton ein.

6 Ich empfand kein besonderes Gefühl – weder war mir heimatlich zumute noch triumphal wie Napoleon beim Einzug in Paris –, eher war ich traurig gestimmt.

Einer meiner Biographen, der sich mit der tränenseligen Schilderung meines Schicksals eine goldene Nase verdient hat, schreibt, die Kutschfahrt von Southampton nach London sei eine Tortur gewesen, weil mein Hintern zu breit gewesen sei für den schmalen Sitz und ich mit dem Kopf gegen die Decke und mit den Knien gegen Koffer und Taschen gestoßen sei: Blühender Unsinn, denn im Vergleich zum Schlingern des Schiffs und dem Rütteln der Ochsenkarren war die Kutschbank so gut gepolstert, dass ich mich wie eine Prinzessin auf der Erbse fühlte; anstelle von Geiern, Hyänen und Schakalen gaben mir Gassenjungen das Geleit, und Straßendirnen, die dem ältesten Gewerbe der Welt nachgingen, riefen mir unverständliche Obszönitäten zu, als ich in Soho der Kutsche entstieg, während ein Fischweib einen faulen Fisch nach mir warf, weil mein Hinterteil mehr Schaulustige anlockte als ihr Warenangebot, das sie vergeblich anpries mit dem Ruf: *Cockles and mussles, alive alive o!*

Wir bezogen Quartier in einer schäbigen Absteige, an deren Tür nach Mitternacht ein betrunkener Matrose hämmerte und die Hottentotten-Venus zu sehen verlangte: Er habe eine Wette abgeschlossen, lallte der Säufer, und sei bereit, zehn Schillinge zu bezahlen, wenn man ihm gestatten würde, die Schürze zwischen meinen Schenkeln persönlich in Augenschein zu nehmen und sich davon zu überzeugen, dass alles echt sei. Er könne auch andere Saiten aufziehen, grölte der Seemann, krempelte die Ärmel hoch, entblößte seine Muskeln, auf die Herzen und Anker tätowiert waren, und schob seine behaarte Pranke unter

meinen Rock, während Mr. Dunlop ihn hinauskompli-
mentierte und die Wirtin der Absteige ihren Nachttopf
über ihm entleerte, um den ungebetenen Gast vor die Tür
zu setzen. Dort hatten sich Neugierige versammelt, die
das Geschehen mit Witzworten kommentierten, die ich
zum Glück nicht verstand. Durch Einsatz ihrer Schlag-
stöcke brachte die Polizei die Ruhestörer zur Raison und
stellte die öffentliche Ordnung wieder her, und am nächsten Morgen beschloss Mr. Dunlop, seinen Wohnort zu
wechseln, um lästigen Fragen und Nachstellungen zu entgehen. Seine Wahl fiel auf Saint Gilles, ein katholisches
Armenviertel in der Nähe des Piccadilly Circus, wo die
Mieten billig waren, weil hier Iren und Italiener lebten,
nicht weit von Schmierentheatern und Varietébühnen,
auf denen er die Rundungen meines Körpers in klingende
Münze verwandeln wollte.

Mr. Dunlop sperrte mich im Hotelzimmer ein – ich war
ein zu wertvolles Kapital, um Gaffern, die keinen Eintritt bezahlten, gratis vorgeführt zu werden – und machte
Theaterdirektoren seine Aufwartung, um seine Ware an
den Mann zu bringen – hier stimmt die gängige Redensart. Aber weder das vor den Kunden entrollte Giraffenfell, das, von Sonne und Wind gegerbt, nicht mehr stank,
fand einen Abnehmer noch die Hottentotten-Venus, deren
wohlgeformten Hintern er in den höchsten Tönen pries.
Nur Mr. Bullock, der aus Liverpool stammende Inhaber
eines Raritätenkabinetts, erwärmte sich für das Giraffenfell, das er für einen Apfel und ein Ei erwarb, nicht aber
für meine weiblichen Reize, deren Zurschaustellung im
puritanischen England einen Skandal auslösen würde,
wie er richtig voraussah. Seit der vom Gericht verfügten
Schließung seines Etablissements, in dem er ohne Erlaub-
nisschein den Schädel Oliver Cromwells ausgestellt hatte,

61

war Mr. Bullock ein gebranntes Kind: Dass der auf einem Samtkissen präsentierte Kopf nicht von Cromwell, sondern von einem gewöhnlichen Verbrecher stammte, behielt er für sich.

»Wenn ich Ihnen einen Rat geben darf«, sagte er zum Abschied zu Mr. Dunlop und klemmte sich das Giraffenfell unter den Arm, das ihm, in Stücke zerschnitten, zehnmal so viel einbringen würde, wie er bezahlt hatte, »ziehen Sie sich aus der Sache zurück und lassen Sie andere die Kastanien aus dem Feuer holen. Die Hottentotten-Venus ist ein heißes Eisen, an dem man sich die Finger verbrennt. Ich weiß, wovon ich rede, denn ich war selbst im Kaffernland.« Mr. Bullock nahm eine Prise Schnupftabak und überschüttete Mr. Dunlop mit einem Regen fein zerstäubter Tröpfchen, die wie ein Geysir aus seiner vom Whisky geröteten Nase sprühten.

Auf dem Weg zum Hotel lief Mister Dunlop Mynheer Caezar in die Arme, der ihm in diesem Augenblick wie von der Vorsehung gesandt erschien. Der Bure hatte seine Ernte gewinnbringend abgesetzt und sich von Kapstadt nach England eingeschifft, um mich zurückzukaufen – nicht, weil ihn sein calvinistisches Gewissen plagte, sondern weil er das Geschäft bereute und meinen Hintern für sich allein vermarkten wollte. Der Brite hingegen wünschte, mich so schnell wie möglich loszuwerden: Wie stets, wenn ein nicht habendes Brauchen auf ein nicht brauchendes Haben trifft, waren beide schnell handelseinig, und Herr Caezar zog einen Kaufvertrag aus der Tasche, den Mr. Dunlop an Ort und Stelle unterschrieb. Obwohl er, da Napoleons Flotte den Ärmelkanal blockierte, mit Verspätung in London eingetroffen war, hatte der Bure den Briten ausgetrickst.

Herrn Caezars Geld hatte sich wie durch Zauberhand ver-
mehrt, und getreu der Devise, dass dem Mutigen die Welt
gehört, stieg er in großem Stil ins Show-Geschäft ein –
das Wort gab es damals noch nicht, die Sache aber sehr
wohl. Am 20. September 1810 stand eine großformatige
Anzeige in der *Morning Post*:

HOTTENTOTTEN-VENUS EINGETROFFEN!

Sie stammt vom Ufer des Flusses Gamtoos an der Grenze
des Kaffernlands und ist eines der erstaunlichsten Exem-
plare des Menschengeschlechts, über das sich das ge-
bildete Publikum endlich aus erster Hand informieren
kann. Die Hottentotten-Venus tritt in ihrer Landestracht
auf, einem Lendenschurz, so wie Gott sie geschaffen hat.
Mr. Hendrick Caezar hat das seltsame Naturphänomen
nach London gebracht, wo es von eins bis fünf Uhr nachmittags am Piccadilly Circus Nr. 225 besichtigt werden
darf. Der Eintrittspreis beträgt zwei Schillinge pro Person,
doch wegen unerwartet starken Interesses ist mit Warte-
zeiten zu rechnen.

7 Die kommerzielle Werbung steckte damals noch in
den Kinderschuhen, das Show-Business ebenfalls,
aber die Anzeige erschien zur richtigen Zeit am richtigen Ort, sodass Herr Caezar sich vor dem Andrang kaum
noch retten konnte. Eine Welle von Besichtigungswün-
schen und Interview-Anfragen brach über ihn herein, begleitet von einem Goldregen, der sich als Geldsegen auf
seinem Konto niederschlug, und das Publikumsinteresse
war so groß, dass die Polizei den Piccadilly Circus sperren
und den Verkehr umleiten musste, um die Warteschlange
vor dem Haus Nr. 225 zu kanalisieren. Über Nacht war

die Hottentotten-Venus in aller Munde, und mein Aller-
wertester wurde zur Zielscheibe von Witzemachern und
Karikaturisten, die das britische Kabinett als *Breitarsch-
ministerium* verulkten. Hinter dem angeblichen Informa-
tionsbedürfnis steckte als Wissensdurst getarnter Voyeu-
rismus, der auf meine unteren Organe zielte, in England
private parts genannt: Diese wurden nicht bloß von allen
Seiten begafft und anzüglich kommentiert, sondern durf-
ten für entsprechendes Aufgeld mit der Lupe untersucht
und in Privataudienz betastet werden. Dass Herr Caezar
mich weder nach meiner Meinung fragte noch um Erlaubnis bat, versteht sich von selbst: Jedes Mal, wenn ich ihn,
von der Vorführung erschöpft, um ein Glas Wasser oder
einen Schluck Branntwein bat, hob er drohend den Spazierstock oder zwickte mich vor aller Augen ungeniert ins
Gesäß, während der Dielenboden bebte vom Getrampel
der *Zugabe* brüllenden Zuschauer.

Das änderte sich erst, als der *Morning Chronicle* einen auf
den 12. Oktober datierten Leserbrief druckte, dessen anonymer Autor gegen meine unsittliche Zurschaustellung
protestierte mit den Worten: »Wie ist es möglich, dass
die öffentliche Meinung, die den Sklavenhandel für ge-
setzwidrig erklärt, sich aufgeilt am Elend einer von Skla-
venhaltern ausgebeuteten Hottentottenfrau?«

In seinem Antwortschreiben wies Hendrick Caezar darauf
hin, dass die Hottentotten-Venus keine Sklavin, sondern
seine Hausangestellte sei, die auf eigenen Wunsch nach
England gekommen sei – insoweit habe er sich nichts vorzuwerfen. Falls die Art ihrer Präsentation gegen die öffentliche Moral verstoße, bedauere er das, aber als Künst-
lerin habe sie das gleiche Recht, öffentlich aufzutreten,
wie der irische Riese oder der polnische Zwerg.

Die Mischung aus demütiger Zerknirschung und hochfahrender Arroganz bewirkte das Gegenteil dessen, was Herr Caezar beabsichtigt hatte: Statt die Gemüter zu beruhigen, fachte sein Brief die öffentliche Empörung an, wie die zornige Reaktion eines Lesers des *Morning Chronicle* zeigt:

»Werter Herr! Marek, der polnische Zwerg, und Lambert, der irische Riese, organisieren ihre Auftritte selbst und profitieren vom pekuniären Gewinn, während die Hottentottenfrau keinen Penny der Einnahmen erhält, mit denen ihr Impresario sich die Taschen füllt. Nachdem sie mit menschenverachtender Rohheit nach England verschleppt worden ist, kehrt diese bedauernswerte Person mittellos in ihre Heimat zurück, die sie gegen ihren Willen verließ!«

Das war nur der Auftakt einer organisierten Kampagne, hinter der die Anti-Sklaverei-Bewegung steckte, deren Speerspitze wie der Dreizack des Meeresgottes Neptun aus Zachary Macauley, Thomas Babington und Peter van Wageninge bestand: drei ehrenwerten Herren, die Anzeige gegen Mynheer Caezar erstatteten wegen Freiheitsberaubung und sittenwidriger Zurschaustellung einer Hottentottenfrau. Die Begleitmusik zu dem auf den 24. November angesetzten Prozess lieferte die *Times*, deren Reporter den Stein des Anstoßes so beschrieb:

»Drei Fuß über dem Boden ist der Käfig aufgebockt, in dem die Hottentotten-Venus angekettet sitzt. Sie wirkt müde und apathisch und wird wie ein Zootier vorgeführt. Der Aufseher knallt mit der Peitsche und befiehlt ihr, aufzustehen und im Käfig hin und her zu gehen. Wenn sie sich weigert, Tanzschritte zu machen, hebt er drohend die Faust, und Damen aus dem Publikum bohren ihr die Spitzen ihrer Regenschirme ins Gesäß, um zu prüfen, ob es sich um ein Fettpolster handelt oder ein Sitzkissen. Gelächter und Beifall.«

Die Beweislast sei erdrückend, erklärte der Gerichtsvorsitzende, Lord Ellenborough, nachdem zahlreiche Zeugen, unter ihnen der Reporter der *Times*, ihre Aussagen zu Protokoll gegeben hatten: Die Beweislast sei erdrückend, und das Gericht werde nicht zögern, der Hottentottin die unveräußerlichen Rechte zuzuerkennen, mit denen Gott sie erschaffen habe, allen voran das Recht auf Freiheit und Selbstbestimmung. Aus diesem Grund könne er der Forderung der Anklage, mich auf Staatskosten zum Kap der Guten Hoffnung zurückzubringen, nicht entsprechen. Zuvor müsse die Betroffene selbst gehört werden, denn rechtlich sei ich den Engländerinnen gleichgestellt und könne über mein Schicksal selbst entscheiden.

Doch das war leichter gesagt als getan, da die Feststellung meiner Identität sich als schwierig erwies und die als Hottentotten-Venus bezeichnete Person ihren Namen mit Satchwe oder Saartije angab, während ihr Impresario Dokumente vorlegte, denen zufolge ich mit Vornamen Sarah und mit Nachnamen Baartman hieß und christlich getauft worden sei. Dass der Bordpfarrer der *Exeter* meinen Übertritt zum anglikanischen Glauben beurkundet hatte, war genauso verdächtig wie der dem Gericht vorgelegte Pass, den Lord Caledon, der Gouverneur von Kapstadt, ausgefertigt hatte zu einem Zeitpunkt, als die *Exeter* sich schon auf hoher See befand. Lord Caledons eidesstattliche Erklärung, er sei weder Herrn Caezar noch Frau Baartmann persönlich begegnet und von einer Hottentotten-Venus habe er noch nie gehört, traf mit Verspätung in London ein, als der Prozess beendet und das Urteil rechtskräftig geworden war. Auch die Hinzuziehung eines Dolmetschers, der die Schnalzlaute der Hottentotten verstand, brachte kein Licht in die Angelegenheit, weil ich auf Befragen erklärte, ich gehöre zum Volk der Khoi-Khoi, was nicht Hottentotte, sondern einfach nur Mensch bedeute – von diesem Volksstamm hatte Lord Ellenborough noch nie etwas gehört.

8 Trotzdem wurde ich mit der Bibel in der Hand vereidigt und von einem Holländer und einem Engländer, der die Sprache der Buren beherrschte, ausführlich befragt, wie die *Times* schrieb. Nach Ansicht der Prozessbeobachter habe ich meine Sache gut gemacht, ohne mich von der weißen Perücke und dem Hermelinkragen des Richters und seiner Beisitzer einschüchtern zu lassen. Ich erklärte wahrheitsgemäß, ich hätte mich freiwillig als Kindermädchen bei Hendrick Caezar verdingt, nachdem mein eigenes Kind, dessen Vater ein Khoisan-Hirte war, bei der Geburt verstorben sei. Herr Caezar habe mich nie bedroht, geschlagen oder getreten, und ich sei aus freien Stücken mit Mr. Dunlop nach London gereist, um hier als Hottentotten-Venus aufzutreten und mit dem verdienten Geld nach Kapstadt zurückzukehren. Auf meinen Wunsch habe Mr. Dunlop mich an Hendrick Caezar abgetreten, der mich gut behandle; ich bekäme reichlich zu essen, werde bestens versorgt und bäte lediglich um einen warmen Mantel, da es in England kühler als am Kap der Guten Hoffnung sei.

Obwohl ich nie einen Penny Lohn bekommen hatte und häufig misshandelt und geschlagen worden war, glaubte Lord Ellenborough die Ammenmärchen, die wir ihm

auftischten, und sprach Herrn Caezar von allen Ankla-
gepunkten frei mit der Auflage, Zurschaustellungen der
Hottentotten-Venus in London künftig zu unterlassen.
Ausschlaggebend für den Sinneswandel war ein getürk-
tes Dokument, in dem Mr. Dunlop den ihm zustehenden
Anteil meiner Einnahmen an Herrn Caezar zurückgab.
Und weil Juristen nur glauben, was sie schwarz auf weiß
gedruckt sehen, hatte der Notar, ein Franzose namens
Guitard, eine Klausel eingefügt, derzufolge er den Vertrag
Mrs. Sarah Baartman vorgelesen und diese sich mit dem
Inhalt voll und ganz einverstanden erklärt habe.

»Das Urteil beweist einmal mehr die humanitäre Einstel-
lung des Richters, Lord Ellenborough, dessen Mitgefühl
für die Hottentotten-Venus vom edlen Ideal der Men-
schenwürde zeugt«, schrieb die *Morning Post*. Mynheer
Caezar verließ den Gerichtssaal erhobenen Hauptes, als
freier Mann, während ich in meinen Käfig zurückkroch,
der fortan nicht mehr in London, sondern nur noch in
der Provinz enthüllt werden durfte. Wir tingelten durch
Schottland und Wales, und als uns in England der Boden
zu heiß wurde, setzten wir über nach Irland, wo mein
Impresario mich auf Fischmärkten und Viehauktionen
vorführte. Die industrielle Revolution trieb die Bauern
vom Land in die Stadt, und die ausbleibende Kartoffel-
ernte führte zu einer Hungersnot, die Irland besonders
hart traf. Nach den kostspieligen Kriegen gegen Napoleon
waren die öffentlichen Kassen leer, und Hendrik Caezar
sah sich nach einer neuen Einnahmequelle um.

Ohne mein Zutun wechselte ich den Besitzer in einer ver-
räucherten Hafenkneipe, wo Herr Caezar mich einem gewissen Henry Taylor überschrieb; die beiden Männer be-
gossen ihr Geschäft mit Guinness, von dem auch ich einen

Pint abbekam. Dann bestieg ich ein nach Frankreich aus-
laufendes Schiff und sagte der grünen Insel Lebewohl,
wo die Erinnerung an mich in einer populären Ballade
weiterlebt, die bis heute in den irischen Pubs gesungen
wird: »Warst du schon mal in Piccadilly/und kennst du
die schärfste Frau der Welt?/Sie heißt Hottentotten-Ve-
nus/und ihr Hintern ist pures Gold./Ganz London steht
Schlange / um die Venus zu besteigen/deren Arsch breit
ist wie ein Schiff …«

9 »Paris ist die Hauptstadt der Welt, und du hast das
Glück, sie mit eigenen Augen zu sehen«, sagte Herr
Caezar zu mir, als er mich an Henry Taylor abtrat, der
nach Meinung der Experten mit Hendrick Caezar identisch ist: Sein Vorname deutet angeblich darauf hin,
ebenso wie die Tatsache, dass ein auf den 10. September datierter Brief, mit dem Mr. Taylor meine Ankunft in
Paris meldete, so klingt, als habe mein alter Besitzer ihn
dem neuen in die Feder diktiert:

Verehrter Herr!
Die auf dem beigefügten Kupferstich abgebildete Person, eine Hottentottin vom Ufer des Flusses Gamtoos,
ist kürzlich in Paris angekommen und wird demnächst
dem Publikum vorgeführt. Bevor ich sie zur Besichtigung freigebe, habe ich eine Privatvorstellung arrangiert
und würde mich freuen, Sie am Dienstag zwischen zwölf
und sechs Uhr nachmittags in der Rue Neuve-des-Petits-
Champs Nr. 15 zu empfangen. Der Körper der Hottentottin weist gewisse Merkmale auf, die für Naturforscher von
allergrößtem Interesse sind.
                        Ergebenst – *Henry Taylor*

Adressat des Briefes war der Kurator des Museums für Naturgeschichte, Professor André Thouin, der das Schreiben zwar ordnungsgemäß abgeheftet, aber weder gelesen noch beantwortet hat, weil die große Politik seine Aufmerksamkeit in Anspruch nahm. Der nach Elba verbannte Ex-Kaiser Napoleon Bonaparte war bei Antibes gelandet und marschierte mit den zu seiner Festnahme entsandten Truppen, die ihn als Retter des Vaterlands feierten, durch Südfrankreich, dessen Bürgermeister und Präfekten ihm die Stadtschlüssel überreichten. Die Linientruppen liefen zu ihm über, begeisterte Bürger schlossen sich dem Triumphzug an und, ohne einen Schuss abzufeuern, rückte Napoleon in der Hauptstadt ein, die Ludwig XVIII. klammheimlich verlassen hatte. In diesen Tagen gab es in Paris, ja in ganz Frankreich nur ein Gesprächsthema, und das Interesse an meinem Hintern trat in den Hintergrund.

Inzwischen hatte ich schon wieder den Besitzer gewechselt – da wir Hottentotten nur bis zwei zählen können, weiß ich nicht, zum wievielten Mal. Durch den Misserfolg entmutigt und vom langen Warten zermürbt – die Antwort des Kurators blieb aus, dessen Segen er brauchte, um sich mit der Aureole der Wissenschaft zu schmücken –, verkaufte Hendrick Caezar alias Henry Taylor mich an einen Franzosen namens Réaux, der nach bewährtem Rezept eine Annonce in die Zeitung setzte:

»Die Hottentotten-Venus ist frisch aus London eingetroffen und in der Rue Saint-Honoré Nr. 188 täglich von elf Uhr vormittags bis neun Uhr abends zum Preis von nur drei Francs zu besichtigen.«

Mein neuer Impresario, ein Dompteur, quartierte mich mit seiner kleinen Truppe, einem Tanzbären, einem

Affen, der die Trommel schlug, und einem Papagei, der die Marseillaise schmetterte, in der Cour des Fontaines Nr. 7 ein, einem früheren Wasserreservoir, das einst die Springbrunnen des Palais Royal gespeist hatte. Die Zirkusleute waren rücksichtsvoller zu mir als die Besucher des Bordells in der Rue Saint-Honoré, in dessen Souterrain ich gastierte, während die Huren ihre Freier abfertigten oder unter den Arkaden des Palais Royal auf Kundenfang gingen. Sie sahen eine lästige Rivalin in mir, und die Zuhälter versuchten mit allen Mitteln, mich meinem Impresario abspenstig zu machen, um Geld zu schlagen aus meinem Arsch. Ich machte ein paar Tanzschritte, spielte auf der Maultrommel und wackelte mit dem Hintern – genauer gesagt: Ich ließ meine Arschbacken kreisen, die eine mit und die andere gegen den Uhrzeigersinn. Mit dieser Darbietung schlug ich im Handumdrehen die Konkurrenz aus dem Feld, bestehend aus einem Schlangenmenschen, der sich zu einem Seemannsknoten verknäulen konnte, einem Zwergflusspferd, das einen Kinderwagen vor sich her schob, einem Marionettentheater, das die Enthauptung Ludwigs XVI. nachspielte, und einem Wachsfigurenkabinett, dessen Attraktion der nach Elba verbannte Kaiser war.

Paris lag mir zu Füßen: von den Arbeitern der Vorstädte und den Nutten am Palais Royal über die Spießbürger von Saint-Germain bis zu Künstlern und Dichtern, Ministern und Botschaftern, die mich in Privataudienz empfingen oder als exotische Kuriosität zu Bällen oder Dîners einluden. »Ihr Körper ist von unzüchtiger Geschmeidigkeit«, schrieb Honoré de Balzac, ein aufsteigender Stern am Pariser Literatenhimmel, und der Berichterstatter des *Journal des Modes* ging noch genauer ins Detail:

»Sie tritt auf in einem fleischfarbenen Kostüm, das ihre Blöße nur notdürftig bedeckt. Damen der besseren Gesellschaft fallen bei dem Anblick in Ohnmacht oder ergreifen die Flucht, was der Hottentotten-Venus nicht entgeht. Sie senkt betrübt den Kopf, und Tränen rinnen über ihre Wangen, die anders als ihre prall gerundeten Hüften nicht konvex sind, sondern konkav. Bei Tageslicht erscheint ihre Haut lehmbraun, und sie gleicht mehr einer *Aphrodite kallipygë* als der Venus von Medici. Sie singt mit heiserer Stimme, und steckt man ihr ein Bonbon in den Mund, führt sie Tanzschritte vor.«

Mein Erfolg rief Trittbrettfahrer auf den Plan – die Redewendung gab es damals schon: Ein jüdischer Galanteriewarenhändler warb mit dem Slogan *à la mode hottentote*, und eine kreolische Hutmacherin pinselte eine Venusmuschel auf ihre Ladentür. In einem Kellertheater namens *Au chat qui pèche* in der Rue de la Huchette wurde ein Einakter uraufgeführt, dessen Refrain schon am nächsten Tag in aller Munde war: »Ganz Paris träumt von der Liebe/mit diesem üppigen Weib./Ihr Gesang klingt barbarisch/ihr Tanz wirkt plump und burlesk./Aber ihre Taille ist gut gepolstert/ihre Titten sind fett wie ihr Arsch./Welch seltsamer Anblick/welch unerhörte Monstrosität:/Das ist die Hottentotten-Venus/von der ganz Paris heute träumt.«

10 In Wahrheit träumten die Franzosen von ganz anderen Dingen: Napoleons Rückkehr aus Elba hatte den Heroismus der *Grande Nation* erneut angefacht und die Epoche von Krieg und Revolution wiederbelebt, die von der Heiligen Allianz verfrüht zu Grabe getragen worden war. Mein Publikumserfolg fiel zusammen mit den legen-

dären hundert Tagen und diente als willkommene Ablenkung von den politischen Passionen, die nicht nur Frankreich, sondern ganz Europa erschütterten. Während sich über dem Haupt des Kaisers eine Gewitterwolke zusammenzog, die sich mit Donner und Blitz in der Schlacht von Waterloo entlud, verfolgte die gelehrte Welt, von London bis Sankt Petersburg, den Prinzipienstreit zweier Koryphäen der Naturwissenschaft, an dem selbst Goethe im fernen Weimar lebhaft Anteil nahm. Gemeint ist das am naturhistorischen Museum und im Jardin des Plantes ausgetragene Duell zwischen Georges Cuvier und Geoffroy Saint-Hilaire, in das ich gegen meinen Willen hineingezogen wurde, ohne zu begreifen, worum es bei der Auseinandersetzung überhaupt ging. Obwohl Mr. Taylor und Monsieur Réaux mir die Sache wortreich erklärten, weiß ich nur noch, dass die Kontrahenten von engen Freunden zu erbitterten Feinden wurden und dass im Mittelpunkt des Streits ein Orang-Utang stand, der zu Lebzeiten in der Menagerie des Jardin des Plantes und nach seinem Tod im naturhistorischen Museum gezeigt wurde.

Nach Ansicht von Georges Cuvier war der Menschenaffe unser aller Vorfahre, und ausgerechnet ich stellte das *missing link* zwischen dem Orang-Utang und dem *homo erectus* dar, als sprechender Beweis dafür, dass der Mensch vom Affen abstammte. Demgegenüber behauptete Geoffroy Saint-Hilaire zwar nicht, dass Gott die Welt in sechs Tagen erschaffen habe, aber als gläubiger Katholik war er von der Wahrheit der Schöpfungsgeschichte überzeugt, die der protestantische Ketzer Cuvier mit seiner Affentheorie in Zweifel zog. Geoffroy Saint-Hilaire beharrte auf der Einheit der nach einem göttlichen Plan erschaffenen Natur, während Cuvier meinen Fettsteiß mit dem Buckel eines Kamels oder Dromedars verglich, der Wüstenbewohnern als Wasserspeicher oder als Reitsattel dient – ein Beispiel dafür, wie lebende Organismen sich ihrer natürlichen Umgebung anpassen. Der auf monströse Missbildungen spezialisierte Saint-Hilaire wiederum führte die Schwellung meines Hinterns auf widernatürliche Unzucht zurück, wie sie bei den Sodomitern üblich gewesen sei, und erklärte die abnorme Verlängerung meiner Schamlippen durch einen krankhaften Hang zur Masturbation, sprich Selbstbefriedigung, von dem schon in der Bibel die Rede gewesen sei. So besehen, war die Wildheit der Buschmänner und Hottentotten, die sich Blut und Kot in die Haare schmierten, die Strafe Gottes für den sündhaften Lebenswandel der Kaffern – dass es sich um verfeindete Volksstämme handelte, die sich untereinander und die Weißen in wechselnden Allianzen bekämpften, war dem berühmten Naturforscher nicht bekannt.

Um die Streitfrage ein für alle Mal zu entscheiden, brachte man mich bei Nacht und Nebel in einer verschlossenen Kutsche zum Palast der Tuilerien, wo der mächtigste Mann Frankreichs mich erwartete, dessen Usurpation des Bourbonenthrons die Neuordnung Europas untergrub – aus Sicht der Verbündeten war Bonaparte kein von Gott gesalbter Monarch, sondern ein vulgärer Emporkömmling. Aber ich drücke mich missverständlich aus: Nicht ich sollte den gordischen Knoten zerschlagen – der Kaiser höchstpersönlich wollte den gelehrten Disput beenden, der die Nation in feindliche Lager spaltete am Vorabend der alles entscheidenden Schlacht, mit der Napoleon halb Europa in die Schranken forderte.

»Antworten Sie nur, wenn Sie gefragt werden«, erklärte Außenminister Talleyrand, »und auch dann nur das Nötigste. Und ziehen Sie sich nackt aus. Keine Sorge, das Kabinett ist beheizt.«

Ich tat, wie mir befohlen, und wartete fröstelnd, die Blöße zwischen meinen Beinen mit den Händen bedeckend, auf einem erhöhten Podest, wo sonst Aktmodelle posierten, da spürte ich einen Luftzug, der das Kerzenlicht aufflackern und dann erlöschen ließ. Im Halbdunkel sah ich schräg unter mir den Cäsarenkopf mit der sichelförmigen Locke, der auf zahllosen Münzen, Medaillen und Kupferstichen abgebildet war, und hörte den keuchenden Atem des Korsen, der, ohne ein Wort zu sagen, meine Hände beiseiteschob und mit den Fingerspitzen, an denen er zwischendurch roch, meine Vagina betastete – im Volksmund Hottentottenschürze genannt. Ich bin nicht besonders groß, aber um die verbotenen Früchte meiner Brüste zu pflücken, hätte Napoleon wie ein Birnendieb auf eine Leiter steigen müssen; stattdessen umschlich er mich gebückt, eine Hand an die Leber gepresst, und bewunderte das Panorama meines Hinterns, rasselnd und stoßweise atmend, als leide er an Asthma oder als habe er sich in Russland ein Lungenleiden zugezogen.

»Ich bin kein religiöser Mensch«, sagte Bonaparte mehr zu sich selbst als zu mir, »und der Schöpfungsplan von Geoffroy Saint-Hilaire interessiert mich so wenig wie das Affentheater von Monsieur Cuvier. Alles, was ich im Leben erreicht habe, habe ich aus eigener Kraft geschafft. 1794 hat der Nationalkonvent die Sklaverei abgeschafft, 1801 habe ich sie wieder eingeführt und 1814 erneut abgeschafft. In diesem Punkt habe ich mir nichts vorzuwerfen. Ich bin Weißer, Franzose und Korse obendrein. Aber ich bin auch ein Mann und gestehe, dass ich nie zuvor einen prachtvolleren Arsch gesehen habe!«

Er öffnete die Schnalle seines Gürtels und knöpfte sich die Hose auf. Um es vorweg zu sagen: Es stimmt nicht, dass ich Napoleon mit Syphilis infiziert habe, an der er qualvoll gestorben sein soll. Es stimmt auch nicht, dass er nach Sankt Helena verbannt wurde, weil ich auf der Überfahrt nach England dort Station gemacht hatte. Seine britischen Bewacher vergifteten ihn mit schwarzem Tee und mit grünen Tapeten wie die, deren Bleigehalt Schiller umgebracht hat. Zum Schluss bleibt die Frage zu beantworten, in welchem Idiom ich mich mit dem Kaiser unterhielt: Da ich nur gebrochen französisch sprach und kein Dolmetscher zugegen war – Außenminister Talleyrand hatte sich diskret entfernt –, könnte es so gewesen sein, wie ich die Szene im Gedächtnis behalten habe: Bonaparte redete korsischen Dialekt, und ich antwortete mit Schnalzlauten der Khoi-Khoi – vielleicht sind beide Sprachen miteinander verwandt.

P. S.
Noch eine Frage ist offen: Wie kommt es, dass ich Napoleons Tod beschreibe und kommentiere, obwohl ich sechs Jahre vor ihm starb? Zwar hat meine Mutter mich nach der Geburt mit Milch und Blut bespritzt, aber ich bin keine Hexe und auch keine Hellseherin, und ich weiß, dass die Geschichtsschreibung immer erst *post festum* erfolgt, wenn am Lauf der Dinge nichts mehr zu ändern ist. So erging es auch mir: Die Nachgeborenen haben mir Worte in den Mund gelegt, die ich nie gesagt habe, und Gedanken aus späteren Zeiten in mein Gehirn projiziert, das, aus dem Schädel herausgelöst, noch immer in einem mit Formalin gefüllten Behälter im *Musée de l'Homme* schwimmt.

Die Experten streiten darüber, woran ich gestorben bin. Sicher ist nur, dass es am 29. Dezember 1815 geschah, aber die Todesursache ist unklar, obwohl mein Körper mehrfach seziert und in tausend Stücke zerschnitten wurde. Die einen sagen, ich hätte meinen Kummer im Schnaps ertränkt und nicht mehr auftreten können ohne ständige Zufuhr von Alkohol, der meine Leber zersetzt habe; andere behaupten, meine Freier, allen voran Napoleon Bonaparte, hätten mich mit dem Gift käuflicher Liebe infiziert; wieder andere geben dem nasskalten Wetter die Schuld, das meine durch Alkohol- und Sexualexzesse geschwächte Gesundheit untergrub. Ich starb in einer ungeheizten Kutschenremise, durch deren Ritzen der Wind pfiff, auf einem stinkenden Strohlager in einem zugigen Stall wie dem, in dem das Jesuskind geboren war, und wenigstens das hatte ich mit dem Messias gemein.

11

Paris, 30. Dezember 1815

Verehrter Herr Polizeipräfekt,
die Person aus dem Kaffernland, die Monsieur Réaux unter dem Namen Hottentotten-Venus der Öffentlichkeit vorführt, ist letzte Nacht in der Cour des Fontaines Nr. 7 eines natürlichen Todes gestorben. Die einmalige Chance, Aufschluss über diese noch kaum erforschte Spezies des Menschengeschlechts zu erlangen, veranlasst mich, Sie im Namen der Wissenschaft zu ersuchen, die Leiche der Frau dem Labor des Museums für Naturgeschichte zu überstellen. Mein geschätzter Kollege, Monsieur Cuvier, Leiter der Sektion für vergleichende Anatomie des Museums, bittet mich darum, Ihnen zu versichern, dass er alles in seiner Macht Stehende tun und so diskret wie möglich zu Werke gehen wird, um den in der Öffentlichkeit nötigen Anstand zu wahren.

Mit dem Ausdruck meiner höchsten Wertschätzung für Sie, verehrter Herr Präfekt, verbleibe ich – *Geoffroy Saint-Hilaire*

Dieser in zwei Fassungen überlieferte, im Polizeipräsidium und im Museumsdepot archivierte Brief wirft mehr Fragen auf, als er beantwortet. Ich weiß nicht, was den spektakulären Sinneswandel bewirkte, der Georges Cuvier und Geoffroy Saint-Hilaire von Feinden zu Freunden werden ließ, doch die Erklärung liegt auf der Hand: Die Kehrtwendung um hundertachtzig Grad muss etwas mit den historischen Ereignissen zu tun haben, die beide aus erster Hand erlebten, denn nach der Schlacht von Waterloo war nichts mehr so wie zuvor. Der 22. Juni 1815, an dem Napoleon endgültig abdankte, markiert eine Zeitenwende, eine Wasserscheide zwischen Revolution und Restauration, wie sie nur einmal in hundert Jahren wiederkehrt. Und vielleicht erklärt das, warum Geoffroy Saint-Hilaire seinen Ruf, ein Günstling des Kaisers zu sein, konterkarieren wollte durch die öffentliche Versöhnung mit Cuvier, den Napoleon nicht mochte, weil er zwischen der Abstammung des Menschen vom Affen und der Familie Bonaparte Parallelen sah. So kommt es, dass Ludwig XVIII. den ehemaligen Jakobiner Cuvier in den Adelsstand erhob, während er auf Distanz ging zu dem verarmten Adligen Saint-Hilaire, der Napoleon nach Ägypten begleitet hatte. Verkehrte Welt!

Bei meinem Auftritt im Jardin des Plantes hatte Cuvier mich nur mit Blicken seziert, diesmal ging er wie ein Lustmörder mit dem Skalpell ans Werk, während sein Erzfeind Saint-Hilaire ihm mit der Knochensäge assistierte. Ich weiß nicht mehr, wer von beiden den Eimer gehalten hat, in den meine inneren Organe klatschten, zuerst

Herz, Lunge und Gehirn, dann Magen, Leber und Eingeweide, während der Kachelboden des Anatomielabors sich rot färbte und das Publikum sich parfümierte Tücher vor die Nasen presste. *Tout Paris* war der Einladung der wissenschaftlichen Koryphäen gefolgt, allen voran der Polizeipräfekt und der Bürgermeister mit ihren Gattinnen, die, der Ohnmacht nahe, spitze Schreie ausstießen, aber auch der vom König im Amt bestätigte Außenminister Talleyrand und der Dichter Balzac wollten es sich nicht nehmen lassen, meiner Autopsie beizuwohnen. Anders als bei einer forensischen Obduktion, die der Feststellung der Todesursache dient, interessierten sich die Gelehrten, wie auch die Damen und Herren im Publikum, primär für meine Geschlechtsorgane, genauer gesagt für die sogenannte Hottentottenschürze, an der Cuvier angewidert roch, bevor er sie mit einem raschen Schnitt abtrennte und an Saint-Hilaire weitergab, der den blutigen Hautlappen wie einen Skalp durch die Luft schwenkte und den erstaunten Zuhörern erklärte, es handle sich um eine abnorme Veränderung der Schamlippen, wie der Naturforscher Buffon richtig vermutet habe. Danach wurde mein Anus von beiden Herren unter die Lupe genommen und mit einem Rundschnitt exzerpiert, bevor Cuvier ihn zusammen mit meinen Schamlippen in ein mit Formalin gefülltes Glasgefäß steckte und Saint Hilaire erklärte, der Schließmuskel zeige Spuren abnormen Sexualverhaltens, das er mit Rücksicht auf die Anwesenheit von Damen nicht näher erläutern dürfe.

Die Szene ähnelte der von Rembrandt gemalten Anatomie des Dr. Tulp, und obwohl die Öffnung meiner Leiche, um Aufsehen zu vermeiden, bei Nacht vorgenommen wurde, drängten sich im trüben Licht der Gaslaternen neugierige Gaffer, die sich an beschlagenen Fensterscheiben die

Nasen plattdrückten, um einen letzten Blick auf Busen und Hintern der Hottentotten-Venus zu werfen, und ein Witzbold verlangte die Herausgabe meiner Leber zur Aufbesserung seines Küchenzettels im Hungerwinter 1816. Hier schließt sich der Kreis: Was als Geldschneiderei begann, bei der skrupellose Geschäftemacher sich durch die Vermarktung meines Körpers bereicherten, endete als Leichenfledderei – anders ausgedrückt: Der Kannibalismus, den das zivilisierte Europa Afrika unterschob, wurde in Paris, der Hauptstadt des 19. Jahrhunderts, ungeniert praktiziert. Cuvier zog mir die Haut ab, die später unter ungeklärten Umständen aus dem Museumsdepot verschwand und bei einem Schausteller in England wieder auftauchte, mit Holzwolle ausstaffiert und einem Drahtgestell als Gerüst; ähnlich wie mein vom Körper abgetrennter Kopf, der zuerst aus dem Archiv gestohlen und dann zurückerstattet wurde. Und wie Dr. Frankenstein löste Cuvier die Knochen aus meinem Skelett, um sie in schweißtreibender Arbeit neu zusammenzusetzen und im Museum auszustellen.

12 Die Odyssee meines Körpers ging weiter, während meine Seele zu Gott oder ins Land meiner Vorfahren zurückkehrte, falls ich überhaupt eine Seele besaß, was Cuvier und Saint-Hilaire in Abrede stellen. Beide ordneten mich dem Tierreich zu: Mein in einer Vitrine konservierter Anus galt, zusammen mit den Schamlippen, als Beweis für die animalische Sexualität, die man mir unterstellte. Und schon ein flüchtiger Blick auf meine wulstigen Lippen und meine fliehende Stirn ergab, dass ich, wie alle für primitiv erklärten Völker, den Primaten näherstand als dem *homo sapiens*: Quod erat demonstrandum – ein logischer Zirkelschluss, der auf der Prä-

misse beruht, dass das, was bewiesen werden soll, als allgemein akzeptiert vorausgesetzt wird.

»Es ist nicht bekannt, ob die Hottentotten-Venus häusliche Arbeiten verrichtet hat, aber fest steht, dass sie ihren Bewunderern sexuelle Gefälligkeiten erwies«, schrieb der Ethnologe René Verneau in der Zeitschrift *L'Anthropologie* aus Anlass meines hundertsten Todestags. »Schon vor 43 Jahren, als ich zum Museum kam, wurde mir bestätigt, dass sie männliche Verehrer nicht verachtete, die dem aus Sodom bekannten Laster huldigten, und ich muss zugeben, dass die Untersuchung des Wachsabdrucks ihrer Genitalien dem stadtbekannten Gerücht in keiner Weise widerspricht.«

Inzwischen war ich umgezogen in das am Trocadéro gelegene *Musée de l'Ethnographie*, wo ein von Cuvier gefertigter Gipsabguss meines nackten Körpers, zur Steigerung des Effekts mit brauner Farbe bemalt, mehr Zuschauer anlockte als mein sorgfältig rekonstruiertes Skelett. Schuljungen, die noch nie eine nackte Frau gesehen hatten, wollten wissen, was sich unter meiner Hottentottenschürze verbarg, die sie für einen Lendenschurz hielten, und ihre Fragen waren so penetrant, dass die Museumsleitung die Genitalien aus dem Schauraum entfernte und nur für Medizinstudenten zur Besichtigung freigab. Mein in Formalin konserviertes Gehirn aber wurde weiterhin ausgestellt, neben dem von Georges Cuvier, das der große Gelehrte der Wissenschaft gespendet hatte und das, wie ein naseweises Schulmädchen ausrief, kleiner war als das der Hottentotten-Venus.

Mitte der zwanziger Jahre wurde ich umquartiert in die Abteilung für Anthropologie des *Musée de l'Homme*, wo zuerst die noch vorhandenen Teile meines Körpers, dann mein Skelett und schließlich der Gipsabguss für immer im Archiv verschwanden. Nach dem Zweiten Weltkrieg brach eine neue Zeit an, und die unabhängig gewordenen Staaten Afrikas forderten ihre von Kolonialherren gestohlenen Kulturgüter zurück. Dazu gehörte meine Wenigkeit, und Mitte der neunziger Jahre, als das letzte Bollwerk des Rassismus, die Apartheid, fiel, verlangte Nelson Mandela von Präsident Mitterrand die Herausgabe meiner Leiche, um meine sterbliche Hülle in südafrikanischer Erde zu bestatten. Mitterrand stimmte sofort zu, weniger aus Überzeugung als aus schlechtem Gewissen, aber die Sache verzögerte sich, weil das Kulturministerium keinen Präzedenzfall schaffen wollte für eine Entwicklung, an deren Ende die Venus von Milo nach Athen oder der Obelisk auf der Place de la Concorde nach Kairo repatriiert werden müsste. Auch in Südafrika gab es Komplikationen, als das zu den Khoisan gehörende Volk der Griqua verlangte, mich auf seinem Stammesgebiet zu bestatten, dessen Grenze nirgendwo festgeschrieben war – ihre Änderung hätte den ethnischen Proporz gefährdet. Um einen Skandal zu vermeiden, behandelte man die Sache dilatorisch und legte meine Rückkehr auf Eis. Ich weiß nicht, wo meine sterblichen Überreste zur letzten Ruhe gebettet wurden, aber es erfüllt mich mit einem gewissen Stolz, dass ein Historiker mich als die berühmteste Kurtisane des 19. Jahrhunderts bezeichnet, deren Ruhm den von Sarah Bernhardt und Lola Montez überstrahlt, und dass mein kurzes Leben die europäischen Sprachen um zwei Substantive bereichert hat: Die *Hottentottologie* und die *Buschmannfrau*.

IV. MONROVIA, MON AMOUR

»Seht, ihr Kanaillen, wenn ihr euch über
unsere Launen beschwert, seht diese Neger an!
Hat unser Herr Christus mehr leiden können
als sie?«

Jakob Michael Reinhold Lenz

1 Ich hatte mir vorgenommen, den über Jahrhunderte hinweg geführten philosophischen Disput zum Thema Schiffbruch mit Zuschauern um eine neue, noch nie dagewesene Variante zu bereichern: Ich wollte Zuschauer meines eigenen Schiffbruchs sein. Aber das war leichter gesagt als getan, denn obwohl ich nichts unversucht ließ, um von einem mit Bedacht gezielten oder irrtümlich abgefeuerten Schuss getroffen zu werden, *una bala feliz*, wie man in Nicaragua sagt, flogen alle Kugeln und Granaten an mir vorbei, keine Uzi und keine Kalaschnikow, keine M-16, kein belgisches FAL-Sturmgewehr und kein deutsches G-3 erbarmte sich meiner, kein rasiermesserscharfes Schrapnell, kein stumpfes Küchenmesser und kein spitzes Bajonett durchbohrten mich. Und wie durch ein Wunder (hier stimmt die abgegriffene Redensart) ging ich aus den von serbischer und russischer Artillerie verursachten Stahlgewittern in Sarajewo und Samaschki unverletzt hervor und kehrte unverrichteter Dinge und unversehrt aus dem Kugelhagel von Kibeho und Kisangani nach Hause zurück, wo meine von mir selbst geschriebenen Bücher, Rücken an Rücken aufgereiht im Regal, mich mit dem Ruf: »Bist du jetzt hier? Wann fährst

du wieder weg?« begrüßten, als sei nichts geschehen, wie es in Kolportageromanen heißt. Die Bücher hatten recht, denn abgesehen von meiner immer länger werdenden kurzen Abwesenheit war wirklich nichts geschehen, außer dass Butter und Milch im Kühlschrank ihre Verfallsdaten überschritten und sauer oder ranzig wurden, während ich wie der von Pfeilen umschwirrte Kurier des Zaren, den ich als Kind in meinen Zeichenblock gezeichnet hatte, oder wie Dr. Richard Kimble auf der Flucht vor seinem Verfolger, der in Wahrheit sein Doppelgänger war, meinen Koffer auspackte, duschte und mich rasierte und, während die Waschmaschine meine schmutzigen Hemden wusch, meine Reiseerlebnisse in den tragbaren Computer tippte, der mir die gute alte Olivetti ersetzte, bevor ich, auf dem gepackten Koffer sitzend, telefonisch ein Taxi bestellte, um zum Flughafen zu fahren. Die Einzelheiten der Reiseroute sind meinem Gedächtnis entfallen, nur an die Telefonnummer des Taxis erinnere ich mich noch, die identisch war mit meinem Geburtsdatum: dreizehn vier vierundvierzig, ein Kriegsverbrechen, das nicht verjährt, und vielleicht ist das der Grund, warum ich periodisch aus einer rundum abgesicherten Existenz ausbrechen musste, um mich mit Leib und Leben einem Risiko auszusetzen, das genau kalkuliert und gleichzeitig unkalkulierbar war. Aber ich will die Geschichte von Anfang an erzählen, so wie sie sich tatsächlich zugetragen hat.

2 Der Eingang zur Unterwelt ist mit roter Farbe gestrichen, Mennige ist das richtige Wort dafür, ein von unübersteigbaren Spitzen gekröntes Tor, das das Gelände der US-Botschaft in Liberias Hauptstadt Monrovia abschließt gegen die feindliche Außenwelt. In den Empfangsräumen und Büros der Botschaft ist es kalt wie in

einer Tiefkühltruhe; die Hitze, der Staub und die Gerüche der Stadt prallen von den weißgetünchten Mauern ab, hinter denen US-Marines, schwitzend unter Stahlhelmen und kugelsicheren Westen, in Stellung gegangen sind, die Kämpfer der Stammesmilizen im Visier, während auf dem Parkplatz der Residenz Hubschrauber starten und landen, um Marinesoldaten und Journalisten von Bord der vor der Küste kreuzenden US-Flotte nach Mamba Point zu befördern und Zivilisten von dort zu evakuieren. Die Schüsse und Detonationen auf den Straßen Monrovias sind hier nur noch als fernes Donnergrollen zu hören, ein Feuerwerk, das eher belustigt als Angst macht, und im Gegensatz zur Gesetzlosigkeit draußen herrscht im Inneren der Botschaft, hinter dem Cordon sanitaire diplomatischer Immunität, gedämpfte Geschäftigkeit, begleitet von Kopfnicken, Händeschütteln und dem Austausch von Höflichkeiten, die, angesichts des Sterbens ringsum, seltsam deplaziert wirken.

»Willkommen in Monrovia«, sagt Sultana Varvarousis, die Pressesprecherin der Botschaft, die mich am Hubschrauberlandeplatz erwartet. »Wenn Sie wollen, können Sie einen Nescafé oder eine eisgekühlte Cola trinken und mit Ihrer Heimatredaktion telefonieren, aber in einer halben Stunde müssen Sie das Botschaftsgelände wieder verlassen. Sie sind auf eigene Verantwortung nach Liberia gekommen, und die Regierung der Vereinigten Staaten übernimmt keine Garantie für Ihre Repatriierung oder für Ihre persönliche Sicherheit. Tragen Sie Namen und Adresse auf dieser Liste ein, damit wir wissen, wer im Fall Ihres Todes benachrichtigt werden soll: Ihr Arbeitgeber oder Ihre Familie.« – »Gott schütze Sie, viel Glück«, setzt Botschafter Milram hinzu und verabschiedet mich mit Handschlag, während der Pförtner unter Aufsicht zweier mit kugelsicheren Westen bekleideter Wachposten das Eisentor entriegelt. Aber bevor ich den Schutz der Botschaft verlasse und auf die in der afrikanischen Hitze brütende Straße hinaustrete, muss ich erzählen, auf was für krummen Wegen ich an diesen Punkt meiner Geschichte gelangt bin.

8 Bekanntlich ist die Fahrt zur Hölle mit guten Vorsätzen gepflastert, aber Satan sucht sich seine sündigen Seelen selber aus, und nicht jeder arme Teufel ist es wert, in ewiger Verdammnis zu schmoren; wer freiwillig ans Tor klopft, wird vom Türhüter, der dem Rausschmeißer in einer Rotlichtbar ähnlich sieht, mit einem Arschtritt davongejagt. Ich weiß nicht, warum alles im Leben sich dreimal ereignen muss, und wie ich das nennen soll, was auf die zur Farce gewordene Tragödie folgt – Seifenoper oder Schmierenkomödie vielleicht? Tatsache ist, dass ich zweimal Anlauf nahm, aber erst beim dritten Versuch klappte der Sprung über das Delta des großen Flusses, der Sierra Leone von Liberia trennt, ein träge mäandernder Dschungelfluss, der anstelle von Brackwasser nur noch Ölschlamm mit sich führt, seit Foday Sankohs Rebellen in Nitty-Harbor die Dieseltanks sprengten, mit denen die Sierra Rutile Company im Auftrag der Firma De Beers ihre Maschinenparks speist. Vielleicht war es auch eine Ölpipeline, und die wurde nicht von Rebellen gesprengt, sondern von Angehörigen der Armee, die in Sierra Leones Volksmund *sobels* hießen, *soldiers by day and rebels by night*, aber wen interessierte das schon?

Beim ersten Mal holte mich der Hafenkommandant, ein bärtiger Däne namens Lars, von Bord des ghanaischen Frachters, der im Auftrag der Welthungerhilfe Milchpulver und Reis nach Monrovia transportieren und auf dem Rückweg Flüchtlinge von dort evakuieren sollte. Obwohl ich mit dem Kapitän aus Takoradi handelseinig geworden war und es mir in seiner Kajüte bequem machte zwischen Kartons voller Bierdosen und leeren Munitionskisten, deren Inhalt er nach Monrovia geschmuggelt hatte, blieb Lars uneinsichtig und setzte mich trotz meiner Proteste an Land, da die wenigen Plätze an Bord für UN-Beamte und Mitarbeiter humanitärer Organisationen reserviert waren. Eigentlich sollte ich dem Hafenkommandanten dankbar sein, denn auf der Rückfahrt irrte der mit Flüchtlingen überladene Trawler ohne Landeerlaubnis von Hafen zu Hafen, bis unter den auf Deck zusammengepferchten Passagieren eine Cholera-Epidemie ausbrach und die Behörden der Elfenbeinküste dem Geisterschiff in San Pedro die Landung erlaubten. Vielleicht hatte die Sturheit des Dänen mir Schlimmeres erspart, denn am selben Abend sank kurz nach Verlassen des Hafens eine nach Conakry auslaufende Fähre mit mehr als hundert Frauen und Kindern an Bord, von denen nur ein Dutzend die Havarie überlebte. Die Fähre kenterte, und die Passagiere, in der Mehrzahl Nichtschwimmer, ertranken in Sichtweite des Strandes, während der Kapitän sich an Land rettete.

Am nächsten Morgen reihe ich mich in die Menge der Wartenden ein, die vor dem Connaught Hospital Schlange stehen, um ihre verstorbenen Angehörigen zu identifizieren. Ein Taschentuch vor die Nase gepresst, gehe ich an den in der Morgue aufgebahrten Toten vorbei, denen Anwohner oder Polizisten Wertsachen und Geld, Armbanduhren und Schmuck, Ledergürtel und Schuhe gestohlen haben. Kein lautes Wort ist zu hören, nur kaum hörbares Schluchzen oder ein erstickter Schrei, wenn eine Mutter vor der Leiche ihres Kindes zusammenbricht. Bittersüßer Verwesungsgeruch steigt mir in die Nase, und, von Panik erfasst, bahne ich mir einen Weg ins Freie, vorbei an langen Reihen von Särgen, die von Angehörigen auf Lastwagen gehoben oder auf Dachgepäckträger gehievt werden.

4 Die Fahrt von Freetown zum Flughafen Lungi dauert vier bis acht Stunden, je nachdem, wie lange die über die Lagune setzende Fähre auf die Lieferung von Benzin oder die Behebung eines Motorschadens warten muss; oder nur zwanzig Minuten, wenn man auf dem Hubschrauberlandeplatz des Mammy-Yoko-Hotels in den von russischen Piloten gesteuerten Helikopter steigt, in dem es keine Sitze und Sicherheitsgurte, aber genügend Stehplätze und Stauraum für das Gepäck der Passagiere gibt. Unter uns die Steilküste mit Paddy's Bar, vor der eine Luxusyacht dümpelt, das Meer rutscht in die Vertikale, und nach kurzem Flug über überschwemmte Reisfelder und auf den Strand gezogene Fischerboote hinweg kommt der Tower des Airports in Sicht, vor dem wir unsanft aufsetzen. Mein Gepäck unter dem Arm, haste ich mit flatterndem Hemd in gebücktem Lauf über das Rollfeld und entferne mich im vorschriftsmäßigen Winkel von 45 Grad aus dem Luftstrom des Helikopters, der mir zerhackte Grasbüschel um die Ohren wirbelt, bis der Lärm erstirbt und die Drehung der Rotorblätter zum Stillstand kommt. Mein Ziel ist ein Hangar am anderen Ende der Landebahn, über dem das Sternenbanner weht. Ein Kontingent der US-Marines hat hier Quartier bezogen, um den Flugverkehr zwischen vor der Küste kreuzenden Schiffen und der von Rebellen belagerten Botschaft in Monrovia abzuwickeln.

»First come, first serve«, sagt Captain Don Wayne, der in Berlin den Mauerfall erlebt hat, und setzt meinen Namen auf die Passagierliste für den nächsten Flug nach Liberia. Aber ich habe mich zu früh gefreut: Sechsunddreißig Stunden lang warte ich im Lärm startender und landender Hubschrauber und Transportflugzeuge, eingekeilt zwischen Munitionskisten, Richtfunkantennen und Soldaten, die ihre Essensrationen mit mir teilen, Kentucky Fried Chicken, Erdnussbutter und Pepsi-Cola, bis es endlich so weit ist und Captain Wayne uns – inzwischen hat sich ein Fotograf als Mitreisender zu mir gesellt – mit hochgerecktem Daumen das Zeichen zum Aufbruch gibt: »You're ready to go!«

Statt in Monrovia landen wir auf dem Helikopterdeck der *USS-Guam*, deren Presseoffizier mir einen Computerausdruck mit den letzten Meldungen vom Kriegsschauplatz in die Hand drückt. REBELS ATTACK US-EMBASSY: FOUR LIBERIAN GUNMEN KILLED BY MARINES. »Ich habe keine Ahnung, wer die Angreifer waren und zu welcher Bürgerkriegsmiliz sie gehörten«, sagt Corporal Farrand, der von einer verirrten Kugel am Hals gestreift wurde und das Feuer mit gezielten Schüssen erwiderte, »doch sie haben Streit gesucht und dafür mit dem Leben bezahlt.« Wir sitzen in der Offiziersmesse, trinken Nescafé und essen Peanut-Butter-Sandwiches, während der erste Offizier der *USS-Guam* Ziel und Zweck des Einsatzes erläutert, für den das Helikopterschiff aus seinem Operationsgebiet im östlichen Mittelmeer zur Küste Westafrikas entsandt wurde.

»Der Bürgerkrieg in Liberia ist ein *low intensity war*, in dem Freund und Feind nicht zu unterscheiden sind«, sagt der im Vietnamkrieg dekorierte Offizier. »Meine Aufgabe besteht darin, US-Bürger, Diplomaten und Angehörige dritter Staaten aus Monrovia zu evakuieren, sofern diese es wünschen. Das Leiden der Zivilbevölkerung geht mir sehr nah, doch wir haben kein Mandat, in die Kämpfe einzugreifen, obwohl unser Flottenverband ausreichende Bewaffnung und genügend Soldaten an Bord hätte, um das Morden zu beenden. Aber das ist eine politische Entscheidung, die der oberste Befehlshaber in Washington treffen muss.« – »Man sollte ganz Liberia mit Stacheldraht umwickeln und im Meer versenken«, wirft Corporal Farrand ein, während er seinen Streifschuss von einem Sanitäter verarzten lässt. »Alle hassen uns, denn als US-Marine hast du keine Freunde, nur Feinde auf der Welt. Schreiben Sie das ruhig!«

Ein durchdringendes Sirenengeheul ruft Matrosen und Passagiere in die Kabinen zurück – für einen *mechanical casualty drill* wird der Ausfall aller Maschinen und elektronischen Systeme simuliert. Über steile Treppen und dunkle Korridore, in denen nur die trübe Notbeleuchtung brennt, taste ich mich immer tiefer in die Eingeweide des Schiffes hinab. Der Zahnarzt der *USS-Guam* hat in seiner Kabine eine Bettkoje für mich freigemacht. An Schlaf ist nicht zu denken, denn zeitgleich mit den Motoren ist die Klimaanlage ausgefallen; die Kabine heizt sich auf wie eine Sauna, und das Eis in der Minibar schmilzt bei Temperaturen von über vierzig Grad. Lesen ist ebenso streng verboten wie Rauchen oder der Konsum von Alkohol. Von klaustrophobischen Ängsten gepeinigt, wälze ich mich schweißgebadet auf der Matratze und lausche auf das Klatschen der Wellen gegen die stählerne Schiffswand, bis ein doppelter Sirenenton das Ende der Übung anzeigt; Sekunden später setzt das Stampfen der Maschinen wieder ein.

Ich stehe in der Schlange vor dem Frühstücksbuffet, einen Teller mit Rührei und eine Tasse Kaffee in der Hand, als mein Name über Lautsprecher ausgerufen wird. Fünf Minuten später steige ich in einen Kampfhubschrauber mit dem Emblem der IFOR-Truppen im ehemaligen Jugoslawien, verstöpsele mir die Ohren und schnalle mich auf der Sitzbank fest. Links und rechts von mir US-Marines in gefleckten Tarnanzügen, Stahlhelmen und kugelsicheren Westen, M-16 Rifles zwischen den Knien. Der Copilot kontrolliert, ob die Mündungen der Gewehre nach unten gerichtet sind, und signalisiert mit erhobenem Daumen, dass alles startbereit ist. Unter uns graue Decksaufbauten, kreisende Radarantennen und in Persenning eingeschnürte Flugabwehrgeschütze, die *USS-Guam* kippt seitlich weg, und nur die im Morgennebel dampfende Atlantikdünung ist zu sehen, über die wir in niedriger Höhe der liberianischen Küste entgegendonnern.

Vulgar display of power steht über dem Cockpit, neben der Computergrafik einer nackten Frau, die mit gespreizten Schenkeln auf dem Rücken liegt, während ein Kampfhubschrauber Raketen auf sie abschießt. Wie zur Illustration des Textes adjustiert der Bordschütze sein MG und feuert eine Salve ins Meer, die das Wasser hoch aufspritzen lässt. Schwarzer Basaltfelsen, roter Tennisplatz, Flachdach mit Sandsäcken, auf dem Posten patrouillieren, der Helikopter fliegt eine Schleife über dem Botschaftsgelände und landet neben einem Drahtverhau, in dem schwarze GIs einen Basketballkorb mit Bällen bombardieren.

5 GOD BLESS YOU, GOOD LUCK. Mit diesen Worten fällt die rote Eisentür hinter mir ins Schloss. Dies ist

der Augenblick der Wahrheit, die Austreibung aus dem Paradies, dessen Tor vom Erzengel Michael bewacht wird in Gestalt eines Marineinfanteristen, der anstelle des Flammenschwerts ein M-16-Gewehr geschultert hat. Drinnen Air Conditioning, heißer Kaffee oder eisgekühlte Cola, draußen Hitze, Staub und Ekel erregender Verwesungsgeruch. EIN GROSSER SCHRITT FÜR DIE MENSCHHEIT, ABER EIN KLEINER SCHRITT FÜR MICH. Mit weichen Knien setze ich den Fuß auf die Piste, auf der das Profil meiner Turnschuhe einen deutlich sichtbaren Abdruck hinterlässt wie Lucys nackte Zehen im Lavasand des Rift Valley – rote Erde von Gondwana, erodierter Urkontinent, Lateritboden wie überall in Afrika. Als Phantomschmerz im Nacken spüre ich die Gewehrläufe, die von allen Seiten auf mich gerichtet sind, Zielfernrohre von MGs, durch deren Fadenkreuze ich schlüpfe wie ein Kaninchen durchs Niemandsland, das früher Todesstreifen hieß, vorsichtig einen Fuß vor den andern setzend, den blauen Samsonitekoffer in der Hand, mit dem mein Vater zur Kur nach Abano oder auf Urlaub nach Teneriffa gefahren ist.

Warum fällt mir das jetzt ein, dieses lächerliche Detail, während hinter Sandsäcken kauernde Scharfschützen auf mich lauern, vor mir eine Barrikade aus zerbeulten Autowracks, hinter der Kindersoldaten verschanzt liegen, die Krieg spielen auf den Straßen Monrovias mit Kalaschnikows und scharfer Munition? Was habe ich verloren unter minderjährigen Mördern, die sich selbst als *Freedom Fighters* bezeichnen, vom Volksmund aber *Freedom Killers* genannt werden? Jetzt fällt der erste Schuss, der nicht mir gilt, sonst hätte ich die wie ein Knallfrosch klingende Detonation nicht mehr gehört, obwohl auch das nicht sicher ist: die *Street Fighters* schießen schlecht; man sagt, das einzige Ziel, das sie treffen, sei das Meer, sodass eine tödliche Kugel als unverdiente Gnade erscheint.

Zwei Sanitäter in blauen Kitteln kommen mir entgegen, gefolgt von einem Arbeiter mit geschultertem Spaten, der eine weiße Fahne mit rotem Halbmond schwenkt. Sie setzen eine Bahre am Wegrand ab, auf der, von Fliegen überkrochen, ein vier oder fünf Jahre altes Mädchen liegt. »We are the skeleton team«, sagt einer der Sanitäter, während der Arbeiter ein Loch schaufelt und die in ein Tuch gewickelte Tote unter einer dünnen Schicht roter Erde verscharrt. Ringsum frisch aufgeworfene Gräber, aus denen Kassavaschösslinge wachsen; in dem mit Leichen gedüngten Boden gedeihen die Pflanzen besonders gut. Die Männer scheinen es eilig zu haben; sie blicken nervös in eine *Crack Alley* genannte Seitengasse, aus der Schüsse zu hören sind. Als das Gewehrfeuer näher kommt, gehen sie hinter einem Mauervorsprung in Deckung. Einer von ihnen nimmt meinen Koffer und signalisiert mir, ihm zu folgen. Wir überqueren im Laufschritt die Straße und hasten gebückt um mehrere Ecken zu einem vergitterten Tor, vor dem ein uniformierter Wachmann mich nach Waffen durchsucht.

Erst nach gründlicher Taschenkontrolle darf ich das Lager Greystone betreten, wo 24 000 interne Vertriebene, nur einen Steinwurf von der US-Botschaft entfernt, unter Plastikplanen des Flüchtlingshilfswerks UNHCR auf engstem Raum zusammengedrängt hausen. Ich betrete ein Sanitätszelt, in dem ein liberianischer Arzt einem Kindersoldaten der NPFL eine Kugel aus dem Oberarm extrahiert. »Bei uns wird jeder Verwundete medizinisch versorgt, ohne Ansehen der Bürgerkriegspartei oder der Person«, sagt Dr. Iwang Edet, der mit seiner Familie nach Greystone geflohen ist, »vorausgesetzt, er gibt seine Waffen am Lagertor ab. Niemand stellt Fragen hier.«

»Das Problem ist die mangelnde Hygiene«, fügt er mit Blick auf die Schmeißfliegen hinzu, die uns in Schwärmen umsummen: »Anfangs lag die Sterblichkeit höher, aber seit die Welthungerhilfe uns Tankwagen mit sauberem Wasser schickt, sterben nur noch drei bis vier Kinder pro Nacht. Zum Glück hat der direkte Beschuss des Lagers aufgehört. Nur ab und zu fliegt eine verirrte Kugel herein.«

Draußen fällt ein Schuss, der von einer ratternden Salve aus einer Kalaschnikow erwidert wird, und die Besucher drängen in Panik aus dem Zelt. Unter Plastikplanen des UNHCR haben fliegende Händler ihre Stände aufgebaut, an denen Kriegsbeute verscherbelt wird: Champagner und Cognac aus dem Duty Free Shop des Flughafens, Faxgeräte und Computer aus dem geplünderten Büro einer Hilfsorganisation.

Beim Verlassen des Lagers kreuzt eine Patrouille von Charles Taylors NPFL meinen Weg. DEATH TEAM haben die Kaputtbesetzer auf den zerbeulten Pick-up mit dem Kennzeichen der UN-Mission gesprüht: WAR BUS NUMBER ONE. »My name is Saddam Hussein«, sagt der Anführer der Streetgang, der mit geschulterter Axt und rotem Piratentuch um die Stirn lässig auf der Kühlerhaube sitzt: »Ich heiße Saddam Hussein, und deine Turnschuhe gefallen mir.« Der mich begleitende Sanitäter bietet den Kämpfern des Todesteams Zigaretten an. Zwei Marlboro pro Person, der ortsübliche Tarif: Nicht eine – das wäre zu wenig – und auch nicht drei oder vier, denn das weckt die Begehrlichkeit. »Smoke, smoke!«, ruft Sad-

dam Hussein und zündet sich eine Zigarette an, und drei
Schrecksekunden später ist Kriegsbus Nummer eins in
einer rötlichen Staubwolke verschwunden.

6 Das Mamba-Point-Hotel ist das einzige Gebäude im
Zentrum von Monrovia, das nicht plattgemacht worden ist; alle übrigen Geschäfte, Büros und Hotels wurden
von Bürgerkriegsmilizen ausgeweidet und anschließend,
wenn nichts mehr zu holen war, niedergebrannt. Tag und
Nacht steht eine ölige Rauchsäule über der Stadt. Der
Krieg hat das Innere nach außen gekehrt und Mobiliar
auf die Straßen gespuckt: Aktenschränke und Schreibti-
sche werden zu Barrikaden zusammengeschoben, Matratzen dienen als Kugelfang, Stühle als Feuerholz, die
Encyclopaedia Britannica als Toilettenpapier. Zwischen
kaputten Fernsehgeräten und Computern, die beim
Abtransport in die Brüche gegangen sind, liegt die intime
Hinterlassenschaft der früheren Besitzer herum, die vor
den Kämpfen geflohen oder getötet worden sind: Zerfetzte
Personalausweise und Kreditkarten, zerfledderte Fotoal-
ben, vollgekritzelte Schulhefte und in Plastikfolie eingeschweißte Kondome aus einem zerstörten Depot der Welt-
gesundheitsorganisation.

Der Preis für die Schonung des Mamba-Point-Hotels war
hoch: Sein libanesischer Manager, Imad Aoun, hat dem
Vernehmen nach 50 000 Dollar an Charles Taylor gezahlt,
dessen NPFL die Straße vor dem Hotel und den gegenüber-
liegenden Strand kontrolliert; zwei Ecken weiter haben
sich die aus der Regierungsarmee hervorgegangenen
Krahn-Rebellen auf dem Gelände des Barclay Training
Center verschanzt. Dazwischen liegt ein Niemandsland,
in dem sich außer Aasvögeln und streunenden Hunden

nichts bewegt; die Frontlinie ist mit Leichen markiert, die zur Abschreckung auf dem Asphalt liegen bleiben. Wer nichtsahnend die Kreuzung überquert, hat sein Leben verwirkt. Nur für Fotografen und Journalisten machen die Milizen eine Ausnahme: Durch Zurufe signalisieren sie dem Feind auf der anderen Seite, das Schießen einzustellen, wenn ein Reporterteam sich der Front nähert – seltsamerweise halten die Kriegsparteien sich daran.

An der Bar des Mamba-Point-Hotels gibt sich das kleine Völkchen der Berichterstatter ein Stelldichein mit Diamantenhändlern aus Beirut, die die Evakuierung verpasst haben oder auf die Rückerstattung ihres gestohlenen Besitzes warten. Sie gehören zu ein- und demselben libanesischen Familienclan, dessen Chef, ein stoppelbärtiger Druse namens Razuk, respektvoll Papi genannt wird. »Monrovia kaputt«, sagt Razuk, während er seinem kranken Papagei Zuckerwasser einflößt: »Vor dem Krieg war Liberia das schönste Land Westafrikas – jetzt geht alles den Bach runter. Sind wir uns nicht schon einmal begegnet? Mir brauchen Sie nichts vorzumachen, Mister: Sie sind kein deutscher Reporter, sondern ein als Journalist getarnter *Diamond-Man*. Aber Sie kommen zu früh, die Geschäfte laufen schlecht.«

Mehr als um sein Geschäft sorgt Razuk sich um das Wohlbefinden seines Papageis, dessen Gesundheit ihm wichtiger ist als das Massensterben in Monrovia. Jedes Mal, wenn draußen ein Schuss fällt, hüpft der Vogel ängstlich in seinem Käfig auf und ab und verbirgt den Kopf unter einem Flügel. Sein glänzendes Gefieder ist stumpf geworden, und seit Beginn der Kämpfe rührt er kein Futter mehr an, obwohl Razuk ihm jeden Tag eine frische Mango kredenzt. Anders als auf den Straßen von Monrovia, wo nichts Essbares mehr aufzutreiben ist – Märkte und Geschäfte wurden leergeräumt, die Stadt ist seit Monaten ohne Wasser und Elektrizität –, wird den Hotelgästen jeden Abend eine warme Mahlzeit serviert. Zwar ist die Lebensmittelknappheit auch hier zu spüren, aber die Tiefkühltruhe ist mit Langusten gefüllt, die jeden Tag in anderer Form serviert werden: gekocht, gebraten oder gegrillt. Brot und Wein sind Mangelware, doch dafür werden wir mit Eiskrem und Champagner entschädigt nach der Devise von Marie Antoinette, wenn dem Volk das Brot zu teuer sei, solle es Kuchen essen – der kriegsbedingte Mangel wird durch kulinarischen Luxus kompensiert, gleichsam durch Höherstufung von Economy- auf Business-Class. Als der Vorrat an Johnny Walker Black Label aufgebraucht ist, geht der Barmann dazu über, Johnny Walker Blue Label auszuschenken, siebzehn Jahre alten Scotch, den es nur in der VIP-Lounge des Flughafens zu kaufen gab und von dem jede Flasche ein Vermögen kosten soll. Auch sonst braucht niemand auf den gewohnten Komfort zu verzichten: Satellitentelefon und Fax funktionieren, und nach Einbruch der Dämmerung stellt der Manager den hoteleigenen Generator an, sodass die Gäste duschen, fernsehen und die Klimaanlage einschalten können, um Malaria-Mücken aus ihren Zimmern zu vertreiben.

Am nächsten Morgen gehe ich vor dem Frühstück zum Strand. Die Posten der NPFL an der Auffahrt zum Hotel salutieren schlaftrunken. Pünktlich um acht kommt die Wachablösung mit Nachschub an Alkohol und Munition, Porno- und Gewaltvideos, um die Männer scharfzumachen. Bis zum späten Vormittag haben sie ihren Rausch ausgeschlafen, und die Kämpfe flammen wieder auf. Corinne Kafka, eine Reuters-Fotografin aus London, begleitet mich. Die ganze Nacht hindurch hatte ich das Rauschen der Brandung im Ohr, aber jetzt liegt das Meer hinter einer grauen Nebelwand, aus der das Krächzen von Seevögeln zu hören ist. Corinne hat mir geraten, die Badehose im Hotel zu lassen – jetzt weiß ich, warum. Der Strand ist mit Kleiderfetzen und Gummisandalen übersät, zwei magere Hunde ziehen sich böse knurrend, mit eingekniffenen Schwänzen, zurück. Der Wind trägt Verwesungsgestank herüber. Im Näherkommen scheuchen wir Seevögel auf, die von einem an Land geschwemmten Kadaver aufflattern. Nein, nicht die Brandung hat den Toten hier deponiert; die NPFL benutzt den Strand als Begräbnisstätte für ihre Gefallenen, und die nächtliche Flut legt die notdürftig verscharrten Leichen wieder frei. Ich halte mir die Nase zu, während Corinne Fotos schießt. Ein hässliches Wort, aber es trifft den Sachverhalt genau, obwohl oder weil man Tote nicht noch einmal erschießen kann.

Nach dem Frühstück unternehmen wir eine Erkundungsfahrt durch die Stadt. Lotfi, der Sohn des Hotelmanagers, hat einen von der NPFL gestohlenen Chevrolet requiriert. Die Benzinkosten – fünfzig Dollar für einen halben Tag – werden unter den Passagieren geteilt. Das Auto ist vollgestopft mit Fotografen und Journalisten: Ich zwänge mich

auf den Beifahrersitz mit Corinne, deren Freund Jean-Luc mit gezückter Kamera auf der Kühlerhaube liegt; Christophe Simon von der Agentur Magnum sitzt breitbeinig auf dem Dach, während der Südafrikaner Rick, Korrespondent des Fernsehsenders TNT, mit geschulterter Videokamera im Kofferraum kniet. Der Fahrer des Wagens, ein Kommandeur der NPFL, scheint keiner uns bekannten Sprache mächtig zu sein; wie alle Kämpfer über zwanzig ist er Offizier, und wie alle Offiziere General.

Wir fahren im Schritttempo, vorbei an ausgebrannten Ruinen, deren Bewohner am Straßenrand einen Toten begraben, und an Autowracks, hinter denen nicht sichtbare Heckenschützen lauern. Vor uns das mit Sandsäcken und Stacheldrahtrollen gesicherte Botschaftsgelände, bewacht von US-Marines, in deren Zielfernrohren unser ramponierter Chevrolet einem Kriegsbus der NPFL zum Verwechseln ähnlich sieht. Wir rollen im Leerlauf den Hügel hinab, auf eine Straßensperre zu, die das Diplomatenviertel Mamba Point vom Rest der Stadt trennt; der improvisierte Checkpoint wird von Rambos mit Äxten und Macheten bewacht.

»Halt, aussteigen«, befiehlt der Kommandeur, ein Mittzwanziger mit roter Stirnbinde, den seine Untergebenen als Colonel bezeichnen. »Wer sind Sie und was wollen Sie hier? Um weiterzufahren, brauchen Sie einen von Charles Taylor unterschriebenen Passierschein der NPFL.« Wir müssen den Kofferraum aufklappen, die Taschen umstülpen und werden nach Waffen durchsucht. Jean-Luc feilscht mit einem Street Fighter, der mit der Machete vor seiner Nase herumfuchtelt, um die Höhe des Bestechungsgeldes, da flüstert unser Fahrer dem Colonel ein Zauberwort ins Ohr, die Barrikade wird zur Seite geräumt, und, verfolgt von einer Kinderschar, die schreiend neben dem Wagen herläuft, setzen wir die unterbrochene Fahrt fort.

Links und rechts der Straße schwelende Müllhalden, deren beißender Rauch mir Tränen in die Augen treibt. Aus Meeren von Unkraut ragen von Brandspuren oder Schimmelschlieren geschwärzte Mauern hervor. In Fensterhöhlen trocknet Wäsche. Die Dächer der von ihren Bewohnern verlassenen Häuser hat man abgedeckt und mit Schiffen und Lastwagen außer Landes geschafft. Vom

Markt, dem pulsierenden Herzen der Stadt, sind nur verkohlte Gerüste übrig geblieben, zwischen denen Frauen und Mädchen nach Wasser anstehen. Halbnackte Jungen schlagen mit Stöcken unreife Mangos von einem Baum. Die Barclay Street, wo einst fliegende Händler gebrauchte Textilien und Schulbücher verkauften, ist gesprenkelt mit Plastikchips aus einem zerstörten Spielcasino und Leichtmetallmünzen, nach denen sich niemand mehr bückt. Das African Palace Hotel, in dem ich vor anderthalb Jahren übernachtete, wurde dem Erdboden gleichgemacht, ebenso wie das gegenüberliegende El Mesón, vor dem stets UN-Landrover und Jeeps von Ecomog-Soldaten parkten, die sich hier während des nächtlichen Ausgehverbots mit Prostituierten vergnügten. Das Volk von Liberia sei kriegsmüde, schrieb ich damals in einem Kommentar: »Die Milizen aller Parteien haben das Plündern und Morden satt. Es sieht so aus, als werde der in Accra vereinbarte Waffenstillstand halten. Der liberianische Bürgerkrieg, der ein Drittel der Bevölkerung aus ihren Wohnsitzen vertrieben und 150000 Menschen getötet hat, endet mit Blutverlust und allgemeiner Erschöpfung.«

Vor der Brücke über die Lagune, die Monrovia mit dem Hinterland verbindet, haben Soldaten ein Absperrseil quer über die Straße gespannt. Erst bei genauem Hinsehen erkenne ich, dass es sich um den Darm eines Getöteten handelt, dessen abgeschlagener Kopf in einer Blutlache mitten auf der Kreuzung liegt und *bis hierher und nicht weiter* signalisiert. Unser Wagen wird von bewaffneten Kämpfern gestoppt, wir müssen aussteigen und werden mit vorgehaltener MP zu Field-Marshal Rommel geführt, der im Schatten neben dem Checkpoint auf einem Schaukelstuhl wippt. »Auf Spionage steht die Todesstrafe«, sagt der Feldmarschall, der eine dunkel getönte

Brille trägt und stark nach Alkohol riecht, »und Sie müssen beweisen, dass Sie keine Spione sind.« Er verlangt, unsere Pässe und unsere Akkreditierung zu sehen, und der Chauffeur wendet all seine Überredungskünste auf, bevor Field-Marshal Rommel uns, nach Zahlung eines Wegzolls von fünfzig Dollar, das Befahren der Brücke erlaubt.

Vor uns liegt das mit Stacheldraht eingezäunte Hafengelände, von Ecomog-Soldaten aus Nigeria bewacht. Die Angehörigen der Friedenstruppe schlagen mit Knüppeln auf die Köpfe der Menge ein, in der Mehrzahl Frauen und Kinder, die, von Panik getrieben, das Tor umlagern, um sich auf im Hafen liegende Schiffe zu retten. Nur wer einen Posten besticht, darf die Sperre passieren. Die Nigerianer haben einen schlechten Ruf: Statt Frieden zu stiften, haben sie in den Kämpfen Partei ergriffen und sich an Plünderungen und Vergewaltigungen beteiligt.

»Der Mensch muss dem Menschen helfen«, sagt Kapitän Teljuschkin, Kapitän der *Zolotitsa* aus Archangelsk, die, mit Flüchtlingen überladen, seit zwei Wochen auf die Genehmigung zum Auslaufen nach Ghana wartet. Unter Deck stinkt es wie in einer Kloake. Die Passagiere haben zweihundert Dollar für die Überfahrt bezahlt, ein Vermögen für Flüchtlinge, die ihren gesamten Besitz verloren haben. »Ich mache das nur aus humanitären Gründen«, sagt der Kapitän und gießt Wodka in einen Pappbecher, »Geld interessiert mich nicht.«

Wir sind umringt von aufgeregt gestikulierenden Menschen, die in mehreren Sprachen durcheinanderreden und um Wasser oder Biskuits betteln. Sie sitzen seit Wochen am Hafen fest, ohne die Möglichkeit, Essen zu kochen und Kleider zu waschen, aber trotz der Schikanen der Ecomog-Soldaten, die Geld von den Flüchtlingen erpressen, haben sie das Schlimmste hinter sich. Nur mit Mühe entkommen wir dem Gedränge und fragen uns zum vereinbarten Treffpunkt durch, da kreuzt ein Konvoi der Friedenstruppen unseren Weg, nigerianische Militärpolizisten, von denen einer, weil er nicht schnell genug den Weg freimacht, Lotfi mit dem Gewehrkolben niederschlägt.

7 Nach der Rückkehr in mein Hotelzimmer nehme ich eine Dusche und schalte den Fernseher ein. In die Nachrichtensendung von CNN werden Quizfragen eingeblendet: »Wie heißt die Hauptstadt von Lettland?« und: »Welches war der erste dreidimensionale Film?« Die Antworten flimmern über den Bildschirm, dann fällt der Strom aus. Wir essen bei Kerzenlicht zu Abend, der Generator ist kaputt. Es gibt Lobster Thermidor und lauwarmen Champagner aus dem Freihafen.

»Der Name Thermidor stammt aus der Französischen Revolution«, sagt Jean-Luc, »das Rezept vermutlich auch. Es passt zum Bürgerkrieg in Liberia, findest du nicht?« – »Unsinn«, brummt Michel Simon, der an der Sorbonne Geschichte studiert hat. »In Paris wurden nur zweitausend Menschen exekutiert, hier sind es zehnmal so viel. Der Bürgerkrieg in Liberia erinnert an den Bauernaufstand in der Vendée, wo die französische Armee 100 000 angebliche Royalisten massakrierte.« – »Der Held des Tages heißt für mich Lotfi«, ruft Corinne. »Er hat uns zum Hafen gelotst, und er hat Schläge für uns eingesteckt. Morgen bringen wir ihn ins Barclay Training Center, damit er ärztlich versorgt werden kann. Lotfi hat eine Gehirnerschütterung, vielleicht sogar einen Schädelbruch.«

»Ich bin heilfroh«, setzte Jean-Luc nach einer Pause hinzu, in der alle auf Lotfis Genesung anstießen, »dass ich meine Fotos von der *Zolotitsa* vor dem Stromausfall durchgefaxt habe. Das Flüchtlingsschiff geistert seit Tagen durch die Nachrichten, aber es gab keine Bilder dazu.« – »Die Zeitungsleser in Deutschland interessieren sich für Schwulenehen und verlängerte Ladenschlusszeiten«, hörte ich mich sagen, »nicht für Bootsflüchtlinge aus Liberia. Ich weiß nicht, was ich schreiben soll.« – »Irgendwas wird dir schon einfallen«, sagte Corinne. »Fang mit dem kranken Papagei an, und häng den Rest der Geschichte daran auf. Dem Vogel soll es wieder besser gehen. Das Zuckerwasser hat Wunder gewirkt.«

8 Wir sind zu sechst: Corinne läuft vorneweg und schwenkt, weithin sichtbar, ein an einen Stock geknüpftes Laken, auf das sie ein rotes Kreuz gemalt hat; Rick schiebt die Schubkarre, in der Lotfi liegt, der im Lauf der Nacht das Bewusstsein verloren hat; ich trage Lotfis Gepäck; Jean-Luc und Michel geben uns Flankenschutz mit schussbereiten Kameras. In den frühen Morgenstunden hat ein gepanzertes Fahrzeug der US-Botschaft den ABC-Korrespondenten im Pentagon, John McWethy, vor dem Hotel abgeladen, aber die Marines weigern sich, Lotfi zu helfen, weil er liberianischer Staatsbürger ist; nur Amerikaner und Angehörige von Drittländern werden aus Monrovia evakuiert. Und der Chauffeur des Chevrolet lehnt es strikt ab, uns ins Barclay Training Center zu fahren, aus Angst, von Soldaten der Krahn-Miliz misshandelt oder ermordet zu werden. Wir verlassen die Auffahrt zum Hotel und biegen auf die Strandpromenade ein, vor uns eine Nebelwand, aus der das Rauschen der Brandung und Möwengekrächze zu hören ist, bis die

Konturen einer ausgebrannten Ruine sichtbar werden, die vor dem Krieg das Außenministerium beherbergt hat. Der Geruch von schwelender Holzkohle liegt in der Luft. Nur früh am Morgen wagen die Anwohner sich aus ihren Hütten, um Wasser zu holen, Brennholz zu sammeln und Kassavawurzeln zu kochen, von denen sie sich seit Wochen ernähren. Ein Hund streunt über die Straße und stürzt sich knurrend auf ein am Boden liegendes Bündel Kleider, das ein anderer Hund zähnefletschend verteidigt. Was von weitem ausschaut wie ein Lumpenhaufen, war einmal ein Mensch; dem Geruch nach zu urteilen, liegt er seit Tagen hier. Ich schlage die Augen nieder, um nicht genauer hinsehen zu müssen.

Ein Jeep der westafrikanischen Friedenstruppe kommt uns entgegen. Anders als die Ecomog-Soldaten aus Nigeria sind die Ghanaer höflich und korrekt. Sie bitten die Kämpfer der NPFL, das Feuer einzustellen, und eskortieren uns durchs Niemandsland, dessen Betreten lebensgefährlich ist. Auf der anderen Seite der Front nimmt uns ein Vorposten der Krahn-Miliz in Empfang und führt uns zum Barclay Training Center, ein ehemaliges Kasernengelände, wo Reste der Regierungsarmee seit Monaten der Belagerung durch die Rebellen trotzen. Die Krahn-Milizen sind disziplinierter und professioneller als die Kindersoldaten der NPFL, die sinnlos Munition vergeuden und ihr Leben aufs Spiel setzen, weil sie Gefahren nicht realistisch einschätzen können.

»Ich bin Berufsoffizier«, sagt Philipp Kamah, ein Armeegeneral, der die Verteidigung des Kasernenkomplexes leitet, »und ich habe es satt, mir von bewaffneten Teenagern auf der Nase herumtanzen zu lassen. Wir halten die in Accra vereinbarte Waffenruhe ein, aber was zu viel ist, ist zu viel. Wenn die Ecomog-Soldaten aus Guinea Charles Taylors Offensive unterstützen, schlagen wir so hart zurück, dass in Monrovia kein Stein auf dem anderen bleibt.« Und er klopft mit seinem silberbeschlagenen Spazierstock, Symbol afrikanischer Häuptlingswürde, auf den Boden der Offiziersmesse, von deren Decke Putz rieselt.

Das Lazarett ist in einem angrenzenden Gebäude untergebracht, in dessen Mauern Einschusskrater klaffen. Fäkaliengeruch zieht durch den Flur, wo verletzte Männer, Frauen und Kinder auf schmutzstarrenden Decken liegen und, von Fliegen umschwärmt, darauf warten, dass Arzthelfer in blutverschmierten Kitteln Kugeln und Granatsplitter aus ihren Körpern entfernen.

Lotfi ist aus der Bewusstlosigkeit erwacht; Sanitäter legen ihm einen Kopfverband an, und wir beschließen, ihn zum Hotel zurückzubringen, aber das ist leichter gesagt als getan. An der Einmündung der Carey Street in die Broad Street gehen wir hinter einer Hausecke in Deckung. Aus einem mit Brettern verbarrikadierten Laden mit der Aufschrift *Electronic Supplies* sind Schüsse zu hören, das Rattern einer MP-Salve, dann Stille. Ein indischer Händler im seidenen Pyjama lugt hinter dem Bretterverschlag hervor und winkt mich aufgeregt zu sich heran. Mit vor dem Lippen gekreuzten Fingern signalisiert er mir, Stillschweigen zu wahren, und führt mich durch den Hinterhof zu einer mit Scherben gespickten Mauer, an der eine ausziehbare Leiter lehnt. Ein Ecomog-Soldat in Tarnuniform und rotem Barett schlägt am Fuß der Leiter sein Wasser ab. Er schiebt ein frisches Magazin in den Ladestutzen seiner Uzi, nickt dem Inder kurz zu und verlässt das Haus, als sei nichts geschehen, um noch einmal Courts-Mahler zu zitieren. Es ist aber etwas geschehen. *Top of the ladder nice place but very lonesome*, stand auf dem Zettel, den ich nach dem Essen aus meinem Fortune Cookie zog, vor anderthalb Jahren, im Won Ton Palace, Palast der südlichen Maultaschen, im Zentrum Monrovias. Daran musste ich denken, während ich die Leiter erklomm und über die mit Scherben gespickte Mauer sah. Teichoskopie hieß das in der griechischen Tragödie, Mauerschau. Der Bote berichtet dem Publikum, was er mit eigenen Augen gesehen hat und was auf der Bühne nicht gezeigt werden darf, weil es keine Katharsis bewirkt und den Rahmen der Tragödie sprengt: einen Schrottplatz zum Beispiel mit Motorblöcken, Karosserieteilen und Stapeln alter Autoreifen, an denen am Magnetberg gestrandete Schiffbrüchige hängen, zwei, nein drei Tote, aber den dritten entdeckte ich erst später, und er war noch nicht tot, nur schwer verletzt. Die Toten trugen Turnschuhe und Jeans, doch der Verwundete war nur mit einer Unterhose bekleidet und sah mich mit müden Augen an, deren Blick nichts mehr festhielt und nur noch ein blinder Spiegel war, über den ich einen schwankenden Schatten warf.

Auf der Mauer, auf der Lauer / sitzt der Doktor Adenauer / eins zwei drei vier fünf sechs sieben / wo ist er geblieben? sangen wir als Kinder, und wie beim Versteckspiel in den fünfziger Jahren war es auch hier, denn als ich von der Mauer herabstieg, hatte sich der Alptraum zu nichts verflüchtigt. Ich sah noch, wie NPFL-Kämpfer ihre toten Kameraden in ein zerbeultes Auto luden, die blutigen Leiber wurden wie Sardinen aufeinandergeschichtet, zwischendrin der Verletzte, dessen Fuß aus dem Fenster hing und der sich im Schlaf zu räkeln schien, während sie davonbrausten zum Friedhof oder zum Schrottplatz – beides läuft auf das Gleiche hinaus.

9 »Ihr wart also in der Stadt«, sagte John McWethy, ABC-Korrespondent im Pentagon. »Ihr lauft als lebende Zielscheiben herum, und hinterher beschwert ihr euch, wenn scharf geschossen wird. Ihr kritisiert den US-Imperialismus, aber ihr habt nichts dagegen, euch von uns aus dem Schlamassel heraushauen zu lassen. Doch der Krieg in Liberia ist kein Western, an dessen Ende die Kavallerie kommt, obwohl die Stadt nach dem Erfinder der Monroe-Doktrin benannt ist, die nicht amerikanischer Einmischung diente, sondern der Abwehr europäischer Intervention. Und wenn überhaupt jemand schuld ist an diesem verdammten Krieg, dann Europa. Ihr habt den Kolonialismus erfunden, nicht wir!«

»Ich würde nicht von Ursachen sprechen, sondern von Auslösern«, konterte Jean-Luc. »Der Krieg setzt einen Automatismus in Gang, bei dem das Plündern und Morden von einer Begleiterscheinung zum Selbstzweck wird. Als ich einen NPFL-Kämpfer fragte, warum er seine Brüder und Schwestern tötete, antwortete er mir: *Why not?*«

»Ich sehe etwas, was du nicht siehst«, rief Corinne und reichte mir ihre Kamera. Ich drehte an der Sehschärfe des Teleobjektivs, aber außer Reflexen von Licht und Schatten im von der Sonne gesprenkelten Laub eines Mangobaums sah ich nichts. Wir standen auf der Hotelbalustrade, es war später Nachmittag, Lotfi fütterte den kranken Papagei mit Pistazienkernen, und sein Onkel Razuk ließ einen Rosenkranz durch die gichtgeschwollenen Finger gleiten; es war nicht ganz klar, ob er seine im Krieg verschollenen Diamanten zählte oder Gott um Frieden bat.

»Ich möchte wissen, ob Drusen Moslems oder Christen sind«, sagte Jean-Luc, doch Corinne schrie leise auf, und jetzt sah auch ich die schattenhafte Bewegung am Strand, neben der von Möwen umflatterten Ruine des Außenministeriums: Ein Buschmesser oder Bajonett blitzte auf in einer Gruppe von Soldaten, die einen, wie es schien, nackten Mann umdrängten. Corinne riss mir die Kamera aus der Hand und rannte nach draußen. Ich sah sie im Laufschritt die Straße überqueren, vorbei an den Posten vor dem Hotel, die sie vergeblich zurückzuhalten versuchten. John McWethy zog einen Feldstecher aus seiner Safarijacke, deren Taschen vollgestopft waren mit praktischen Dingen wie Kompass, Stablampe, Näh- und Verbandszeug; er war perfekt ausgestattet wie für ein Überlebenstraining oder eine Großwildjagd. Wieder hatte ich nur von Lichtflecken gesprenkeltes Laub im Visier, und wieder, so schien es, blitzte ein Messer im Schein der untergehenden Sonne auf, die lange Schatten auf den Strand warf, wo ein Wortwechsel oder ein Kampf im Gang zu sein schien. Dann tauchte Corinne hinter einem Mauervorsprung auf, sie trat aus der Ruine des Ministeriums ins Licht und überquerte die Straße mit einem nackten Mann an der Hand, den sie den Posten vor dem Hotel übergab. Ich habe sie sonst nie aufgeregt gesehen, aber diesmal war sie aufgeregt. Jemand schenkte ihr ein Glas Champagner ein. »Wir haben Grund zu feiern«, sagte Corinne, »denn ich habe einem Menschen das Leben gerettet. Es ist nur ein Tropfen im Ozean, aber ich bin trotzdem stolz darauf.«

Sie berichtete, NPFL-Leute hätten einen Mann am Strand aufgegriffen, der keinen Ausweis bei sich trug und sich beim Verhör in Widersprüche verwickelte. Ein Ortsfremder galt automatisch als Spion, und Spione wurden auf der Stelle exekutiert. Sie beschlossen, den Mann zu töten, aber weil es fünf Uhr nachmittags war und die Kämpfer um diese Zeit betrunken sind, beschlossen sie, den Mann zu kastrieren, bevor sie ihn umbrachten. Nicht aus Sadismus, sagte Corinne, sondern um der Reporterin zu imponieren, die aus dem Hotel herübergekommen war, um die Exekution zu filmen. Corinne ließ die Mörder mit ihrem Opfer posieren, fotografierte die Szene und überredete die Betrunkenen, den Mann am Leben zu lassen. Für fünf Dollar kaufte sie den zum Tode Verurteilten frei. Fünf Dollar sind viel Geld in Liberia, mehr ist ein Menschenleben hierzulande nicht wert. Corinne wurde als Heldin gefeiert, und wir wetteten darauf, dass keine Zeitung oder Zeitschrift die grausigen Bilder drucken würde, aber eine Woche später erschienen sie, groß aufgemacht, in einer Hamburger Illustrierten. Und zwölf Stunden später lag der Mann, dem Corinne das Leben gerettet hatte, erschossen vor der Auffahrt zu unserem Hotel: eine Mitteilung in einer kodierten Sprache, die *Einmischung unerwünscht* bedeutete.

10 Vor Sonnenaufgang werde ich durch einen tropischen Orkan geweckt. Beim ersten Blick aus dem Fenster sehe ich, dass das, was ich für einen Wirbelsturm gehalten habe, in Wahrheit Gefechtslärm ist; die fahle Morgendämmerung wird vom Donner und Blitz explodierender Granaten durchzuckt. Eine Offensive der Krahn-Armee hat die NPFL-Miliz aus ihren Stellungen gefegt. »We just changed hands – wir haben soeben die Besitzer gewechselt«, sagt Imad Aoun zu den in der Hotelhalle versammelten Journalisten, die bleich auf gepackten Koffern sitzen; sie rechnen damit, als Geiseln genommen, ausgeraubt oder ermordet zu werden. »Kein Grund zur Aufregung«, fügt er nach einer Pause hinzu. »Ich habe Lotfi mit 20 000 Dollar zu Philipp Kamah geschickt, und der General hat versprochen, unser Hotel zu schonen.

Trinken Sie in Ruhe Kaffee – keinem von Ihnen wird ein Haar gekrümmt. Die US-Mission ist über alles informiert, und Botschafter Milram hat versprochen, ein gepanzertes Fahrzeug zu schicken, um Sie heil hier herauszuholen.«

Die vor dem Hotel postierten Kämpfer der NPFL lagen tot am Straßenrand, unter ihnen der nackte Mann, dem Corinne das Leben gerettet hatte; und wir würden nie mehr erfahren, wer er war und woher er kam. Eine kugelsichere Limousine mit Sternenbanner-Emblem rollte im Schritttempo den Hügel hinab und stoppte vor der Auffahrt zum Hotel.

»Der Captain geht als Erster von Bord«, sagte John McWethy, der in diesem Augenblick John Wayne ähnlich sah: »Ladies haben keinen Vortritt. Zählen Sie bis drei, und wenn ich die Limousine erreicht habe, laufen Sie los. Gehen Sie hinter einem Mauervorsprung in Deckung, und falls auf Sie geschossen wird, legen Sie sich flach auf den Boden. Die Boys in der Limousine geben Ihnen Feuerschutz. Duck and dive. Good luck!«

Eine halbe Stunde später saß ich in der Cafeteria der amerikanischen Botschaft, einen Styropor-Becher mit dampfendem Nescafé in der Hand. John McWethy diktierte Siegesmeldungen ins Telefon. »US-Fernsehteam von Heckenschützen und Rebellen-Artillerie beschossen«, schrie er in den Telefonhörer. »Pentagon-Korrespondent John McWethy unter Lebensgefahr aus Kampfzone evakuiert. Alle Mitglieder des Teams wohlauf. Ende.« Kurz darauf, während ich lustlos in einer Portion Rührei herumstocherte, tickerte die Siegesmeldung über den Fernsehschirm. McWethys Stimme klang merkwürdig verzerrt und gepresst – kein Wunder nach dem langen Weg über den Ozean –, aber sein texanischer Akzent war unverkennbar: »ABC-Team von Rebellen beschossen ... Pentagon-Korrespondent unter Lebensgefahr evakuiert ... Mitglieder des Teams wohlauf ...« Dazu war eine Computergrafik zu sehen, ein Ausschnitt der westafrikanischen Küste mit eingeblendetem Pfeil, der auf Monrovia zeigte.

11 Bevor meine Geschichte noch weiter ausufert, lasse ich sie hier enden. Während ich hinter dem Elbdeich am Schreibtisch sitze, sind im überschwemmten Oderbruch rund um die Uhr Bundeswehrsoldaten im Einsatz, um die Folgen der Flutkatastrophe einzudämmen: Beschädigte Deiche werden mit Sandsäcken befestigt, Menschen und Vieh auf Busse und Lastwagen verladen, vom Wasser eingeschlossene Bewohner mit Booten und Helikoptern evakuiert, Turnhallen zum Empfang von Obdachlosen hergerichtet, Trinkwasser, Decken und Desinfektionsmittel verteilt, und der Verteidigungsminister lässt es sich nicht nehmen, bei den Rettungsarbeiten selbst Hand anzulegen. Die Zeitungen berichten in großer Aufmachung über die Katastrophe, die schon jetzt alle Rekorde schlägt, von einer Jahrtausendflut ist die Rede, aber andere Katastrophen in anderen Teilen der Welt kommen in den Zeitungen nur am Rande vor oder sind ihnen nicht mal eine Zweizeilenmeldung wert: Im fernen Monrovia hat Charles Taylor, Gründer und erster Vorsitzender der *National Patriotic Front of Liberia*, abgekürzt NPFL, die Präsidentschaftswahlen gewonnen. Wie aus gewöhnlich gut unterrichteter Quelle verlautet, ging es dabei nicht ganz koscher zu. Kein Wunder, denn der Warlord, der 150 000 Menschen auf dem Gewissen und Hilfsgüter im Wert von einer Million Dollar gestohlen hat – die Lastwagen, mit denen die Hilfsgüter transpor-

tiert wurden, nicht mitgerechnet –, kein Wunder also, denn der Warlord wollte sich die Früchte des Sieges, den die NPFL in Monrovia errungen hatte, nicht durch Wahlen nehmen lassen, er kämpfte mit harten Bandagen und fasste seine Konkurrentin, eine in den USA lehrende Politikwissenschaftlerin, nicht mit Samthandschuhen an – kein Wunder, denn Liberia liegt in der Dritten Welt, und der westafrikanische Busch ist nicht das Campus einer amerikanischen Universität. So weit, so gut oder so schlecht: Schließlich hat Liberias neu gewählter Präsident sich nicht anders verhalten als seine Amtsvorgänger Tubman, Tolbert und Doe: Er blieb sich selbst treu und dem Gesetz, nach dem er angetreten war, als er sich mit den Einnahmen der von ihm geleiteten *General Services Agency* ins Ausland absetzte und später in Boston aus dem Gefängnis floh, um mit Lybiens Diktator Muammar Khaddafi und Burkina Fasos Putschistenführer Blaise Compaoré ins Geschäft zu kommen. Die Investition hat sich gelohnt, und Charles Taylor hat das gestohlene Geld gewinnbringend angelegt. Er ging nach Nigeria ins Exil und wurde von dort nach langem Tauziehen ans Internationale Gericht in Den Haag überstellt, während die Politikwissenschaftlerin aus den USA im zweiten Anlauf die Wahl gewann. Aber das geschah nach Anbruch des neuen Jahrtausends und gehört nicht hierher.

Und was wurde aus den anderen Personen meiner Geschichte? Corinne Kafka erhielt den Preis der internationalen Presseagenturen für ihre Fotos aus Liberia. Zusammen mit Jean-Luc kehrte sie nach Nairobi zurück und trennte sich dort von ihrem Freund. Michel Simon tat das, was er jedes Mal tut, wenn er aus einem Kriegsgebiet nach Paris zurückkommt: Er setzte sich auf einer Verkehrsinsel am Flughafen Charles de Gaulle ins kurzgeschnittene

Gras und zündete sich eine Marihuana-Zigarette an. Rick, der südafrikanische Kameramann, bekam beim Eintreffen in Johannesburg Fieber; er wurde auf die Intensivstation eingeliefert, wo der diensthabende Arzt *Malaria tropica* diagnostizierte; mittlerweile ist Rick wieder wohlauf. Von John McWethy, dem ABC-Korrespondenten im Pentagon, habe ich nichts mehr gehört, aber seit seinem heldenhaften Einsatz in Monrovia ist sein Name amerikanischen Fernsehzuschauern ein Begriff. Razuk wurde zusammen mit seinem kranken Papagei nach Sierra Leone evakuiert; dem Vernehmen nach ist er von dort nach Liberia zurückgekehrt. Was aus dem Manager des Mamba-Point-Hotel, Imad Aoun, und seinem Sohn Lotfi geworden ist, weiß ich nicht.

V. ERINNERUNGEN AN DIE KONGO-KONFERENZ (1)

VOSSISCHE ZEITUNG

Königlich privilegirte Berlinische Zeitung von Staats- und gelehrten Sachen, im Verlage Vossischer Erben. Abonnement vierteljährlich für Berlin 6 Mk. 50 Pf. Excl. Botenlohn, für das Deutsche Reich und ganz Österreich 7 Mk. 50 Pf. Bestellungen nehmen die Postanstalten des In- und Auslandes an, Expedition Breite Str. 8. Redacteur Friedrich Stephany in Berlin.

13. November 1884 (Abend)

Zur Theilnahme an der Congo-Conferenz, die am 15. d. M. beginnt, sind bereits hier eingetroffen: der französische Botschafter Baron de Courcel, der belgische Bevollmächtigte Lambermont, der im Hotel Kaiserhof wohnt, sowie die Bevollmächtigten Englands, Mr. Percy Anderson nebst Gemahlin, der Unterstaatssecretair im Colonial-Amte Mr. Robert Meade nebst Tochter und deren Cabinets-Courier Mr. Wilkenson, die im Hotel Royal abgestiegen sind. Der österreichische Botschafter Graf Szechenyi trifft zu dem gleichen Zwecke morgen früh hier ein. Der Ankunft der technischen Beiräthe Frankreichs, Mons. Ballay, Desbuissons und Engelhard wird für heute Abend entgegengesehen.

14. November (Abend)

Zur Einstimmung auf die morgen beginnende Afrika-Conferenz veröffentlicht die »Nat. Ztg.« das folgende Gedicht:

Negerkönig Kasa-Weika
Der Tyrann von Klein Po-Po
Fraß die Menschen von Kaleika
Kannibalisch, frech und roh!
Da kam plötzlich ein Aviso-
Dampfer aus dem Deutschen Reich!
»Fitschi, Futschi, Bismarckiso!« –
Rief der König schreckensbleich!
Eine Pulle voll Jamaika
Hat er schnell zum Mund geführt,
Sprach dann lallend: »Kasa Weika
Ist von heut an zivilisiert!«

15. November (Morgen)

Zur Congo-Conferenz

Heute tritt die Congo-Conferenz zusammen. Sie ist dazu
bestimmt, das bestehende Völkerrecht um ein neues Kapitel
zu bereichern und eine neue Ära von Colonialbestrebungen
einleitend zu sanktioniren. Wenn man erwägt, daß die Be-
sitznahme uncivilisirter Länder bisher der Ausbreitung der
Kultur nur im Interesse und zum Nutzen einzelner Völker
gedient hat, daß aber in der Regel der Kulturfortschritt der
unterworfenen schwächeren Völker resp. Stämme dabei oft
genug zu kurz gekommen ist, so erscheint der Gedanke,
das äquatoriale Afrika nicht zum Nutzen Einzelner, sondern
Aller und zum Nutzen der eingeborenen uncivilisirten Bewohner der allgemeinen Kultur zu gewinnen, ebenso groß-
artig, wie er der humanitären und christlichen Richtung des
Zeitalters entspricht.

Große Umwälzungen sollen angebahnt werden, und späteren Geschlechtern wird es von Interesse sein, nachzufor-
schen, wo der Ursprung eines Gedankens zu suchen ist, von

welchem diese Umwälzungen ausgegangen sind. Für uns muß es genügen, die Tätigkeit derjenigen zu beobachten und zu registriren, welche die Hand ans Werk legen: des Amerikaners Stanley, des Königs der Belgier, des deutschen Reichskanzlers. Der erste hat das ungeheure Gebiet, dessen Grenzen noch heute unbestimmt und unbekannt sind, der Kenntniß der civilisirten Nationen erschlossen. Der zweite hat zuerst Hand angelegt, um dem neuen Gedanken Gestalt zu geben. Der dritte leiht demselben sein Genie, sein Prestige und die Macht des deutschen Reiches, um der Menschheit den aus der Verwirklichung des Gedankens sprießenden Segen zu sichern.

Die Macht dieses Gedankens erweist sich schon beim ersten Anfange groß genug, um selbst widerwillige Theilnehmer in den Bereich desselben hineinzuzwingen. So darf man erwarten, daß die Engländer, soweit sie noch an der abgelebten Idee des Alleinbesitzes kleben, nicht blos an dieser Stelle sich fügen, sondern daß sie auch im Laufe späterer Entwickelung sich werden entschließen müssen, auf den prätendirten Alleinbesitz des Niger und anderer Flußsysteme zu verzichten. Unsere Nachbarn im Westen, welche in dem Traume befangen sind, daß das rechte Ufer des Congo ihnen bereits gehöre, werden aus diesem Traume erwachen, wenn sie sich von den Erfolgen, die auf dem Südufer in sicherer Aussicht stehen, überflügelt sehen. Die praktischen Nordamerikaner haben den richtigen Weg eingeschlagen, indem sie die neue Colonie ohne Weiteres anerkannt haben, und Europa steht im Begriffe, ihnen zu folgen. Von den Protestationen der Portugiesen lohnt es sich nicht, viel zu reden.

Für uns Deutsche ergiebt sich das sonderbare Schauspiel, daß das Reich, welches im Begriffe steht, sich immer strenger gegen den Verkehr mit anderen Nationen abzusperren, am Äquator als Anwalt und Beschützer unbedingter Handelsfreiheit auftritt. Auf jenem ungeheuren Gebiet erwartet man ein unbegrenztes Absatzfeld für die Erzeugnisse des Kunstfleißes aller civilisirten Völker und große Naturschätze und Naturprodukte zu finden, die gegen die Erzeugnisse des Kunstfleißes eingetauscht werden sollen, und alle sollen gleichberechtigt daran theilnehmen.

Man geht nicht fehl, wenn man annimmt, daß der im Congogebiet geborene Gedanke auch als der Vater der deutschen Colonialpolitik gelten kann. Da die Länder, auf welche die letztere sich angewiesen sieht, wie auch das Congogebiet selbst, sich nicht dazu eignen, den nordischen Völkern zur Ansiedelung zu dienen, bleibt nur die Anlegung von Handelscolonien übrig, um den wilden Ureinwohnern die ersten Anfänge und Bedingungen der Civilisation beizubringen, ohne sie in der altgewohnten Manier zu unterjochen und auszubeuten. Solche Handelscolonien bedürfen aber des Schutzes gegen die Begehrlichkeit Anderer. So wird die Schutzherrschaft des deutschen Reiches an anderen Stellen zur Ausführung bringen, was die afrikanische internationale Gesellschaft unter Leitung des Königs der Belgier für das Congogebiet unternimmt. Je weiter diese Schutzherrschaft ausgedehnt wird, welche zugleich der Beutelust der Kaufleute Zügel anlegt, um so weiter dehnt sich das Gebiet aus, in welchem nach demselben Princip gehandelt werden muß, und die Schutzherrschaft des deutschen Reiches bedeutet im allgemein menschlichen Civilisationsinteresse, daß es keiner andern Macht erlaubt ist, da, wo die deutsche Flagge entfaltet worden ist, auf die alte Weise ein Volk nach dem andern zu Grunde zu richten.

Diese Art von Colonisation kann nicht angefochten werden. Wird durch dieselbe auch kein Ventil geschaffen, durch welches die überschüssige Volkskraft in Massen hinausschwärmen kann, so eröffnet sich doch ein begrenztes aber lohnendes Feld für die Bethätigung außerordentlicher Thatkraft. Und da auch dies nicht fruchtbringend werden kann ohne den Schutz unserer Marine, so wird es ohne Mehrforderungen und Mehrbewilligungen für dieselbe schwerlich abgehen.

– Der Königlich belgische Gesandte am hiesigen allerhöchsten Hofe, Graf von der Straten-Ponthoz, ist vom Urlaube nach Berlin zurückgekehrt und hat die Geschäfte der Gesandtschaft wieder übernommen. Der Vertreter Großbritanniens, Sir Malet, welcher vor einigen Tagen das Botschafts-Palais in der Wilhelmstraße bezogen hat, gedenkt nach Beendigung der Congo-Conferenz Urlaub zu nehmen und während desselben seine Vermählung zu feiern.

15. November (Abend)
»Das kann ich Ihnen sagen, der Herr Reichskanzler sieht lieber zehn Socialdemokraten als einen Freisinnigen!« So sprach wenige Tage vor der Stichwahl in Magdeburg der Polizeipräsident Dr. von Armin zu den dortigen Conservativen. Das Resultat war, daß der bisherige freisinnige Abgeordnete, Herr Büchtemann, durchfiel und der socialdemokratische Hutmacher Heine gewählt wurde. Aber der Herr Reichskanzler wird in dem neuen Parlamente doch vielleicht mehr Socialdemokraten sehen, als ihm lieb ist. Bei den zehn Mann, die er für einen Freisinnigen eintauschen wollte, ist es nicht geblieben, es sind volle zwei Dutzend herausgekommen.

»Nach den Wahlen« lautete das Thema, über das Herr Stöcker gestern in der Tonhalle sprach. Doch beschäftigte er sich mit diesem nur in der Einleitung, um seinen Hörern zu erklären, daß der wahre Sieger in Berlin nicht die freisinnige Partei, sondern das Judenthum sei.

– Uns wird geschrieben: Zur Congo-Conferenz lassen sich verschiedene Strömungen erkennen. Wie immer wird im Anfange eine noch größere Zurückhaltung gewahrt, als man in diplomatischen Kreisen gewohnt ist; man beobachtet sich gegenseitig, und Jeder erwartet von dem Anderen etwas zu hören. Insbesondere sieht man mit Spannung dem entgegen, was der Leiter der deutschen Politik thun wird. Zunächst erfährt man das Eine, daß von gewisser Seite mit allen Kräften darauf hingearbeitet wird, daß die Conferenz nicht über die in der Einladung gegebenen Berathungsvorschläge hinausgeht. Ob sich das wird durchführen lassen, muss der Gang der Verhandlungen lehren.

16. November (Morgen)

Die afrikanische Conferenz ist gestern Nachmittag 2 Uhr im Beisein der sämmtlichen Bevollmächtigten und Delegirten im Sitzungssaal des Reichskanzler-Palais eröffnet worden. Der Reichskanzler Fürst Bismarck begrüßte die Theilnehmer und hieß sie in Berlin willkommen. Auf Antrag des Doyens des diplomatischen Corps, des italienischen Botschafters Graf de Launay, ward Fürst Bismarck zum Vorsitzenden gewählt. Zu Schriftführern wurden Graf Wilhelm Bismarck, Consul Schmidt und Botschaftsrath Raindre ernannt. Der Reichskanzler gab hierauf ein Exposé über die von der Conferenz zu lösenden Aufgaben – die drei bereits früher bekannt gegebenen Punkte. In eine Diskussion wurde gestern noch nicht eingetreten. Die nächste Sitzung ist auf Dienstag Nachmittag 2 Uhr anberaumt. Im Übrigen wurde beschlossen, über die internen Verhandlungen Stillschweigen zu beobachten.

– Über die Räume, in welchen die Berathungen der Conferenz stattfinden, lesen wir in der »Nordd. Allg. Z.«:

Zum Sitzungssaal ist der große Festsaal bestimmt, welcher die ganze Mitte der oberen Etage des Reichskanzlerhauses einnimmt. Im Conferenzsaal erinnert zunächst eine große, 5 Meter hohe Karte Afrikas von Kiepert an die nächsten Zwecke, welche diese glänzende Versammlung hier zusammengeführt haben. Um einen Tisch in Hufeisenform werden die Conferenzmitglieder in der Reihenfolge Platz nehmen, daß in der Mitte der äußeren Querseite der Reichskanzler seinen Sitz hat, hinter welchem die Secretaire der Conferenz ihre Arbeitsplätze haben werden. Zur Rechten und zur Linken des Reichskanzlers reihen sich dem Alphabet ihrer resp. Länder nach die Bevollmächtigten, so daß rechts vom Kanzler Österreich-Ungarns, links Belgiens Repräsentant sitzen und an der Querseite noch Dänemark und Spanien (*Espagne*), an den Längsseiten rechts die Vereinigten Staaten, Großbritannien, die Niederlande – links Frankreich, Italien sich anschließen. Dem Kanzler gegenüber sitzt Graf Hatzfeld neben dem schwedischen Bevollmächtigten, und an den inneren Längsseiten des Hufeisens sind rechts die Türkei und Russland, links die portugiesischen Conferenztheilnehmer placirt. Die nach dem Garten zu gelegenen Enden des Conferenztisches sind mit Büchern, Broschüren und Karten bedeckt. Eine große eichene Standuhr vervollständigt die Ausstattung des Sitzungssaales, dessen Wände kolossale, bis zur Decke reichende Portraitbilder der Kaiser Wilhelm, Alexander III. und Franz Josef I. zieren. Auf dem Kamin des nämlichen Saales ist ein enormer, kunstvoll geschnitzter Elephantenzahn auf einem Untersatz von Rothholz zu sehen, Angebinde des Kaisers von China, welche dem Reichskanzler aus Peking übersandt worden sind. Zur Ergänzung sei noch erwähnt, daß im Speisesaal nach dem Wintergarten zu ein Buffet den Conferenzmitgliedern die Möglichkeit leiblicher Stärkung bietet.

Das Kanzlerblatt schließt diese Notizen: »Werthvolle, seit Jahren bewährte Bürgschaften für den Frieden und die ungestörte Kulturarbeit der civilisirten Nationen sind in diesen Räumen geschaffen worden; hoffen wir, daß auch die heute eröffnete Conferenz dem friedlichen Wettkampfe der Völker neue Bahnen auf unvergänglichen Fundamenten erschließe.«

Dem »Reuter'schen Bureau« wird aus Dongola am 15. November telegraphiert: General Welseley erhielt gestern Abend ein Schreiben des Generals Gordon, worin derselbe sein lebhaftes Bedauern über den Schiffbruch des von ihm nach Dongola abgesandten Dampfers und die Tödtung aller an Bord befindlichen Personen ausspricht, nämlich des Obersten Stewart, der Consuln Power und Herbin und dreißig Anderer. In dem Schreiben heißt es ferner, Gordon freue sich zu vernehmen, daß englische Truppen im Anmarsch begriffen seien, er hoffe sich bis zu deren Ankunft behaupten zu können und werde fortfahren, die Truppen des Mahdi durch seine Dampfer zu beunruhigen. Der Mahdi befinde sich eine Tagesreise von Chartum.

17. November (Abend)

Wie die »Times« aus Berlin meldet, verlas der englische Bevollmächtigte Malet in der ersten Sitzung der Congo-Conferenz nach der Ansprache von Fürst Bismarck folgenden Vorbehalt: »Die britische Regierung ist willig, die Principien des Feihandels auf den Niger ausgedehnt zu sehen, aber sie erwartet, daß die Überwachung der Ausübung dieser Principien nicht zur Angelegenheit einer internationalen Körperschaft gemacht werde, da dies Pflicht und Privilegium Englands ist.«

Der »Economist« schreibt in Bezug auf die Stellung Englands zur Conferenz:

»Wir hoffen, Lord Granville's Agenten werden an zwei Principien festhalten, ja sogar die Conferenz zum Scheitern bringen, wenn davon abgewichen wird. Eins ist, daß der Congo ein Arm des Meeres sein soll, patrouillirt und polizeilich überwacht von Europa und natürlich besteuert, aber ohne Einschränkung zugänglich für alle Schiffe und daher auch für den britischen Handel. Das andere Princip ist, wenn irgendeine Gebietsabgrenzung versucht wird oder wenn irgend welche Principien betreffs künftiger Abgrenzungen niedergelegt werden, daß dieselben deutlich und unverkennbar sein müssen. Die Conferenz wird ein Mißerfolg sein, wenn irgendeine Nation als Eindringling bezeichnet werden kann, weil ihre Handelsschiffe irgendeinen Theil des Congos hinaufdampfen.«

– Sollte Portugal die in seinem Memorandum dargelegten angeblichen Rechte auf die Congomündung etwa zur Diskussion stellen, so wird es als wahrscheinlich bezeichnet, daß Frankreich mit dem Gegenantrag hervortreten und die meisten Mächte sich dem Antrage Frankreichs anschließen werden. Keine der Mächte ist geneigt, das Land Portugal zu überlassen. Die Befürchtung ist allgemein, daß damit England in die Hand gespielt würde. Unter den führenden Mächten ist man überzeugt, daß nur die Congo-Association im Stande ist, den internationalen Interessen merkantiler und philanthropischer Art gerecht zu werden, und in diesem Sinne wird die Conferenz die Frage lösen.

18. November (Abend)

Aus Berlin gehen der »Pol. Corr.« wichtige Aufklärungen über den Zweck der westafrikanischen Conferenz zu. Ihr Gewährsmann mißt der in Berlin zusammengetretenen Conferenz große civilisatorische Bedeutung bei. Er bezeichnet es als ein entschiedenes Verdienst des Reichskanzlers, den Impuls zu dieser Conferenz gegeben zu haben, welche sich den Congressen von Wien und Paris, 1815 und 1856, ebenbürtig anschließe. Was die Aufgaben der Conferenz betrifft, bestehe der vielverbreitete Irrthum, als ob die Conferenz den Beruf hätte, auch über Souveränitätsansprüche europäischer Colonialmächte in Afrika zu judiciren und thatsächliche Begrenzungen daselbst vorzunehmen. Mit einer solchen Aufgabe würde sich aber die Conferenz in's Unendliche verlieren. Die drei Aufgaben der Conferenz sind bekanntlich: die Anwendung der Principien erstens des freien Handels und zweitens der freien Schiffahrt auf dem Congo und auf dem Niger; die Aufnahme von Bedingungen in das Völkerrecht, unter denen allein coloniale Besitzergreifungen künftighin als effektive anzuerkennen sein werden. Eine specielle Frage in Betreff des Niger wurde dahin beantwortet, daß die Grundsätze des freien Handels und der freien Schiffahrt auch für diesen Strom, dessen Quellgebiet in französischem und dessen Mündungen in englischem Besitze stehen, völkerrechtlich festzustellen sind.

– Heute Nachmittag um zwei Uhr wird die westafrikanische Konferenz wieder zusammentreten. Ob der Reichskanzler den Vorsitz führen wird, ist noch unbestimmt; dem Vernehmen nach hat derselbe auf die Möglichkeit hingewiesen, daß sein Gesundheitszustand ihm nicht erlauben könnte, den Vorsitz zu führen, und Graf Hatzfeld ihn vertreten würde. Von Seiten Portugals werden erhebliche Anstrengungen gemacht, um die Anerkennung der von ihm erhobenen Ansprüche durchzusetzen. So ist eine in Lissabon gedruckte Broschüre *La question portugaise du Congo* an die Conferenzmitglieder zur Vertheilung gelangt. Der Verfasser betont, der Congo sei keineswegs ein herrenloses Gebiet, sondern gehöre kraft Entdeckung, Eroberung und Occupation, Unterwerfung der Häuptlinge, Kirchengerichtsbarkeit und religiöser Missionen der portugiesischen Krone. Während er in diesem Punkt weder Diskussion noch Transaktion zulassen will, räumt er in Betreff des zweiten ein, daß derselbe einer internationalen Regelung fähig sei.

20. November (Morgen)

Der gestrigen Sitzung der Congo-Conferenz präsidirte der Staatssecretair Graf Hatzfeld. Fürst Bismarck war nicht zugegen. Der zweite Bevollmächtigte der Vereinigten Staaten, Henry S. Sanford, ehemaliger amerikanischer Gesandter in Brüssel, welcher Sonnabend noch nicht anwesend war, nahm an der Sitzung theil. Dagegen war der russische Bevollmächtigte, Herr von Kapnist, durch ein plötzlich eingetretenes Unwohlsein verhindert. Die »Berl. Pol. Nachr.« theilen über den Verlauf der Sitzung Folgendes mit:

»Die Sitzung beschäftigte sich mit dem ersten Punkte des Programms. Man begegnete sich gegenseitig in der Auffassung, daß der Verkehr auf dem Congo für Handel und Schiffahrt frei zu erklären sei, und setzte sodann eine Kommission nieder, deren Aufgabe in der geographischen Abgrenzung des Begriffes: Congobassin und Congomündungen besteht. Wie wir hören, ist man entschlossen, die von Portugal angeregte Frage der Souveränität gar nicht zu discutiren. Erwähnenswerth ist, daß gegenüber der seitens Portugal geltend gemachten Anschauung, daß es seit Jahrhunderten am Congo Vorkämpfer der Civilisation gewesen sei, der amerikanische Bevollmächtigte constatiren konnte, daß Mr. Stanley auf seiner Reise am Congo kein Anzeichen entdecken konnte, welches auf portugiesische Kulturbestrebungen und Souveränitätsausübung hätte schließen lassen.«

Der »Kreuzz.« entnehmen wir weitere Ausführungen: »Verschiedene Blätter sprechen von der Anerkennung der Association africaine durch die auf der Conferenz vertretenen Mächte. In dieser Form kann die Meldung nicht als richtig angesehen werden. Zunächst haben die Vereinigten Staaten die Gesellschaft anerkannt, aber einem gleichen Schritte Frankreichs stehen Schwierigkeiten im Wege. Bekannt ist der Streit über den Stanley-Pool, an dessen beiden Ufern Frankreich Besitzrechte geltend macht. In letzter Zeit ist ein neuer Conflict entstanden. An der Loangoküste waren eine Woermann'sche und eine holländische Factorei von Negern angegriffen worden, und die von ersterer angerufene Association schlichtete den Streit. Da erschienen von einer nahen französischen Station Leute und brachten die beiden Agenten der Association nach der französischen Colonie Gabun unter dem Vorgeben, das fragliche Gebiet sei französischer Besitz. – Aus portugiesischen Quellen kommt die Meldung, daß Portugal das Princip des Freihandels auf dem Congo annehmen und dort sein sonstiges Colonialsystem nicht einführen wolle, und dem »Journal des Débats« zufolge wären das deutsche Reich und die Association africaine in vollständiger Übereinstimmung. Diese Angabe wird von berufener Seite bestätigt. In Conferenzberichten heißt es, Graf Herbert Bismarck habe eine Unterredung mit Stanley gehabt. Das ist nicht zutreffend, da der Genannte sich im Haag befindet. Thatsächlich hat Graf Wilhelm Bismarck eine Besprechung mit Stanley und Oberst Strauch gehabt.«

19. November (Morgen)
Stanley im deutschen Colonialverein

Die gestrige Sitzung des deutschen Colonialvereins im Architektenhause war, da das Erscheinen des berühmten Afrikareisenden Stanley zu erwarten stand, bereits vor der angekündigten Zeit derart überfüllt, daß der Zutritt kaum noch zu ermöglichen war. Außer dem amerikanischen Gast hatte auch unser nicht minder schätzenswerther Landsmann Herr Flegel mit seinen afrikanischen Stammesgenossen zur Seite des die Versammlung leitenden Herrn Hammacher Platz genommen. Der Vorsitzende eröffnete die Sitzung mit Begrüßungsworten, in denen er einen Vortrag des Herrn Flegel über den Niger und Benuë, sowie des Missionars Merensky über das Gebiet von Angra Pequena ankündigte und an Stanley die Bitte richtete, die Versammlung durch eine Ansprache zu erfreuen. Nachdem Herr Consul Annecke die deutsch gesprochenen Worte dem Gaste in's Englische übertragen hatte, erhob sich, mit stürmischem Beifall bewillkommnet, Mr. Stanley zu folgender Ansprache:

Herr Präsident! Meine Damen und Herrn! Es gewährt mir außerordentliche Genugthuung, nach all den Erfahrungen, die ich auf meinen Reisen in Afrika gemacht, so wohlwollend begrüßt zu werden! Es ist jetzt sieben Jahre her, daß ich mich im Herzen Afrikas in Njangwe befand, dem fernsten Orte, den Europäer vor mir erreicht hatten, 900 Meilen entfernt von der Ostküste, 930 von der Westküste.

Vorher hatte ich auf meiner Reise zur Auffindung Livingstone's Alles geschaut, was an großen Seen das Innere Afrikas bietet, den Nyanza, den Tanganyika und andere. Aber hier stand ich, das dunkle, unerforschte, riesenhaft ausgedehnte Wunderland vor mir, begierig es zu durchdringen! Doch die Eingeborenen, die ich aufforderte, mich zu begleiten, weigerten sich es zu thun. Meine bisherigen Reisegenossen hatten Angst mir zu folgen. Es sei so dunkel, so geheimnisvoll, sagten sie. Erst ein Versprechen an die Eingeborenen, ihnen 2000 Dollars zu zahlen, bewog sie, meinem den Strom hinabgleitenden Schiffe das Geleit zu geben, damit sie aufpaßten, daß mir keiner meiner Reisegesellen davonginge. So fuhren wir dann hinab den mächtigen Strom, eine ewige Nebelwolke vor uns, die ihn verhüllte gleich einem Vorhang, hoffend, daß wir uns siegreich hindurchkämpfen würden durch Finsternis und Gefahren, aber ungewiß, ob wir dem Abgrunde zutrieben oder dem Licht!

Aber als dann die Begleitmannschaft an dem vorausbestimmten Endpunkte ihres Weges Abschied von uns nahm, ein Lebewohl-Lied singend, als sie am Ufer standen, da ward uns bang um's Herz. Hätten Sie sie mit uns gehört die melodischen Töne, die von jenen Leuten dem im Tode geschiedenen Freund in das Grab nachgesungen werden, herüberklingend zu uns über die wallenden Gewässer, als wir fortglitten nach Norden, ins Land der Ungewißheit hinein, Sie wären nicht weniger wie wir ergriffen gewesen!

Wohl hatten wir eine kleine Portion Muth uns bewahrt, so viel Muth etwa wie der kleine Knabe, der mit Furcht im Herzen und Trotz auf der Lippe den Gegner herausfordert mit den Worten: »So wag's einmal!« (*I dare you, Sir!*) Aber hätte jemand uns fünf Mark, ja fünf Groschen in jenem Augenblicke geboten, um uns zur Rückkehr zu bestechen, wir Alle wären heimgekehrt, zufrieden einen Vorwand gefunden zu haben. Aber leider war Niemand da, der uns auch nur fünf Groschen geboten hätte, und so mußten wir denn vorwärts, vorwärts gen Norden, endlose, mühselige Tage lang, bis endlich der Strom sich wandte nach Westen zu, sich nähernd dem Ziele unserer Irrfahrt. Wir hatten sie überstanden, wir erreichten die Mündung des Congo, wir sahen das atlantische Meer!

Und was haben wir erreicht? Blicken Sie hin! (*Auf die Karte von Afrika weisend*) Ein Sechstel des Kontinents, das vor uns

127

gänzlich unbekannt war, unbekannt den Deutschen, unbekannt den Engländern, unbekannt sämmtlichen civilisirten Nationen der Erde, hatten wir erschlossen, ein Gebiet, das mich erinnerte in seiner Fruchtbarkeit und in seiner Schönheit an das südliche Frankreich. Da sagte ich mir: Es gilt, Mitgefühl, Interesse für diesen dunklen Continent zu wecken, und ich will es thun! (*Lebhaftes Bravo*)

Ich kam nach Italien müde und abgespannt mit gebleichtem Haar und doch ein junger Mann. Da trafen mich zwei Abgesandte des Königs von Belgien, die mich fragten, ob ich zurück wolle nach Afrika. »Ich zurück? Nein, gewiß nicht, ich nicht! Nicht um alle Schätze der Welt!« Aber, als ich dann ein tüchtiges Beefsteak gegessen und ein Glas Champagner getrunken und im Theater gewesen war und mich amüsirt hatte über eine Pantomime – als Lebensfreude zurückkehrte, als Lebenslust wieder meine Adern durchglühte, da sagte ich, als sie wiederkamen: Ich will's mir überlegen!
Und dann schrieb ich mein Buch *Durch den dunklen Continent*. Ich ging auf die Reise, um Sympathie zu wecken für Afrika. In 50 Städten habe ich Vorträge gehalten, auch nach Deutschland wäre ich gekommen, leider nur spricht man in Deutschland nicht englisch. Die englischen Kaufleute waren einverstanden mit meinen Plänen, aber sie sagten: Geld, Geld ist dazu nöthig! Was sie nicht wollten, hat der König von Belgien zu Stande gebracht. Er entsandte mich, um in Afrika den Weg zu bereiten für die Civilisation. Von 1879 bis 1884 habe ich dort gewirkt mit meinen Genossen. 43 Stationen auf einem Wege von 1100 englischen Meilen haben wir angelegt. Wären Sie eine Gesellschaft von Cook's Touristen, die den Congo suchen wollten und würden Sie mich als Ihren Cook engagiren, ich könnte Sie bequem den Weg führen durch Gegenden, die noch vor wenigen Jahren unbekannt waren!

Fragen Sie mich nun, was wir wollen, so sage ich: wir sind gewillt, einem Jeden die Hand zu bieten im freien Afrika, der dort an civilisatorischen Unternehmungen sich betheiligen will, einem Jeden, besonders aber den Deutschen! (*Lebhaftes Bravo*) Dort ist ein Land, das dem Ackerbau, dem Handel die günstigsten Chancen eröffnet. Wir wollen es bewohnen als eine Art freien Handelspark (*free commercial park*), in dem jeder für sein Wohl und für das der Gesamtheit arbeiten kann, ohne genöthigt zu sein, sich durch Zahlung von Bakschisch von geldgierigen Beamten die Erlaubnis dazu zu verschaffen. Wir brauchen Kaufleute aller Nationen. Was aber würden die sagen, wenn wir verlangten, daß ein Werthzoll von 60 pCt. am Thor erhoben würde. Sie würden sich weigern, zu kommen. Sie würden sagen: »Ihr habt uns nichts zu bieten, als Fieber, eine heiße Sonne; dort giebts nur schwarze, häßlich riechende Männer und Weiber. Wir kommen nur, wenn der Zutritt frei ist.« Und freien Zutritt will die internationale Association gewähren. Portugal aber will das nicht. »Ha, ha!« sagen die Portugiesen, »ihr habt nicht mit uns gerechnet. Wir gestehen, daß wir nichts für den Congo gethan haben, aber einer unserer Beamten hat vor 400 Jahren einmal die Mündung des Congo gesehen und deshalb gehört der ganze Fluß uns!« Soll das der Fall sein? Gewiß nicht! Denn dann wäre es aus mit den Plänen der Civilisirung des Congolandes.

Nun sagt man aber: das Klima Afrika's ist schlecht und ungesund. Ich will Ihnen sagen, wie es damit steht: Wir haben jetzt 160 junge weiße Burschen da, die weniger vom Klima zu leiden haben als im ersten Jahre der Colonisirung. Wer spirituose Getränke im Übermaß trinkt, der wird leberleidend, wer aber mäßig hin und wieder zum Dîner sein Glas Wein oder Bier trinkt – das ist unser Mann, der wird das Klima Afrikas ertragen. Ich selbst habe Ihnen heute Abend solch ein Gläschen Champagner geboten in meinen Worten und ich hoffe, daß es ebenso gütig aufgenommen wird, wie es freudig geboten wird!

Brausendes, immer wiederholtes Bravo folgte den lebhaften, Geist sprühenden Worten des Redners, der darin den Beweis oblegte, daß Lebensfreudigkeit ihn wieder völlig durchglüht. Stanley ist ein Mann von mittlerer Figur, mit energischen, gesund aussehenden Zügen, die weit voller sind als zu der Zeit, da er nach der Congoreise aus Afrika heimkehrte. Auch seine Haare erscheinen weniger grau als damals. Seine Redeweise, die an den Professorenton gewohnte deutsche Ohren fremd anmuthet, ist lebhaft, tonmalend, von drastischen Gestikulationen begleitet. Die Ansprache verrieth auch den natalen »twang« der Amerikaner. Im Ganzen hat seine Sprechweise etwas wunderbar Fesselndes, die begreiflich macht, daß er die Gemüther der Afrikaner durch seinen Charakter und sein Wort zu beherrschen verstand.

– Der belgische Conferenzbevollmächtigte, Baron de Lambermont, und Oberst Strauch, Präsident der Association internationale africaine, sind in getrennten Audienzen vom Kronprinzen empfangen worden. Mr. Tidsel, diplomatischer Agent und Abgesandter der Vereinigten Staaten zur Congo-Conferenz, ist aus Washington hier eingetroffen und hat in Schlössers Hotel Wohnung genommen.

2 1. November (Abend)
Daß Deutschland jetzt die Association internationale förmlich anerkannt hat, ist schon im Morgenblatte erwähnt. Die Anerkennung soll vom 8. d. Mts. datiren. Ihr vorausgegangen ist ein Vertrag, welcher die deutschen Interessen sichert. In dieser Beziehung erklärte Fürst Bismarck am 23. Juni in der Reichstagskommission zur Berathung der Dampfer-

Subventionsvorlage: »Die Errichtung neuer Freistaaten am Congo auf der Grundlage der internationalen afrikanischen Gesellschaft, die er nach ihrem Krystallisationspunkte die belgische nennen wolle, sei ein Unternehmen, das wir zu unterstützen gedächten, falls es gelinge, die deutschen Interessen durch einen Vertrag sicherzustellen, welcher uns dort volle Handels- und Verkchrsfreiheit gewähre.«

Was die Beschwerden und Ansprüche Portugals wegen des Küstengebiets am Congo anlangt, so können nach officiöser Behauptung diese als abgethan angesehen werden.

Sir Edward Malet verlas darauf eine Erklärung, deren wesentlicher Inhalt besagte, die britische Regierung stimme im Allgemeinen mit den deutschen Vorschlägen überein und unterstütze sie aufs Wärmste in Übereinstimmung mit der von England stets befolgten Freihandelspolitik; dazu gehöre auch die Handelsfreiheit im Congobecken. England könne aber die Handelsfragen nicht von den allgemeinen Kulturfragen trennen, die Eingeborenen würden mehr verlieren als gewinnen, wenn die Handelsfreiheit ohne alle Aufsicht zur Handelszügellosigkeit ausarte. Er müsse daran erinnern, daß die Eingeborenen bei dieser Conferenz gar nicht vertreten seien, obgleich für sie die Conferenzbeschlüsse von äußerster Wichtigkeit seien. Wolle die Conferenz die Handelsfreiheit auf andere afrikanische Flüsse ausdehnen, so wünsche er besondere Behandlung der einzelnen Flüsse. Der dritte Punkt des Programms, die Sicherung der Besitzergreifung, sei noch nicht ausreichend klargelegt, doch würde eine Feststellung derselben nach den allgemeinen Grundsätzen des Völkerrechts der Zustimmung Englands sicher sein.

Die Verhandlungen der afrikanischen Conferenz

Der zur Berathung einiger geographischer Festsetzungen gewählte Ausschuß, der außer Hrn. Stanley auch den Direktor der Association internationale africaine, Hrn. Strauch vernommen hat, soll gestern seine Aufgaben erledigt haben. Der Behauptung, daß die Association auch von Frankreich anerkannt sei, wird von der »Kreuzz.« widersprochen. Doch dürfte Frankreich bald nachfolgen; denn es steht im Begriffe, mit der Association zwei Conventionen abzuschließen über die Abgrenzung der streitigen Gebiete am Congo und Kwilu.

Aus der zweiten Sitzung des Ausschusses berichtet die »Köln. Z.«: Ganz besonderes Interesse erregte die Rede Stanleys. Er gelangte zu dem Schlusse, daß für das Gebiet, mit dem sich die Conferenz zu beschäftigen habe, eine Seelenzahl von etwa 49 Millionen in Frage komme. Stanley erwähnte zwei Nebenflüsse des Congo, die von Süden kommen und von denen der eine so lang sei, daß man einen vollen Monat fahren müsse, um an seine Quelle zu gelangen; die Quelle des andern liege nach den kindlichen Aussagen der Eingeborenen in unerreichbarer Ferne. Was unter dem Congobecken zu verstehen sei, brauche er nicht zu erörtern, das könne jeder Schüler mit der Karte Afrikas in der Hand so gut wie er. Es handle sich seines Erachtens nicht um eine geographische Feststellung, vielmehr müsse man sich auf den handelspolitischen Standpunkt stellen. Demgemäß müsse das ganze Mündungsgebiet des Flusses nördlich der eigentlichen Congomündung mit hinzugerechnet werden, das eine Strecke von 5000 Quadratmeilen betrage. Außerdem wäre die gesamte Ostküste nördlich vom Zambesi viele hundert Meilen hinauf ohne Ansiedler der Kulturstaaten; er habe dort keine Spur der Weißenherrschaft gefunden, er sei blos auf Eingeborene gestoßen, mit denen sich eine Einigung unschwer erzielen lasse. Nach seinem Dafürhalten wäre eine Eisenbahn, die mit Umgehung der Fälle des Congo von Boma nach Stanleypool führen würde, nicht übermäßig kostspielig und würde erhebliche Gewinne abwerfen. Der britische Beigeordnete, Anderson, schloß sich Stanleys Ausführungen an, während der portugiesische, Cordeiro, im Gegensatze dazu ausführte, das Küstengebiet des Congo genüge, um die Grundsätze der Handelsfreiheit zur Anwendung zu bringen.

– Der Kronprinz und die Kronprinzessin haben Donnerstag Abend Herrn Stanley in längerer Audienz empfangen.

28. November (Morgen)
Die afrikanische Conferenz trat gestern Nachmittag 2 Uhr zu einer Sitzung zusammen. In Bezug auf die Präcisirung des Begriffs *Congobecken* lautet der einstimmig gefasste Beschluß: »Das Congobecken wird begrenzt durch die Gebirgsrücken der anstoßenden Flußgebiete, nämlich des Niari, des Ogové, des Shari und des Nil im Norden; durch den Tanganyikasee im Osten, durch die Gebirgsrücken des Zambesi im Süden. Es umschließt demnach alle nach den Congo und seine Nebenflüsse entwässernden Länderstrekken, einschließlich des Tanganyikasees und seiner östlichen Zuflüsse. Die dem Regime der Handelsfreiheit unterworfene Küstenzone wird sich auf den atlantischen Ocean hinaus von Sette-Cama bis zur Logé-Mündung erstrecken. Die Südgrenze wird dem Laufe des Logé bis zur Quelle folgen und sich von da nach Osten wenden.«

In Betreff der dritten Frage hat die Kommission den Wunsch ausgesprochen, »daß das Regime der Handelsfreiheit bis zum indischen Ocean ausgedehnt werden möchte, vorbehaltlich Respectirung der in jener Gegend vorhandenen Souveränitätsrechte«. Ein vom niederländischen Bevollmächtigten eingereichter Vorschlag möchte den Begriff der Handelsfreiheit auch auf die Seen ausgedehnt wissen, desgleichen auf alle zukünftig zu errichtenden Kanäle, um die Schiffahrtsstraßen des Congobeckens miteinander zu verbinden.

30. November (Morgen)

Die Redaktionskommission der westafrikanischen Conferenz hat in der gestrigen 4 ½ stündigen Sitzung die ihr gestellte Aufgabe gelöst. Das von Deutschland der Conferenz unterbreitete *projet de déclaration* erhielt die von verschiedenen Bevollmächtigten gewünschten Abänderungen. Ebenso wurden die Beschlüsse der Kommission nach den Wünschen des Plenums formulirt. In Bezug auf die Definition des Begriffs Handelsfreiheit wurde festgestellt, daß nur solche Taxen erhoben werden dürfen, welche für die Bedürfnisse der Administration erforderlich sind; Taxen für auswärtige Waren sollen keinesfalls die für Produkte des Inlandes überschreiten. Mr. Stanley gab gestern der Kommission interessante Aufschlüsse über die religiösen Verhältnisse der Congoländer sowie über die Fortschritte der Kulturarbeit. Herr Stanley wird, der »Kreuzz.« zufolge, nächste Woche von hier abreisen, um in Schottland Vorträge über Centralafrika zu halten, gedenkt jedoch, zu den weiteren Berathungen der Conferenz wieder hier einzutreffen.

Das Colonialbankett des Centralvereins für Handelsgeographie

Mag Mr. Stanley auch einigermaßen abgehärtet sein gegen Ovationen – die üppige Fülle der Huldigungen muß ihm doch die Anerkennung abgewinnen, daß die Deutschen, speciell die Berliner, die Wagnisse und Erfolge eines muthigen Forschers würdigen. Nimmt man hinzu, daß sein Streben, den Congo für alle Welt, nicht nur für ein Partikularinteresse zu erschließen, durch die Initiative des Deutschen Reichs einer Erfüllung nahegebracht ist, so wird man überzeugt sein dürfen, daß sein Versprechen, im nächsten Frühjahr wiederzukommen, keinen bloßen Höflichkeitstribut bedeutet.

Die Reihe der »Stanley-Bankette« vervollständigte sich gestern durch das Colonialbankett des Centralvereins für Handelsgeographie; das Bankett fand im Englischen Hause statt und begann um etwa 8 ¼ Uhr. Der Saal des Festlokales war bis auf den letzten Winkel der Galerie gefüllt; eine große Zahl von Meldungen hatte, wie vorausgesehen, noch abgewiesen werden müssen; die Physiognomie des Publikums unterschied sich von derjenigen des Bankettes der geographischen und anthropologischen Gesellschaft dadurch, daß die Theilnahme von Damen nicht ausgeschlossen war; es schmückte in Folge dessen ein Blüthenflor von Angehörigen des schönen Geschlechtes die Tafeln. Als auffallende Eigenthümlichkeit wäre zu nennen das »ethnographische Spalier«, welches am Eingang des Saales passirt werden musste. Dasselbe bestand aus einer Anzahl von »Wilden« und »Halbbarbaren«, welche wenigstens im Costüme nach Möglichkeit »echt« gehalten waren. Ueber die Brüstung der Galerie schwangen sich neben prachtvollen Teppichen Raubthierfelle.

Unter den bemerkenswertheren Gästen seien genannt Robert Flegel mit seinen beiden Haussa, General Sandforth, der japanische Gesandte Aoki, der »Eisenbahnkönig« Henry Villardt, die Herren da Costa, d'Oliveira, Capt. van Hoven, Prof. Reuleaux und einige Freunde Stanleys.

Den Toast auf den Kaiser brachte Mr. Stanley aus mit den Worten: »Der Zuneigung und der Pflicht wegen, die Sie ihm schulden, fordere ich Sie auf, sich zu erheben und mit mir auf seine Gesundheit zu trinken.«

Gleich darauf erhob sich Dr. Jannasch, um das Wohl Stanley's auszubringen: »Kein Meer, kein Eis, keine Sandwüste hat verhindern können«, sagte der Redner, »daß die Thatkraft der Menschheit sich über alle Theile der Erde spannte. Die Sphinx, die den afrikanischen Continent hütete, ist in den Abgrund gestürzt worden, und den Gnadenstoß gab ihr Stanley. Betrachte man seine Unternehmungen genauer, so überkomme einen das Gefühl, als habe sich die Kraft und Leidenschaft von Tausenden in die Seele dieses Mannes ergossen, um das große Werk zu vollenden. Wie kein anderer vor ihm habe Stanley es verstanden, die Mächtigen der Erde in den Dienst seiner Idee zu zwingen. Sei Bismarck der intellectuelle Urheber der Congo-Conferenz, so sei Stanley ihr materieller Urheber, denn ohne ihn gäbe es keine Congofrage.« Und dann klangen die Gläser zusammen unter brausenden Hochrufen und den Klängen der amerikanischen Nationalhymne: »Heil Columbia!«

Der nächste Toast, ausgebracht von Herrn W. Schönlank, galt Flegel; in seiner humorvollen Rede betonte der Vortragende, es sei keine Kleinigkeit, in einer »Factorei« Jahre seines Lebens zu verbringen, wie es Flegel in Kamerun gethan. Gleichfalls den Kaufmann feierte der Trinkspruch, den Herr

V. W. Vogts dem »Eisenbahnkönig« Villard widmete. Es sei beachtenswerth, daß der Kaufmann dem Mann der Wissenschaft in fremden Erdtheilen den Weg bahne. Nachtigal, der große Forscher, sei im Innern Afrikas überall auf Spuren von Handelskarawanen gestoßen. In diesem Sinn lasse er denjenigen, der durch den Eisenbahnbau große, unbekannte Länder geöffnet habe, hochleben. Nachdem Direktor Gellert die humoristische Tischkarte erklärt hatte, richtete Stanley, welcher schon heute nach England abreist, Worte des Dankes an die Versammlung und empfahl sich, geleitet vom Vorsitzenden des Vereins. Die Banketttheilnehmer blieben noch längere Zeit bei den Tafelgenüssen vereinigt.

1. Dezember (Abend)

Um das südliche Ufer des Stanley-Pool hat sich neuerdings Streit erhoben. Derselbe ist folgendermaßen entstanden: Stanley traf bei seiner Reise 1879–80 auf dem nördlichen Ufer des Kongo auf einen Landstrich, den de Brazza Namens Frankreichs in Besitz genommen hatte. Stanley begab sich sofort auf das linke Ufer des Pools und schloß mit einer Anzahl dortiger Häuptlinge einen Vertrag, der folgenden Inhalt hat: Wir Unterzeichnete, Häuptlinge (Chefs) haben uns entschlossen, uns und unsere Erben unter das Patronat und die Protection des *Comité d'études du Haut-Congo* (d. i. der frühere Titel der Association internationale) zu stellen. Selbstverständlich haben sämmtliche Neger mit einem Kreuze gezeichnet. Savorgnan de Brazza hatte sich unterdes nach Europa begeben, und als er nach dem Congo zurückkehrte, war in dem Häuptlinge Makoko am Nordufer die Habsucht nach neuen Geschenken erwacht. Er trat mit der Behauptung auf, daß auch das Südufer ihm gehöre, und de Brazza hatte die Schwäche, sich dies zu eigen zu machen. Zunächst bekämpften die Negerhäuptlinge den Anspruch Makoko's mit allen Kräften; sie sagten, er darf nicht einmal nach dem südlichen Ufer herüberfahren, sonst schlagen wir ihn todt. Frankreich unterstützte den Standpunkt de Brazzas, zeigte sich aber zu Verhandlungen bereit und verlangte Compensation, obwohl es faktisch keine Rechte dort hat. Die verlangte Compensation war unannehmbar; Frankreich wollte nämlich für den Verzicht seiner angeblichen Ansprüche auf das Südufer den ganzen Kwilu haben. An diesem Flusse hat die Association africaine schon 12 Stationen angelegt, von denen Rudolfstadt die zweitbedeutendste in Westafrika mit 2000 Einwohnern ist. Auch befinden sich dort deutsche Factoreien, z. B. Woermann'sche, und außerdem hat der Kwilu das beste Klima Westafrikas, welches europäische Ansiedelungen möglich macht. Beharrt Frankreich auf seinem Standpunkte, würde das Werk der Conferenz dadurch in Frage gestellt.

Hamburger Blätter bringen genauere Mittheilungen über Stanley's Gutachten vor der Conferenz. Danach äußerte sich derselbe wie folgt:

Der Congo besitzt nicht wie andere Flüsse ein angeschwemmtes Delta; er ergießt sich in den Atlantischen Ocean in einem einzigen Strome, in einer Breite von sieben Miles. Was nun das commercielle Becken des Congo anbelangt, so bin ich der Ansicht, daß es eine bedeutendere Ausdehnung besitzt als das geographische. Bei Stanley Pool, 325 Miles vom Meere aus gerechnet, trifft man ganze Flotten von Handelscanoes an, welche die Nebenflüsse herabkommen und monatelang geduldig auf das Eintreffen der Karawanen von Loango, dem Kwiluflusse und anderen Küstenplätzen warten. Auf die Frage des Barons de Courcel nach den commerciellen Aussichten des Congobeckens, erklärte Herr Stanley, daß er seine Zuhörer bitten müsse, ihn im Geiste auf einer Reise den Congo aufwärts zu begleiten, auf einer Flußschiffahrt von 5000 Meilen. Da der Strom zwei Ufer habe, so sei diese Zahl zu verdoppeln, und es ergebe sich eine Ausdehnung von 10 000 Miles, bewohnt von Völkern, welche den Zwecken des friedlichen Handels geneigt seien. Stanley erklärte, während der letzten Jahre 9000 Miles gereist zu sein, seine einzige Waffe habe dabei aus einem Schirme bestanden! Was nun den Handel belange, so seien die Eingeborenen geborene Kaufleute. Leute, welche ihr Domicil verließen, um einen 500 Meilen entfernten Markt zu erreichen, verdienten alle Beachtung. Es lagerten gegenwärtig 3000 Elephantenzähne in Stanley Pool, die des Käufers harrten. Wenn es möglich wäre, gegen dieses werthvolle Product Afrikas Waaren einzutauschen, so würden die Eingeborenen mit dieser guten Nachricht in ihre Heimath eilen und die Bevölkerung zu einem lebhafteren Suchen nach Vorräthen von Elfenbein anfeuern. Dann würden die Eingeborenen auch die Nachricht ins Innere tragen, daß andere Producte wie Gummi-Elasticum, Kaffee, Muskatnüsse, Kupfer u. s. w. ebenfalls gekauft würden, und es würde diese Kunde für Tausende Menschen eine Anregung sein, deren Sinnen und Trachten auf Handel und ehrlichen Gewinn gerichtet sei.

Herr Kasson, Minister der Vereinigten Staaten, fragte Mr. Stanley, ob eine fernere Ausdehnung des commerciellen Territoriums nach Osten dem Handel vortheilhaft wäre, worauf Mr. Stanley erwiderte, er sei in den Jahren 1874–77 von Osten nach Westen quer durch Afrika gereist; und er erklärte feierlich, daß er auf einer Reise von 7600 Miles niemals eine Flagge oder irgendein Emblem oder Symbol, Flaggenstange etc. gesehen habe, welches angezeigt habe, daß daselbst eine civilisirte oder halb civilisirte Autorität vorhanden sei. Die einzige Macht, der er überall begegnete, war diejenige unabhängiger Häuptlinge, welche auf der östlichen Hälfte Tribut forderten und auf der westlichen Gewalt entgegensetzten. Zu Ujiji und Njangwe habe er eine Handelsgemeinschaft von Arabern angetroffen; diese aber waren von ihrem heimischen Staate Zanzibar abgeschnitten und mussten den Wagogo und anderen Eingeborenenstämmen Tribut zahlen für den Boden, über den die Karawanen passirten. Das Freihandelsterritorium (*free commercial territory*) erzeuge beinahe alle Produkte, deren Europa bedarf; seine Fruchtbarkeit werde von keiner tropischen Gegend übertroffen, und die Bevölkerung schätze er auf 90 Millionen. Es gäbe große unabhängige Königreiche und Republiken wie in Uganda und Ruanda, ebenes Weideland, Gold- und Silberfundorte, reiche Kupfer- und Eisenminen, werthvolle Wälder mit bestem Bauholz, unerschöpfliche Mengen von Gummi, kostbare Harze und Gewürze, Pfeffer und Kaffee, riesige Viehherden und Menschen, welche zu den Annehmlichkeiten des Lebens hingeführt werden könnten, vorausgesetzt, daß man sie vor Sklavenhändlern beschütze.

2. Dezember (Morgen)
Der gestern mitgetheilte Text der Vereinbarungen über die Handels- und Schiffahrtsfreiheit auf dem Congo und Niger hat in der Form Abänderungen erlitten. In Anbetracht der Wichtigkeit der Sache bringen wir Auszüge aus der Erklärung, welche die Mitglieder der afrikanischen Conferenz angenommen haben:

I. Der Handel aller Nationen genießt vollständige Freiheit in allen Gebieten, welche das Becken des Congo und seiner Mündungen ausmachen.

II. Alle Flaggen ohne Unterschied der Nationalität haben freien Zugang zu allen Gewässern des Congo und seiner Zuflüsse, einschließlich der Seen, zu allen an den Ufern gelegenen Häfen sowie zu allen Kanälen, welche künftighin dort angelegt werden könnten.

III. Die Waaren, welche in diese Länder importiert werden, haben keine anderen Taxen zu entrichten denn solche, die erhoben werden als billige Compensation für Ausgaben, welche dem Handel nützen.

IV. Alle in jene Länder importirten Waren sind von Eingangs- und Durchgangszöllen befreit.

V. Keine Souveränitätsrechte ausübende Macht darf daselbst in Handelssachen Monopole oder Privilegien einräumen.

VI. Alle Mächte verpflichten sich, über die Erhaltung der eingeborenen Völkerschaften und über die Verbesserung ihrer moralischen und materiellen Existenzbedingungen zu wachen und zur Unterdrückung der Sklaverei, namentlich des Negerhandels beizutragen. Die christlichen Missionare, die Gelehrten, die Forscher, ihre Habe und ihre Sammlungen bilden gleichfalls den Gegenstand besonderen Schutzes. Die freie und öffentliche Übung aller Gottesdienste, das Recht, Kirchen, Tempel und Kapellen zu bauen und religiöse Missionen zu organisiren, unterliegen keiner Beschränkung oder Fessel.

Der Bevollmächtigte Italiens beantragte, daß in ganz Afrika Forschungsreisende, Sammler und Missionare besondere Protektion genießen sollten. Der türkische Delegirte widersprach diesem Vorschlag. In Betreff der Schiffahrtsakte verwies der britische Bevollmächtigte auf seine bezüglich des Niger abgegebene Erklärung und stellte das Ersuchen, Congo und Niger getrennt zu behandeln.

Die Voraussetzung des Erfolges
in Westafrika

Während des hiesigen Aufenthaltes Mr. Stanley's ist berichtet worden, daß derselbe unter den deutschen Erwerbungen an der afrikanischen Küste den größten Werth auf Kamerun lege. Aber der berühmte Afrikakenner soll hinzugefügt haben, daß man nur dann die erwarteten Vortheile aus dem Besitz ziehen würde, wenn man sich zum Bau einer Eisenbahn von der Küste in die Berge entschließen würde.

Das entspricht voll und ganz dem, was Mr. Stanley bei der Leitung seiner eigenen Unternehmungen für gut befindet. Der von Herrn de Lavelleye vorgeschlagene Bau einer Eisenbahn von den Jellala-Fällen nach Stanley-Pool spiegelt die Pläne der Internationalen Afrikanischen Gesellschaft wider. Der König der Belgier soll bereits neunzehn Millionen Franken in das Unternehmen gesteckt haben, und man darf nicht vergessen, dass die Eisenbahn nach Stanley-Pool sich in kurzer Zeit zu einer rentablen Geldanleihe herausbilden wird.

Man braucht sich diesen Umstand nur vor Augen zu halten, um zu erkennen, daß die Unternehmungen in Afrika von Anfang an in großem Stil behandelt werden müssen. Eisen und Dampf, die materiellen Hebel der Civilisation, müssen schnell in Anwendung gebracht werden. Daraus ergiebt sich, daß die Hoffnungen auf die Verwerthung des afrikanischen Continents nur in Erfüllung gehen, wenn das Kapital Veranlassung hat, sich für Afrika zu interessiren, nicht durch Theilnahme an Sitzungen der Colonialvereine, sondern in der Betheiligung an praktischen Unternehmungen.

Wir begegnen auch hier dem Sprichwort: »Aller Anfang ist schwer.« Wenn aber der Anfang in gehöriger Weise gemacht wird, braucht man am Resultate nicht zu zweifeln. Der heutige Verkehr Deutschlands mit Westafrika ist schon bedeutend genug. Das statistische Material darüber ist allerdings sehr knapp, und wir vermögen den Wunsch nicht zu unterdrücken, daß das »Westafrikanische Syndikat« in Hamburg (Herr Woermann hat die Gelegenheit dazu im Reichstag leider nicht genutzt) die Lücken der Statistik vervollständigen möge. Es liegt im Interesse der Hamburger Kaufleute, wenn bekannt wird, welche Artikel sich für den afrikanischen Markt eignen und welche Artikel von dort bezogen werden.

Hamburg – Afrika am Atlantischen Meere

Einfuhr: Kaffee; roher Zucker; Cocosnüsse; Genever; Rotholz; Gummi Elasticum; trockene und gesalzene Rindhäute; Elephantenzähne; Palmöl; Sesamsaat; Ebenholz; Erdnüsse. Werth der Einfuhr 1883: 9046610 Mk.

Ausfuhr: Raffinade-Zucker; Tabak; Reis; Wein; Rum; Sprit; Genever; anderer Branntwein; Bier und Malzextrakt; Schiffsbrod; getrocknete Fische; gesalzenes Fleisch; Koch- und Steinsalz; Bauholz; Cement; Kalk; Mauersteine; Steinkohlen; Färbewaaren; Eisen in Stangen und Platten; Eisenbleche; Eisendraht; Theer; Baumwollwaaren; Säcke; Holzwaaren; Glaswaaren; Glasperlen; Thonwaaren; Steinzeug; Gewehre; Schießpulver; Seife; Zündhölzer. Umfang der Ausfuhr 1883: 100 Kg. br. 412774 Mk.

143

Bremen – Afrika's Westküste

Einfuhr: Hülsenfrüchte, Erbsen, Linsen; Gummi; Elfenbein; Felle, rohes Pelzwerk; Ziegenhaare, Schafwolle; Palmöl, Ölnüsse; Silber, gemünztes. Werth 1883: 348 840 Mk.

Ausfuhr: Bier, Fleisch, Conserven, Mehl, Reis; Spirituosen, Cognac, Rum; Tabak und Cigarren; Thee, Wein, Zucker; Baumaterialien, Cement, Kalk, Eisen, Stabholz; Öle, Petroleum; Baumwollwaaren, Leinenwaaren, Wollwaaren, Eisenwaaren, Holzwaaren, Geräth, Mobilien, Maschinen, Galanterie- und Kurzwaaren, Bücher und Drucksachen, Papier. Werth 1883: 258 074 Mk.

Berechnet man, daß der Handelsverkehr mit Westafrika sich in den ersten Stadien befindet, so wird man zugeben müssen, daß die mitgetheilten Ziffern recht versprechend sind.

3. Dezember (Abend)

Über die vorgestrige Sitzung berichtet die »Köln. Ztg.« wie folgt:

Über den zweiten Punkt des Ausschußberichtes, Beantwortung der Frage, welche Gebietstheile im Interesse des Handels zu dem Congogebiete hinzuzurechnen seien, entspann sich eine längere Debatte zwischen Baron Courcel und Sir Edward Malet. Baron Courcel erklärte, daß Frankreich bei der Absteckung der Nordgrenze nicht über Massabi hinausgehen möchte. Sir Edward Malet wollte die Grenzlinie nördlicher gezogen haben. Baron Courcel fügte hinzu, daß er nicht wisse, ob seine Regierung auf dem Gebiet nördlich von Sette-Cama von ihren Verwaltungsrechten irgend etwas aufgeben könne.

Bei der Berathung über den sechsten Paragraphen der deutschen Vorlage: Unterdrückung des Sklavenhandels, Unterstützung der Missionare und Forscher, kommt Graf de Launay auf seinen schon mitgetheilten Antrag zurück. Graf Hatzfeld meinte, es würde genügen, wenn der Wunsch des italienischen Bevollmächtigten den Regierungen mitgetheilt würde. Aus Gründen der Sittlichkeit und Menschlichkeit hatte Graf de Launay eine besondere Abstimmung über das Verbot der Einfuhr von geistigen Getränken und Schießpulver gewünscht, und aus denselben Gründen wünscht de Serva die Einfuhr von Peitschen, Halseisen, tragbaren Schandpfählen (sogenannte spanische Kragen) und anderer Marterwerkzeuge ausgeschlossen zu sehen. Der Vorsitzende meint, daß die Verzeichnung dieser Wünsche im Protokoll den Absichten der Vertreter Italiens und Portugals genügen werde.

Das Fest für die Congo-Conferenz in der Börse

Die Ältesten der Kaufmannschaft mochten nicht zurückbleiben hinter den Botschaftern, Generalconsuln, Gesellschaften etc., welche den Deputirten zur Congo-Conferenz die freudig-stolze Genugthuung, sie in Berlin tagen zu sehen, durch Feste, Dîners und Soupers auszudrücken bestrebt sind. Für gestern Abend hatten sie dieselben eingeladen, im neuen Bibliothek- und Journalsaal der Börse zu dîniren. Um 6 ¼ Uhr hatte sich die 92 Theilnehmer zählende Tischgesellschaft im Vorsaal versammelt; die Ältesten machten die Honneurs. Wenige Minuten später begab sich die Gesellschaft zur Tafel. Eine Tafel von wahrhaft phantastischer Länge! Am Ostende sitzend, erschien das Westende in einen Lichtnebel gehüllt, und die dort sitzenden Persönlichkeiten zu winziger Kleinheit geschrumpft. Der Saal, in welchem die in prächtigem Blumenschmuck prangende Tafel aufgestellt war, liegt im ersten Geschoß an der gegen Süden gerichteten Seite; Holzpfeiler mit korinthischen Capitellen sondern den hundert Fuß langen Raum der Breite nach in zwei Hälften. An der Fensterfront in der Mitte war der Platz des Präsidenten des Ältesten-Collegiums Herrn Geh. Commerzienrath Mendelssohn, zu seiner Linken der Botschafter Oesterreich-Ungarns, Graf Szechenyi, zur Rechten der Italiens, Graf de Launay. An Ersteren reihten sich Commerzienrath Herz, Said Pascha, Baron von Bildt, Geh. Rath Kusserow, zur Rechten des italienischen Botschafters Baron de Courcel, Sir Malet, Dr. Kuhnheim, Ritter Negri etc.

Das Menü war einer solchen Gesellschaft würdig und mag zum Beweise hier folgen: *Potage ottoman*; *hors d'œuvre érémitage russe*; *truites de rivière au bleu*; *turbots d'Ostende à la Mornay*; *selle de marcassin à la Cumberland*; *bœuf fumé de Hambourg à la Chantilly*; *timbale de volaille à la Dauphin*; *côtelettes d'agneau à la Savarin*; *faisans*; *bécasses*; *salade*; *pointes d'asperges*; *haricots verts*; *artichauts*; *parfait aux bananes et aux pistaches glacé*; *glaces à la bordelaise*; *dessert*.

Daß von den Weinen das Gleiche gilt, brauche ich nicht zu versichern. Der Raum empfing sein Licht von den Kerzen der Candelaber und von Edison'schen Glühlicht-Sonnenbrennern an der Decke. Dank der hitzelosen Beleuchtung und vorzüglichen Ventilation stieg die Temperatur während der ganzen Sitzung nicht um mehr als einen Grad.

Geh. Rath Mendelssohn erhob sich nach der Suppe, um der Versammlung den Willkommensgruß der Kaufmannschaft darzubringen sowie des erhabenen Herrschers zu gedenken, unter dessen Ägide die Vertreter der Culturnationen tagten, und auf das Wohl der Souveraine zu trinken – auf das der Republiken nicht? Den zweiten Toast brachte Geh. Rath Dietrich in schönstem Französisch auf die Congo-Conferenz aus. Er tränke *à la santé des membres de la conférence africaine.* Graf de Launay nahm in deren Namen seine Revanche und toastete in bestem Deutsch auf die Berliner Kaufmannschaft. Nur ein kurzes Schlußwort ließ Geh. Rath C.-R. Herz vernehmen. Er wünschte der Gesellschaft »Gesegnete Mahlzeit«.

Man erhob sich, um den Kaffee im Vorsaal und auf den Galerien des großen Börsensaals zu nehmen. Das Erdgeschoß desselben bot den überraschendsten Anblick. Zu den Klängen des Concerts, welches die Liebig'sche Kapelle ausführte, wogte dort eine dicht gedrängte Menge von Herren und Damen, in Mäntel, Pelze und Paletots gehüllt, welche gekommen waren, die Gäste aus der Froschperspektive anzuschauen. Ob das ein Genuß war, wage ich kaum zu entscheiden. Beim Anblick der ihren Kaffee und Benedictiner, Fine Champagne und Münchner Bier schlürfenden Herren mag Mancher und Manche die Empfindung gehabt haben: »Wie hoch steht er über uns! Das war doch früher nicht!«

Für die Gäste war der Eindruck des grandiosen Saales und der zu ihnen aufschauenden Menge höchst bedeutend. Wie lange sie sich ihrer Betrachtung erfreut haben, kann ich nicht sagen, da ich mich losreißen mußte, um vor Redactionsschluß dies Referat zu schreiben. L. P.

– Die vorgestrige Soirée bei dem Kronprinzen und der Kronprinzessin bot nach einem Bericht der »N. Preuß. Ztg.« ein glänzendes Bild. Hofmarschall Graf Radolinsky empfing die geladenen Gäste. Die Damen der zum Congo-Congreß delegirten Herren erregten besondere Aufmerksamkeit; so Lady Elphinstone, Miss Meade und Lady Boston. Die Diplomaten und Delegirten der Conferenz waren vollzählig erschienen, als hiesige Vertreter Graf v. Hatzfeld, Unterstaatssecretair Dr. Busch und Geh. Legationsrath v. Kusserow. Unter den Reichstagsabgeordneten befand sich Herr Woermann. Von Künstlern bemerkte man Adolf Menzel, von wissenschaftlichen Nobilitäten Prof. von Helmholtz, Prof. Du Bois-Reymond und den Rector der Universiät Prof. Dernburg. In dem Kreise ihrer Gäste erschienen um 9 Uhr der Kronprinz und die Frau Kronprinzessin und hielten Cercle. Der Kronprinz trug Infanterie-Uniform, die Kronprinzessin hatte eine fliederfarbene Robe mit weißem Damast gewählt. In heiterer, ungezwungener Weise verkehrten die hohen Herrschaften mit ihren Gästen; der Zwang der Etiquette war gehoben. Frl. Janota ließ sich auf dem Klavier hören, eine junge Engländerin trug Lieder vor. Beide ernteten viel Beifall. Um zehn Uhr begab sich die Gesellschaft zu den reich besetzten Buffets. Um 11½ Uhr entließen der Kronprinz und die Kronprinzessin ihre Gäste.

10. Dezember (Abend)

In der gestrigen Sitzung der Congo-Conferenz wurde in der Frage der Freiheit der Schiffahrt auf dem Congo und Niger Übereinstimmung erzielt. Eine internationale Kontrolle soll nur für den Congo eintreten; für den Niger übernehmen England für den untern Lauf, Frankreich für den obern Lauf die Verpflichtung der Schiffahrtsfreiheit. Der »Nat. Ztg.« zufolge hatte die Kommission über einen Antrag Englands zu berathen, den Transit von Branntwein auf dem Niger zu untersagen. Deutschland und andere Mächte haben gegen diesen Antrag Einwendungen gemacht. – Der »Köln. Ztg.« meldet man von hier: »An der westafrikanischen Küste soll eine Reihe von portugiesischen Kriegsschiffen aufgefahren sein wegen der Vorbereitungen zu schleuniger Besitzergreifung auf Grund bevorstehender Conferenzbeschlüsse.«

– Die russischen Nihilisten machen wieder von sich reden.
Ließen die schon gemeldeten Verhaftungen darauf schlie
ßen, daß sie sich wieder zu regen beginnen, so scheinen sie
jetzt aus ihrer lange beobachteten Zurückhaltung herauzutreten. Aus Petersburg ist die telegraphische Meldung
eingetroffen, daß das nihilistische Exekutivcomité eine Proklamation erlassen habe, welche den Minister des Innern,
Grafen Tolstoi, zum Tode verurteilt.

15. Dezember (Abend)
Nachdem die *ad hoc* niedergesetzte Kommission der Afrikanischen Conferenz den Entwurf einer Congo- und Nigerschiffahrtsakte durchberathen hat, ist der von Baron Lambermont ausgearbeitete, an die Conferenz zu erstattende
Bericht zur Verlesung gekommen. Die »Köln. Z.« meldet,
daß der Antrag Amerikas wegen Neutralisation des Handelsgebietes vertagt ist. Über die Begründung des Antrags
berichtet das rheinische Blatt:

»Die Vereinigten Staaten halten eine Erklärung für angezeigt, welche das friedliche Werk der Humanität und Civilisation krönen würde. Diese Erklärung geht alle diejenigen von der weißen Rasse an, die in Centralafrika wohnen
werden, betrifft die Sicherheit ihrer Personen und ihres Eigenthums und bezweckt, das fragliche Gebiet von den traurigen Folgen fremder Kriege zu befreien. In Amerika, wo
die Einwanderung zuerst friedlich und frei gewesen, hätten sich bald fremde Regierungen festgesetzt. Dann brachen
Kriege in Europa aus, und die Kriegsschauplätze dehnten
sich nach Amerika aus. In der Hitze des Kampfes wurden
Verbündete bei eingeborenen Stämmen gesucht und in die-

sen Neigungen der Gewalt und Plünderung erweckt. Entsetzliche Grausamkeiten wurden begangen, die mit ergreifenden Worten geschildert werden. Handel und Colonien werden nicht gesichert sein, wenn fremde Kriegsfahnen in einem Lande zugelassen werden, das von nach Plünderung gierigen Barbaren strotzt. Feindseligkeiten nach Afrika zu verlegen, würde durch nichts gerechtfertigt sein und die Interessen aller Neutralen in die allgemeine Zerstörung verwickeln.

Die internationale Congogesellschaft zu Brüssel hat dem Vernehmen nach wiederum vier Deutsche engagirt; damit erhöht sich die Zahl der im Dienste der Gesellschaft befindlichen Deutschen in West- und Centralafrika auf zwanzig.

23. Dezember (Abend)
Angesichts der Weihnachtsfeiertage hat sich die »Westafrikanische Conferenz« bis zum 5. Januar vertagt. Zwar hat sie seit Mitte November den Haupttheil ihrer Aufgaben vollendet, doch hat sie noch zwei Fragen bei Wiederaufnahme der Berathungen zu erledigen: die von den Vereinigten Staaten vorgeschlagene Neutralisierung des Congogebietes und die Festsetzung der Bedingungen, unter denen künftighin afrikanisches Gebiet erworben werden darf. Wie aus französischen Quellen verlautet, ist über die Formalitäten dieser Frage zwischen Deutschland und Frankreich eine Vereinbarung erzielt worden. Bisher bestand die Befürchtung, daß die Conferenz sich damit lange quälen und zu Abmachungen gelangen könnte, die keinen praktischen Werth hätten. Haben sich aber Deutschland und Frankreich über gewisse Punkte verständigt, wird die Lösung dieser Schwierigkeiten erleichtert und die Gefahr einer Verflachung dieser Frage verringert sich.

24. Dezember (Abend)

Wenn die westafrikanische Conferenz sich auf vierzehn Tage vertagt hat, so geschah dies, um Frankreich Zeit zu lassen, sich mit der Brüsseler Congo-Gesellschaft über den Stanley-Pool zu verständigen. Der Ursprung des Streits ist zurückzuführen auf den Wettkampf zwischen de Brazza und Stanley um die Öffnung Innerafrikas. De Brazza gelangte längs des Ogoweflusses ins Congogebiet; seiner Ansicht nach war zwischen dem Alima und dem Ogowe eine Wasserstraße herzustellen, durch welche man ins Congobecken hätte vordringen können. De Brazza hatte sich jedoch verrechnet, denn es stellte sich heraus, daß zwischen dem Ogowe und dem Alima ein Gebirgszug liegt, der die Herstellung einer Verbindung ausschließt. Stanley war glücklicher; er hatte nur den Congo im Auge und erkannte bestimmt, daß eine Verbindung des Landesinnern mit dem Ocean nur auf diesem Strom herzustellen sei. Savorgnan de Brazza gab sich damit nicht zufrieden und erklärte mit Hilfe des leicht zu gewinnenden Makoko auch das Südufer für französisches Eigenthum. Dadurch würde der zukünftige Freistaat von Centralafrika vom Meere getrennt und der Entwickelung des Congostaates vor der Geburt der Lebensfaden abgeschnitten.

VI. UNTER GEIERN

*»Suffering is not increased by numbers; one body
can contain all the suffering the world can feel.«*

Graham Greene

1 NITTI HARBOUR stand auf einem Schild über der
Landungsbrücke, das zersiebt war von Einschüssen,
als hätten die RUF-Rebellen es vor ihrem Abzug als Zielscheibe benutzt. Ausgebrannte Öltanks, zerbeulte Bü-
rocontainer, geborstene Leitungen, rostendes Rohrge-
stänge und verkohlte Autowracks, von Schlingpflanzen
überwuchert. Die Erde knöcheltief getränkt mit Öl, das
in schillernden Schlieren auf dem Wasser treibt und die
Luftwurzeln der Mangroven mit Schlamm verklebt. Niemand weiß mehr, auf wessen Befehl die Raffinerie gesprengt und 4000 Tonnen Diesel in den Fluss geleitet
worden sind – waren es die vorrückenden Rebellen oder
die auf dem Rückzug befindliche Armee? Sicher ist nur,
dass die Ölpest das Delta des Sherbro River, früher ein
Bioreservat für Flusspferde und Flamingos, in ein ökologi-
sches Katastrophengebiet verwandelt hat – ortsansässi-
ge Fischer haben nur noch Teerklumpen, tote Fische und
verendete Seevögel im Netz.

Früh am Morgen war ich im Hafen von Freetown, der
Hauptstadt Sierra Leones, an Bord der Fähre gegangen,
deren senegalesischer Kapitän, auf einen Friseurstuhl gebettet, in der Kajüte seinen Rausch ausschlief. Drei Stunden später lief das von einem Schiffsjungen gesteuerte

Boot unter bleiernem Himmel in die Mündung des Sherbro River ein, wo wir auf die *Broad Arrow* umstiegen, eine
von der Sierra Rutile Company gecharterte Motoryacht.
Wir: Das waren Karen Moore von der Hilfsorganisation
CARE und ihre südafrikanische Mitarbeiterin, die ich auf
einer Inspektionsreise in die von Rebellen infiltrierte Süd-
provinz begleitete.

RUF – *Revolutionary United Front* – hieß die Rebellen-
bewegung, über deren Ursprünge und Ziele man nicht
viel mehr wusste, als dass ihr Führer, Foday Sankoh,
ein frommer Moslem war, der dreimal am Tag betete –
aber auch das war nicht sicher. Die *Broad Arrow* war
ein Luxusliner im Vergleich zu der nach Dieselöl und Er-
brochenem stinkenden Fähre, deren Name mir entfallen
ist. Sascha, ein aus Split stammender Steward, servierte
eisgekühltes Bier, doch Karen und Wendy – so hieß die
übergewichtige Südafrikanerin – tranken lieber lauwar-
mes Seven Up, weil sie sich von der Sierra Rutile Company nicht unter Alkohol setzen lassen wollten. Während-
dessen suchte der Kapitän, ein blondbärtiger Hüne, mit
seinem Feldstecher den Uferwald nach Rebellen ab, die,
im Mangrovendickicht versteckt, vorbeifahrende Schiffe
unter Beschuss nahmen.
Beladen mit Plastiktüten, die Lebensmittel und Medikamente enthielten, balancierten wir über einen schwankenden Bootssteg an Land und stiegen in einen Toyota
Pick-up-Truck, dessen Chauffeur den Wagen in hals-
brecherischem Tempo über die kurvenreiche, holprige
Straße steuerte, während der Bordschütze, ein Angolaner
namens Ricardo, den links und rechts der Piste wachsen-
den Sekundärwald ins Visier nahm – nicht um uns Angst
zu machen, wie ich mutmaßte, sondern um Angriffen der
RUF zuvorzukommen.

»Das Problem sind nicht im Busch versteckte Rebellen«, sagte ein Offizier in gefleckter Tarnuniform, der uns am Rand eines leeren Schwimmbassins erwartete, neben dem schweißglänzende Muskelmänner an Kraftmaschinen trainierten. »Seit wir die RUF aus ihren Stellungen vertreiben konnten, haben die Rebellen einen Mordsrespekt vor uns. Das Problem sind Tropenkrankheiten wie Schwarzwasserfieber und Malaria. Die Erreger sind gegen die Prophylaxe immun.« Und er zerdrückte eine fliegende Ameise, die sich in seinem Hemdkragen verfangen hatte.

»Nennen Sie mich Nick – mein richtiger Name tut nichts zur Sache. Ich war Oberst in der südafrikanischen Armee und habe mit den *Special Forces* in Cuito Cuanavale gegen die Kubaner gekämpft. Aber das ist lange her. Seit meinem Ausscheiden aus dem aktiven Dienst bin ich bei *Executive Outcome* unter Kontrakt. Ich weiß, wir haben im Ausland einen schlechten Ruf. Man hält uns für reaktionäre Rassisten, aber wie Sie sehen, sind wir eine gemischtrassige Truppe. Wir werden nur aktiv, wenn uns eine demokratisch gewählte Regierung zu Hilfe ruft, und legen größten Wert auf gute Zusammenarbeit mit der Zivilbevölkerung.«

Der Oberst deutete zur Wandtafel, auf der die Richtlinien für seinen Einsatz verzeichnet waren, von vertrauensbildenden Maßnahmen bis zur Hilfe beim wirtschaftlichen Wiederaufbau der Region.

»Vor dem Bürgerkrieg war das hier ein Paradies«, fuhr er fort, während er uns zur Terrasse geleitete, vorbei an einem Holzkohlengrill, auf dem ein schwarzer Koch Hühnerkeulen briet, »eine Luxusherberge im Busch mit

Schwimmbad, Golf- und Tennisplatz. Dann kamen die Rebellen und schlugen alles kurz und klein. Nur die Computerzentrale entging ihrer Zerstörungswut. Was die RUF nicht mitgehen ließ, haben marodierende Soldaten fortgeschleppt. Bergbau in Afrika ist ein schwieriges Geschäft, und keine Versicherung kommt für die Schäden auf.«

Wir nehmen an der Momimbi Hills-Bar Platz, unter einem Schild mit der Aufschrift: NO SHIRTS NO SHOES NO SERVICE! Über der Theke hängt ein Kalender mit Fotos von Pin-up-Girls, daneben ein Fischernetz und eine von den Rebellen erbeutete Kalaschnikow. Wir essen Huhn mit Reis und trinken südafrikanischen Rotwein, der per Hubschrauber von einer vor der Küste gelegenen Ölplattform eingeflogen wird.

2 Nach dem Essen fahren wir nach Nyandehun, einem Fischerdorf, dessen Bewohner, Angehörige des Mende-Volks, vor den Rebellen in den Busch geflohen sind. Der mit Kisten und Säcken beladene Pick-up-Truck wird von einem Jeep eskortiert, dessen Beifahrer, ein Rambo mit T-Shirt, seine MP weithin sichtbar aus dem Wagenfenster streckt. Links und rechts der Piste eine rote Wüste mit giftgrünen Wasserlachen, über der anstelle von Fischreihern Geier kreisen als Folge des Raubbaus, der den tropischen Regenwald in eine Abraumhalde verwandelt hat. Das Gebiet soll künstlich aufgeforstet werden, und als Proteinquelle für die hungernde Bevölkerung hat die Rutile Company Tilapia-Barsche in den Tümpeln ausgesetzt.

Am Ufer einer verschlammten Lagune kommt Nyandehun in Sicht, eine Ansammlung windschiefer Hütten, deren

Lehmwände von Brandspuren geschwärzt und deren Palmstrohdächer eingestürzt sind. Nicht nur die Hausmauern, auch die Baumrinde ist von Einschüssen gesprenkelt, aber Schrapnells, die Bäume leicht verkraften, können für Menschen tödlich sein. Der Lateritboden ist übersät mit verschmorten Tausendfüßlern, deren Chitinpanzer bei jedem Schritt unter den Schuhsohlen knacken, und in einer von Unkraut überwucherten Ananasplantage stoßen wir auf ein Massengrab, aus dem Übelkeit erregender Gestank steigt; hier wurden die Opfer der Kämpfe verscharrt. Nur zögerlich kehren die Bewohner in das zerstörte Dorf zurück, aber bevor die mitgebrachten Hilfsgüter zur Verteilung kommen, müssen sie stundenlang Schlange stehen und sich mit Namen und Fingerabdruck registrieren lassen: eine umständliche Prozedur, da die Vertriebenen Fragen nach Geburtsdatum, Wohnort und Beruf nicht verstehen und nur mit Hilfe eines Dolmetschers beantworten können. Trotzdem warten sie geduldig vor der Absperrung, hinter der Karen und Wendy, unterstützt von örtlichen Mitarbeitern, die Flüchtlinge in Listen eintragen, und nehmen an der Laderampe des Lastwagens die für Großfamilien gedachten Hilfspakete in Empfang – Decken und Kochtöpfe, Buschmesser, Hacken und Schaufeln, Säcke mit Reispflanzen, Dosen mit Sojaöl, Trockenmilch und Zucker für Invaliden und Kriegswaisen, die im humanitären Jargon als »besonders verwundbar« gelten.

JÄGERMEISTER – EUROPE'S MOST POPULAR LIQUOR steht auf dem T-Shirt des Bürgermeisters, der vor dem Rebellenangriff als Wachmann bei der Rutile Company angestellt war und jetzt die Selbstverteidigung des Dorfes organisiert. Sein Name ist Alfred Bangali, er hat zwölf Kinder, von denen vier ums Leben gekommen sind, und ist 43 Jahre alt. »Nyandehun Village, Imperi Chiefdom, Bonthe District, Mende people«, mit diesen Worten stellt er uns seine Krieger vor, mit Buschmessern, Bajonetten und Speeren bewaffnete Männer, deren nackte Oberkörper mit weißer Farbe bemalt und mit Fetischen aus Tierknochen, Kaurimuscheln und rotem Bast umwickelt sind, die sie unverwundbar machen sollen; nur einer von ihnen schwenkt eine Kalaschnikow und trägt, zur Abschreckung des Feindes, Patronen im Mund.

Die in Jagd- und Kriegszauber initiierten Kamajors, so heißen die Mitglieder des Männerbundes, sehen aus wie Eingeborene aus einem Tarzan-Film, aber das Spiel ist ernst, sie sind nassgeschwitzt vom Laufen und zerren einen wie ein Kalb bockenden Gefangenen hinter sich her, angeblich ein Spion der Rebellenarmee, den sie in einem Maisfeld überrumpelt haben. Die Augen des Jungen sind vor Entsetzen geweitet, er blutet aus einer Armwunde und schlottert vor Angst, während seine Bewacher ihm Buschmesser und Bajonette an die Kehle setzen und der Mann mit der MP ihm seine Kalaschnikow in den Bauch drückt. Der Gefangene ist höchstens fünfzehn Jahre alt; angeblich hat er aus einer Hütte Geld gestohlen – tausend Leones, weniger als ein Dollar – und hat sich zu Unrecht als Kamajor ausgegeben, obwohl er zu jung ist, um Krieger zu sein, und niemand ihn kennt, was ihn doppelt verdächtig macht. Ich habe keine Zeit, darüber nachzudenken, ob die Geschichte stimmt oder frei erfunden wurde, um ausländische Besucher zu beeindrucken, denn als wir fragen, was mit dem Gefangenen geschehen wird, stimmen alle für dessen Hinrichtung und bohren ihm die Spitzen ihrer Bajonette in die Brust, die aus mehreren Wunden zu bluten beginnt. Ich bitte den Bürgermeister, das Leben des Jungen zu schonen und ihn den Südafrikanern zu überstellen, aber Karen meint, ich hätte nicht das Recht, mich in die inneren Angelegenheiten eines Mende-Dorfes einzumischen.

»Der Dieb hat Glück«, sagt Alfred Bangali, »ohne Ihre Intervention wäre er jetzt schon ein toter Mann.« Und er sperrt den Gefangenen in einen Getreidespeicher, aus dessen Innerem monotoner Sprechgesang dringt, bei dem es sich nach Auskunft der Umstehenden um eine Totenklage handelt: »Der zum Tode Verurteilte bereitet sich aufs Sterben vor.« Ich reiche ihm Biskuits und Mineralwasser durchs Gitterfenster und nehme dem Bürgermeister das Versprechen ab, den Gefangenen nicht zu töten, bevor wir nach Mobimbi Hills aufbrechen, wo Colonel Nick uns zum Dinner erwartet.

Was mich mehr erschreckte als Karen Moores fehlende Zivilcourage war meine eigene Reaktion: Beim Anblick des an die Kehle des Jungen gesetzten Messers geriet ich in unkontrollierte Erregung, die sich zu sadistischer Lust steigerte, als sein Blut zu fließen begann – am liebsten hätte ich mich an seiner Folterung beteiligt, während ich um das Leben des Verurteilten stritt. Der Lack der Zivilisation blätterte ab, und die Barbarei brach hervor: Ich fühlte mich zurückversetzt in die Bandenkriege meiner Kindheit, als wir einen Gefangenen symbolisch exekutierten, indem wir ihn nackt auszogen und mit Ketchup beschmierten – ein perverses Ritual wie die Hinrichtung des Heiligen Sebastian, dessen von Pfeilen durchbohrte Brust homoerotische Signale aussendet.

3 BLACK JESUS IN ACTION – JOIN THE RUF NOW! hatten die Rebellen auf den Rauputz des Bungalows gesprüht, bevor sie mit Kolbenhieben das Schloss aufbra-

chen und mit Stiefeln die Tür eintraten. Die Plünderer hatten Wasserhähne und Duscharmaturen abgeschraubt und alles weggeschleppt, was niet- und nagelfest war; sogar die Fenster hatten sie aus den Rahmen gebrochen mitsamt den Moskito-Screens, bevor sie im Busch verschwanden, aus dem sie gekommen waren. Nur eine Pritsche ließen sie zurück, ein durchgelegenes Feldbett mit versiffter Matratze, auf der ich mich, von Mücken umsurrt, hin und her wälzte. Im dunklen Duschraum schüttete ich mir Wasser über den Kopf und legte mich mit nassen Haaren aufs Bett. Durch einen Spalt der schief in den Angeln hängenden Tür sah ich den Sandsack- und Stacheldrahtverhau mit dem MG-Schützen, der sich eine Zigarette anzündete; ein Feuerzeug flammte auf, und die vom Wald her aufkommende Brise trug den Duft von Haschisch herüber, den ich gierig aufsog. Der glimmende Lichtpunkt erlosch, und die regelmäßigen Atemzüge des aus Angola stammenden Postens drangen an mein Ohr, der Ricardo hieß und in der MG-Stellung eingeschlafen war. Auf der anderen Seite des Stacheldrahtzauns lag ein gerodeter Streifen Niemandsland, dahinter die schwarze Wand des Urwalds, die im Dunkeln näher zu rücken schien; der Angstschrei eines Nachtvogels oder Affen war zu hören, und von einem unsichtbaren Taktstock dirigiert, setzte der Gesang der Zikaden ein, der wie die Dünung eines Ozeans gegen das mit Maschendraht umzäunte Lager brandete. Ich glaubte mich in eine Zitadelle am Rand der Tatarensteppe versetzt oder in ein Kastell an der Grenze eines untergegangenen Imperiums, aber der Limes lag nicht am Rhein oder an der Donau, sondern in Momimbi Hills, tief im Inneren Afrikas. Ich tastete im Finstern nach der Pistole, die Colonel Nick mir vor dem Zubettgehen in einer Plastiktüte überreicht hatte zusammen mit einer Flasche Mineralwasser, einer Taschenlampe und einer

Dose Moskito-Spray. »I hope you won't need it«, hatte der Kommandeur der *Executive Outcome* gemurmelt, doch entgegen seiner Empfehlung legte ich die durchgeladene Magnum nicht unter das Kopfkissen, sondern auf den Zementfußboden neben der Pritsche, zusammen mit dem Mineralwasser, der Taschenlampe und dem Insektenspray. Meine Finger streiften den Abzugshahn der Pistole, und um nicht unabsichtlich einen Schuss auszulösen, zog ich die Hand zurück, während die Anopheles-Mücke, die ich mit Insektenspray hatte unschädlich machen wollen, dröhnend an meinem Ohr vorbeischoss. Ich sann nach über den Gleichklang der Abkürzungen RAF und RUF, die, so schien es mir, eine nur für mich bestimmte Botschaft enthielten: Royal Air Force, Rote Armee Fraktion oder Revolutionary United Front. Vielleicht, dachte ich im Moment des Einschlafens, handelte es sich um drei Filialen ein- und derselben Organisation, deren Zentrale sich im Nahen oder Mittleren Osten befand, an einem Ort, dessen Name, aus dem Hebräischen übersetzt, Galgenberg oder Schädelstätte bedeutete.

4 Im Traum stand ich auf der Hügelkuppe mit den drei Kreuzen, die ein Pioniertrupp der römischen Armee auf Befehl des Prokonsuls Pontius Pilatus im Morgengrauen errichtet hatte. Zusammen mit den Schaulustigen waren auch die Händler abgezogen, die vor und während der Hinrichtung Erfrischungen verkauft hatten, und die verrenkten Körper der drei Gemarterten hoben sich deutlich vom fahlen Abendhimmel ab. Genau besehen waren es keine Kreuze, sondern T-förmige Zimmermannsbalken, an die der Henkersknecht die zum Tode Verurteilten mit Armen und Beinen gefesselt hatte, bevor von einem Centurio befehligte Pioniere die Gerüste an Stricken

hochzogen und fest im Boden verankerten. Jetzt hingen sie schon zwölf Stunden dort oben; unter dem Gewicht ihrer Leiber – Gefälle war das bessere Wort dafür – hatten sich die Oberarme aus den Schultergelenken gelöst, und die Brust- und Bauchmuskulatur trat reliefartig hervor wie bei Gladiatoren, die ihre athletischen Oberkörper mit Olivenöl einrieben, um der Umklammerung des Gegners zu entschlüpfen. Der mittlere der drei – derjenige, den sie König der Juden nannten – war nicht mit Stricken gefesselt, sondern mit Zimmermannsnägeln, die der Henkersknecht ihm vorsichtig, ohne ein lebenswichtiges Organ zu verletzen, durch Hände und Füße getrieben hatte, auf ineinander verkeilten Balken befestigt, an deren Kreuzungspunkt sich sein mit Dornen umwickelter Kopf befand, dessen vornübergeneigte Stirn mit Blut besudelt war. Darüber war ein Schild angebracht mit einer aus lateinischen Initialen bestehenden Aufschrift, in der, je nachdem, ob man sie von links nach rechts oder von rechts nach links las, von Jesus aus Nazareth, dem König der Juden, oder von Judas Ischariot, dem Kaiser Roms die Rede war.

Aus seinem offenen Mund rann ein schmales Rinnsal mit Speichel vermischten Blutes, und vielleicht war dies der Grund, warum die Geier näher kamen, die seit Sonnenaufgang den Galgenberg umkreisten; einer von ihnen stieß aus großer Höhe herab und streifte mit seiner Schwinge die mit Dornen umwundene Schläfe des Gekreuzigten, als wolle er dessen Gegenwehr testen, während dieser ein dumpfes Stöhnen, nein – einen kaum hörbaren Seufzer von sich gab.

Einer der Kriegsknechte, die am Fuß des Kreuzes um den Mantel des zum Tode Verurteilten würfelten, blickte auf und verjagte durch Händeklatschen den Aasvogel, der seine Krallen in die Stirn des Gemarterten grub, um ihm die Augen auszuhacken. Der Kriegsknecht, seiner Hautfarbe nach ein Afrikaner, spießte einen mit Essig getränkten Schwamm auf eine Lanzenspitze und benetzte dem Durstigen die Lippen.

Die Sonne neigte sich zum Horizont, und um den Feiertag nicht zu entweihen – in diesem Punkt reagierten die Bewohner des eroberten Landes äußerst empfindlich –, befahl der Centurio die Kreuzabnahme. Seiner Ansicht nach hatten die zum Tode Verurteilten für ihre Verbrechen genug gebüßt, aber der vom Hohepriester bezahlte Scharfrichter bestand darauf, ihnen die Knochen zu brechen, wie das Gesetz es befahl. Der Henkersknecht löste ihre Fesseln, und die Delinquenten stießen unartikulierte Schreie aus; dann wurde es still um sie, und ein römischer Legionär gab ihnen den Gnadenstoß. »Es ist vollbracht«, sagte der Gekreuzigte, aber es war nicht vollbracht.

»Jetzt zeig, was du kannst, und steig von deinem Thron herab, König der Juden«, rief der Henkersknecht, während zwei am Fuß des Kreuzes betende Frauen namens Maria, die Mutter des Mannes und seine Verlobte, eine Hure aus dem Dorf Magdala, schamhaft die Köpfe verhüllten. Der Centurio befahl, die peinliche Prozedur abzukürzen, und der Kriegsknecht, der ihm den mit Essig getränkten Schwamm zum Mund geführt hatte, stieß dem Sterbenden seine Lanze in die Seite. Mit schwarzer Galle vermischtes Blut floss aus der Wunde, es blitzte und donnerte, die Gräber öffneten sich und spien die Toten aus, und der Vorhang des Tempels zerriss in zwei gleich große Stücke.

5 So ungefähr hat Ricardo mir die Geschichte erzählt, bevor die Rebellen der RUF das Lager Momimbi Hills überrannten und ihn in den Urwald verschleppten. Von dort wurde er als Sklave nach Ouro Preto in Brasilien verkauft, wo er unter dem Spottnamen Aleijadinho, Krüppelchen, eine Barockkirche ausmalte mit der Leidensgeschichte Jesu Christi, so detailgenau und realistisch, wie er sie als Kriegsknecht am Fuß des Kreuzes gesehen und erlebt hatte. Sogar die in Nasenlöchern und Mundwinkeln des Gemarterten herumkriechenden Fliegen sind deutlich zu erkennen, eine kitzelnde Berührung, die den Gottessohn zum Lachen oder zum Niesen reizte – das ist auf dem nachgedunkelten Fresko nicht genau auszumachen.

VII. ERINNERUNGEN AN DIE KONGO-KONFERENZ (2)

25. Dezember 1884 (Morgen)

Einiges über den Handel am Congo und Niederlassungen daselbst

Von unserem Congo-Correspondenten Dr. Eugen Zintgraff

Die Vorstellung vom Reichthum der Produkte des äquatorialen Afrika ist im Allgemeinen richtig, da Elfenbein, Kautschuk, Palmöl etc. bedeutende Faktoren sind. Indessen schon jetzt kann man sagen, daß der Handel seine höchste Phase erreicht hat, und daß Concurrenz den alten, ansässigen Häusern gegenüber wenig Aussicht auf Erfolg haben wird. Denn so gering die Zahl der Handelsniederlassungen ist im Verhältniß zur großen Zone, die sie beherrschen, so erzielen sie doch nur einen Gewinn, der nicht den Kapitalien, der Mühe und Arbeit entspricht, die zur Gründung und Erhaltung der Factoreien aufgewandt werden müssen.

Wohl wurden einst enorme Summen verdient zu der Zeit, wo der Sklavenhandel in seiner Blüthe war. Aber mit der Aufhebung dieses schmachvollen Treibens erlitt der Handel mit afrikanischen »Produkten« seinen Todesstoß, und die Zeiten sind vorüber, wo man z. B. in Ponta da Lenha an silberbesetzten Tafeln schmauste und es nicht für der Mühe werth hielt, die während des Spiels auf die Erde gefallenen Goldunzen aufzuheben, ein willkommener Fund für die am Morgen ausfegenden Muleks. Nichtsdestoweniger wurden auch nach dieser Periode noch vorzügliche Geschäfte gemacht. Zwar war Elfenbein auch schon zur Zeit des Sklavenhandels ein Handelsartikel. Indessen galt sein Werth so wenig, daß man eher die mit Elfenbein beladenen Sklaven ihre Last fortwerfen ließ, ehe man sich entschlossen hätte, kränkliche oder schwächliche Sklaven zurückzulassen; der lebendige Sklave, gleichviel in welcher Verfassung, warf mehr Geld ab als das Elfenbein; noch jetzt kommt Elfenbein in den Handel, das auf alten Sklavenkarawanenstraßen gefunden wird.

Der große Gewinn aber blieb nicht constant. Das unvernünftige Hinmorden ganzer Heerden durch weiße und schwarze Jäger verminderte die Zahl der Elephanten und zwang sie, sich immer mehr zurückzuziehen und versteckte Plätze aufzusuchen, so daß gutes Elfenbein seltener wird; den Reingewinn setzt man heute auf 6 pCt. an, und da man bei dem Raubsystem bleibt, dürfte kaum jemals eine Zeit kommen, wo es mehr abwerfen wird.

1857 kaufte man die ersten Ölnüsse. Der werthvolle Kautschuk wurde im Jahre 1873 zum ersten Mal in den Handel gebracht und dürfte bald eine Krisis erfahren bei dem hier herrschenden Raubbau, von dem der Neger trotz aller Rathschläge durch den Europäer nicht abzubringen ist. Zu den angeführten inneren Gründen kommen solche äußerlicher Natur wie Handelsstockungen, hervorgerufen durch Kriege und regenlose Jahre, wechselnden Geschmack der Neger in den gewünschten Artikeln, und endlich die Concurrenz.

Bis 1870 fuhr in diesen Gegenden kein Dampfer an; die *Volta* war das erste englische Schiff, das von Liverpool aus regelmäßig die südwestafrikanische Küste anlief. Im Jahre 1881 waren es sodann die Dampfer des Hauses Woermann, welche den englischen Concurrenz machten und die Tarife

für den Transport von Waaren und Arbeitern stark beein-
flussten. Für einen Croo-Neger z. B. zahlte man von der
Crooküste bis zur Congomündung 3 Pfund Sterling, gegenwärtig nur anderthalb. Auch die Passagiergelder sind erheb-
lich billiger; die Einrichtung und Verpflegung auf deutschen
Schiffen erfreut sich allgemein eines guten Rufes gegenüber
den jämmerlichen Verhältnissen auf englischen Dampfern.

Ein Schienenweg in das äquatoriale Afrika hinein und quer
durch dasselbe bis zum Nil und weiter zu den Küsten des
Rothen oder Mittelländischen Meeres scheint mir nur eine
Frage der Zeit zu sein. [*Anmerkung im Original:* Daß die afrikanische Conferenz den Bau einer Eisenbahn nach Stanley-
pool in den Kreis ihrer Berathung gezogen hat, konnte unserem Congo-Korrespondenten, dessen Brief aus Boma vom
15. November datirt, noch nicht bekannt sein.]

Wie aber einerseits eine Eisenbahn ungeahnte Erfolge für
die europäische Handelswelt haben wird, so wird andererseits wiederum nur dem Handel der Gegenwart gedient.
Denn das ist der große Fehler im Betrieb des afrikanischen
Handels: Man nimmt Afrika alles und giebt ihm nichts. Solange der Handel nicht seine Aufmerksamkeit darauf richtet:
Afrika für alle Zeiten reich zu erhalten, kann man ihm keinen dauerhaften Werth beilegen, und Goethes: »Weh dir,
daß Du ein Enkel bist«, kann mit Recht auf spätere Genera-
tionen angewandt werden. Denn was hat der Handel selbst
gesät, um wieder ernten zu können? Welches ist das Äquiva-
lent, das er dem Neger geboten hat für die relativ mühelos
erworbenen Produkte? Welches ist der civilisatorische Erfolg, der für immer Früchte trägt?

Man gab dem Neger Pulver, Branntwein, elende Gewebe
und anderen Tand; aber das Pulver wurde verknallt, der

Branntwein getrunken, und die Facenda verschlissen und zerrissen. Der Neger blieb arm und dumm wie zuvor und lernte zweifelhafte europäische Errungenschaften zu vermehrter Genußsucht kennen, auf die vorzüglich spekulirt wurde. Wohl arbeitet er in den Factoreien; aber was gilt eine Arbeit unter der Peitsche des Aufsehers im Verhältniß zu freier Arbeit?

Da hört man täglich sagen, derartige Ideen sind fruchtlos, denn der Neger will nicht arbeiten, er ist ein faules Subjekt. Warum aber kommt der Neger in die Factorei, um seine Körperkraft für geringen Lohn unter sklavenartigen Verhältnissen zu verdingen? Diesem Neger will man die Fähigkeit absprechen, regelmäßige Arbeit auf den Plantagen zu verrichten, eine Arbeit, die weniger anstrengend ist als das Schleppen und Rollen von schweren Kisten, Ölfässern etc.? In gedankenlosem Egoismus bemüht man sich nicht, ein finsteres Geschick von ihm fernzuhalten, das ihn zum verachtenswerten schwarzen Mann macht, gut genug, seine werthvollen Landesprodukte gegen den Schund und Ausschuß europäischer Civilisation zu vertauschen.

Die maßgebenden Stimmen sehen im Ackerbau die Zukunft Afrikas. So sicher die agrikulturelle Arbeit des Weißen hier nichts gilt, so sicher wird sie die schönsten Früchte tragen, wenn es ihm gelingt, den Neger zu einer rationellen Bodenbewirthschaftung zu bringen, um sich einen tüchtigen Gehilfen zu schaffen. Zum Anbau kommen in erster Linie Lebensmittel, afrikanische Bohnenarten, die einen angenehmeren Geschmack haben als unsere Bohnen, Maniok, aus dem sich Brod backen lässt, und Mais. In Ambriz besteht bereits eine Maisbrennerei, die 400 Arbeiter beschäftigt. Der Rum, der »Tafia«, ist hier die Münze des täglichen Verkehrs, und man wird gut thun, viel und eine möglichst gute Sorte zu produciren und in Umlauf zu setzen. Große Anlagen von Araschiden, Ölbaum-, Kautschuk- und Kaffeepflanzungen sind eine weitere Einkommensquelle, Häuser und Magazine werden aus Materialen des Landes aufgeführt, ohne teures Baumaterial aus Europa kommen zu lassen. Die vorzügliche Thonerde liefert die besten Ziegelsteine, und die afrikanischen Holzarten sind gut für den weiteren Ausbau, vom Kafkaf, welches keinen Nagel durchläßt, bis zum Bambus.

Hat man auf diese Weise das Unternehmen eingerichtet, kann man die kaufmännische Seite hervorkehren. Dazu kommt der nicht zu unterschätzende Vortheil, daß man sich abwartend verhalten kann, ein Umstand, der dem Europäer den Handel mit dem Neger erschwert, da dieser, ohne Kenntniß des Werthes der Zeit, diesem eine Länge giebt, welche die Geduld ermüdet oder das Zustandekommen des Geschäftes vereitelt. Das Kapital für eine derartige Anlage wird in die Tausende gehen, und je größer das Terrain, je zahlreicher das verfügbare weiße und schwarze Personal, desto eher ist Aussicht vorhanden, selbständig zu werden. Für Auswanderer würde erst dann die Zeit kommen, wenn die Territorien eine solche Ausdehnung gewinnen, daß europäische Pächter genug Platz und gutes Auskommen finden. Das Klima, wenngleich ungesund, ist bei genügender Vorsicht nicht so gefährlich, wie man annimmt; aber mit fortschreitender Urbarmachung des Bodens werden die Fieber sich zurückziehen, und schließlich ist in der Welt nichts umsonst.

Prag, 17. Januar. In Kolin wurde ein socialistischer Umtriebe verdächtiger Arbeiter in dem Momente verhaftet, als er vor der Wohnung des Gendarmerie-Wachtmeisters einen Brief fallen ließ, welcher ein socialistisches Todesurtheil gegen den Koliner Polizeirevisor enthielt.

Brüssel, 18. Januar: Aus Zanzibar ist telegraphisch der Tod des Mirambo, des obersten Häuptlings aller zwischen Zanzibar und Karéma ansässigen Neger-Tribus Ostafrikas, gemeldet worden. Mirambo hatte mit Stanley und dem Capitain Hansens den »Blutaustausch« vorgenommen und war deren »Blutsbruder« geworden. Er war überaus zugänglich und sehr intelligent, so daß Stanley ihn den »schwarzen Bonaparte« nannte. Seine Macht über die Bevölkerungen dieser Gegend war sehr bedeutend, und er benutzte sie, um den arabischen Einfluß zu bekämpfen, welcher den Fortschritten der Civilisation in Afrika so verderblich ist. Der Tod dieses Häuptlings hat daher eine gewisse Bedeutung, weil man nicht wissen kann, welche Haltung diese Tribus, deren anerkannter Chef er gewesen, künftig beobachten werden.

20. Januar (Abend)

Aus Boma, 10. Dezember, geht uns von unserem Congo-Correspondenten nachstehende Mittheilung zu: Die unter dem Kommando des Premierlieutenant Schulze stehende deutsche Expedition hat bei Nokki von der Association internationale africaine ein ansehnliches Terrain erworben, um daselbst eine Station zu gründen und Magazine anzulegen. Die Wahl des Platzes, wo gegenwärtig eine französische und eine portugiesische Factorei sich befinden, beruht einerseits darin, daß selbst Seeschiffe bis Nokki, ca. 150 Kilometer von der Mündung des Congo entfernt, gehen können, andererseits führt von hier aus die directe Handelsstraße nach San Salvador, welches in 5–8 Tagen erreicht wird. Absicht der Expedition ist, über San Salvador mit Berührung des Plateaus von Zombo zum Muëne Putu Cassongo vorzudringen, von wo aus die Explorirung des südlichen Congobeckens beginnen soll.

Eine neue Ära britischer Colonialpolitik

Ein Beispiel dafür, wie sehr die europäischen Völker in ihren politischen und gesellschaftlichen Ideen sich gegenseitig beeinflussen, gewährt der gegenwärtig sich geltend machende Colonisationstrieb. Nachdem die Colonialpolitik in Frankreich sich zur herrschenden Tagesfrage emporgeschwungen und selbst in Spanien und Italien ein Echo gefunden hat, ist es nicht zu verwundern, daß dieser Drang auch in England die Besorgniß für die Erhaltung des Colonialgebietes und den Wunsch nach einer Ausdehnung desselben erzeugt.

Der Annexionstrieb ist mehr in den Colonien als im Mutterlande selbst zum Ausdruck gekommen. Die von Mißgunst gegen Deutschland und Frankreich eingegebenen Gebietserweiterungen in Neu-Guinea, Zululand und an der Niger-Mündung können keine große Bedeutung beanspruchen; aber in einflußreichen Kreisen haben Pläne Boden gewonnen, deren Verwirklichung für Großbritannien von Wichtigkeit sein würde: die Föderalisierung der Colonien mit dem Mutterlande und die mehr oder weniger unverhüllte Annexion Ägyptens und des Sudan.

Daß der Sudan sich nicht durch ägyptische Paschas halten lässt, auch wenn englischer Einfluß in Kairo und Alexandrien überwiegt, haben die Ereignisse zur Genüge bewiesen. Es würde also nichts übrig bleiben, als eine britische Verwaltung einzurichten, in der ägyptische oder türkische Unterbeamte den überwiegenden Platz einnehmen würden, während das Besatzungsheer nur dann leistungsfähig wäre, wenn es durch einen Kern englischer Soldaten gekräftigt würde. Dann aber wird in Allem außer dem Namen der Sudan und mit ihm Ägypten eine britische Colonie sein.

Daß die »Times« es auf das Nilgebiet abgesehen hat, beweist sie durch Ausmalung der Schrecknisse deutscher, französischer oder italienischer Colonisirungsversuche.

Kundgebungen englischer Minister aus der letzten Zeit lassen darauf schließen, daß auch das Cabinet eine aktivere Colonialpolitik ins Auge fasst. »Wie sehr wir auch den Krieg verabscheuen mögen«, erklärte Außenminister Gladstone, »gehört er doch zu den Nothwendigkeiten unseres Daseins, und es giebt Zeiten, in denen die Gerechtigkeit und Wohlfahrt der Menschheit verlangen, vor der Verantwortung nicht zurückzubeben.« Daß Gladstone diese Theorien zu bethätigen bereit ist, hat er durch die Expedition nach Alexandrien bewiesen.

25. Januar (Morgen)

Die »Pall Mall Gazette« berichtet, daß zwischen England und der Türkei ein Abkommen getroffen ist, das folgende Punkte enthält: 1) Ägypten soll mit Ausnahme von Alexandrien, Damietta, Port Said und Suez, d. h. des Uferstrichs, welcher von englischen Truppen besetzt würde, mit türkischen Truppen belegt werden. 2) Die Türkei soll die Aufrechterhaltung der Ordnung im Innern übernehmen. 3) Nach dem Entsatz von Chartum sollen die Engländer den Sudan den Türken überlassen, aber ihre Garnisonen an der Küste des Rothen Meeres behalten.

Dem »Hamb. Corr.« zufolge schreibt man von hier: Nachträglich verlauthet, daß zu dem Mahl, welches der Reichskanzler zu Ehren der Mitglieder der westafrikanischen Conferenz gegeben hat, vierzig Einladungen ergingen. Der Fürst war in heiterster Stimmung und plauderte rückhaltlos, ohne die schwebenden politischen Fragen direkt zu berühren. Nach Tische, als er im Kreise seiner Gäste eine lange Pfeife rauchte, während sonst Cigarren angeboten waren, fragte er, als er die Gesandten Portugals und Belgiens in eifrigem Gespräche sah: »Wann werden Sie endlich zu einer Verständigung kommen? Ich wünsche Handelsfreiheit am Congo, und es ist mir gleichgültig, von welchem die Oberhoheit beanspruchenden Staate ich sie erhalte.«

28. Januar (Abend)

Die neueste deutsche Erwerbung in Westafrika scheint nicht sehr verlockend zu sein, denn nach dem Berichte eines deutschen Marineoffiziers hat Dr. Nachtigal dieselbe als werthlos verschmäht. Der Offizier schreibt: »Wir verließen Madeira am 1. Juni 1884 und trafen am Cap Verde das deutsche Kanonenboot Wolf mit Dr. Nachtigal an Bord. Wir dampften zusammen weiter auf der Suche nach einzuverleibenden Gebieten, fanden aber keines, das werth war, die Hand danach auszustrecken. Wir landeten auf der Insel Los in der Absicht, das gegenüberliegende Festland einzuverleiben. Am folgenden Tag kamen wir in Sierra Leone an, wo Dr. Nachtigal uns für einige Zeit verließ. Nach zwei Tagen fuhren wir weiter.«

Über den neu entdeckten Dubrecka- (oder Debrecka-) Fluß, der das Hauptobject der deutschen Aktion gewesen zu sein scheint, erfährt man weiter, daß derselbe sich rechts an dem auf guten Karten verzeichneten Kakulimahberge hinzieht.

29. Januar (Abend)

Die Erklärungen, welche der französische Ministerpräsident Ferry vorgestern in Bezug auf die Congofrage abgegeben hat, sind nach Berichten Pariser Blätter folgende: Die Verhandlungen zur Bestimmung der Gebiete Frankreichs und der internationalen afrikanischen Gesellschaft am Congo sind beendet, und es erübrigt sich nur noch, den Vertrag zu unterzeichnen, der die Anerkennung der Gesellschaft durch Frankreich enthält. Die Grenzbestimmung erfolgte auf bekannten Grundlagen: Verzichtleistung Frankreichs auf seine Rechte über die Gebiete am linken Ufer des Stanley-Pools und Verzichtleistung der Gesellschaft auf das Bekken des Niari sammt den dort errichteten Factoreien. Zu regeln bleibt noch die zwischen der Gesellschaft und Portugal schwebende Frage.

Das amtliche Telegramm des General Wolseley im heutigen Morgenblatt gestattet uns, ein Bild von den Operationen des Oberst Stewart zu construiren. Wir haben seine Colonne aus dem Gesicht verloren, seit er am 17. Januar den Brunnen von Abu-Klea besetzt hatte. Von dort brach Stewart in der Richtung nach Metammeh auf. Nun entspann sich am 19. der heiße Kampf, in welchem er so schwer verwundet wurde, daß Oberst Wilson den Oberbefehl übernehmen musste. Den Nil zu erreichen, um mit Chartum in Verbindung zu treten, war der Zweck der Operation gegen Metammeh. Oberst Wilson erreichte diesen Zweck, indem er Gubat besetzte, wo ihn Gordon's Dampfer trafen. So hätte Wolseley's Bericht gelautet, wäre er von Schönfärberei frei. Daß er an diesem Fehler leidet, beweist unser heutiges Londoner Privattelegramm, welches sich über die Lage der britischen Truppen weniger optimistisch äußert als der amtliche Bericht. Stewarts Colonne ist auf 900 Mann zusammengeschmolzen, wovon ein Drittel nach Gadkul gesandt wurde, um Munition und Proviant zu holen. Der Rest muß in Gubat bis zur Ankunft von Verstärkungen in der Defensive bleiben. Metammeh ist von Truppen des Mahdi besetzt, der beträchtliche Verstärkungen erhielt, und so stark befestigt, daß eine Erstürmung unmöglich ist.

Wir theilten vor einigen Tagen den Brief eines Marineoffiziers über die neueste deutsche Erwerbung in Westafrika mit. Letzte Nachrichten lassen es glaubhaft erscheinen, daß Dr. Nachtigal das fragliche Gebiet nicht als werthlos verschmäht, sondern die Hissung der Flagge nur aufgeschoben hat. Wahrscheinlich hat das auswärtige Amt mit der ihm eigenen Gewissenhaftigkeit zuerst die Besitzverhältnisse festgestellt. Unser Pariser Correspondent schildert die neueste deutsche Colonie als keineswegs werthlos und schreibt:

»Der Fluß Dobrecka entspringt jenem Gebirgsland, welches als die westafrikanische Schweiz betrachtet wird. Das Klima ist für Europäer zuträglich, da die Höhenlage 3000 bis 6000 Fuß beträgt. Die Bevölkerung, Futa-Djallon genannt, besitzt eine ziemliche Gesittung und treibt Ackerbau und Viehzucht. Die Stämme, aus denen sie besteht, werden von Häuptlingen regiert. Mit den Franzosen am Senegal sind die Futa-Djallon schon vor zwei Jahren in Beziehungen getreten, aber sie haben ihre Unabhängigkeit bewahrt. Überhaupt ist das ganze Gebiet noch ohne europäische Ober- und Schutzherrschaft. Die Gebirge dieser weiten Landstriche bergen bedeutende Schätze an Gold, Silber, Kupfer und Zinn. Da die Gebirgshöhen den Europäern zuträglich sind, wäre es möglich, Bergwerke und Betriebe anzulegen. Ohne politische Action, ohne gesicherte Regierung und Autorität aber ist nichts zu machen, denn die einzelnen Stämme wissen sehr gut, ob sie nur mit Kaufleuten oder mit einer staatlichen Macht zu thun haben. Das Gebiet umfasst 6000 Quadratkilometer und reicht vom Dobrecka bis zum Pongo hinauf. Besitzer ist der Stuttgarter Fr. Colin, der seine Erwerbung durch Verträge mit den Landesfürsten abgesichert haben soll.«

Im allgemeinen Interesse sowie »zum Wohle aller Auswan-
derungswüthigen, welche durch die neuerlichen Sirenen-
gesänge Stanley's bethört sind«, veröffentlicht die »Weser-
zeitung« die Bestimmungen des Contractes, welchen die
Association internationale du Congo mit einem ihrer An-
gestellten abgeschlossen hat.

»Im Eingange des Contractes wird stipulirt, daß der Contrahent sich verpflichtet, der Gesellschaft drei Jahre zu dienen, daß sich diese aber vorbehält, denselben nach Ablauf
des ersten Jahres heimzuschicken. Das Jahresgehalt wird auf
1600 Mark, sage und schreibe sechzehnhundert Mark pro
Jahr stipulirt, wobei man erwägen muß, daß der Betreffende
kein gewöhnlicher Matrose oder Arbeiter war, sondern ein
Mann von bester Bildung, und daß eine ordentliche Reise-
ausrüstung den Gehalt eines Jahres nahezu verschlingt. Die
Gesellschaft behält sich vor, den Contrahenten in jeder ihr
passend erscheinenden Weise an den Küsten oder im Innern Afrikas zu verwenden und verlangt absoluten Gehor-
sam. Sie verbietet, Mittheilungen über das Unternehmen,
über die eigenen Aufgaben oder über die anderer Mitglieder der Expedition in die Öffentlichkeit gelangen zu lassen.
20 000 Frcs., sage und schreibe zwanzigtausend Francs, werden als Conventionalstrafe festgesetzt, wenn gegen diesen
Paragraphen verstoßen wird. Aber nicht allein das: Sollte
der Betreffende in Afrika sterben und seine Verwandten
aus hinterlassenen Tagebüchern und Papieren etwas ver-
öffentlichen, verfallen auch die bedauernswerthen Verwandten der Conventionalstrafe von 20 000 Fr.! Die Gehalts-
zahlung erfolgt monatlich, der Contrahent darf jedoch nur
über die Hälfte des Gehalts frei verfügen; die andere zahlt
die Gesellschaft in eine Sparkasse ein, um ein Faustpfand in
der Hand zu haben. Sie verpflichtet sich, für Nahrung und

Wohnung des Reisenden zu sorgen, jedoch mit der Clausel, ›soweit es die Umstände ermöglichen‹. Wird Jemand nach den Stanleyfällen geschickt, darf er sich nicht beklagen, wenn er dort in einer Negerhütte mit Negerkost und anderen schönen Sachen fürlieb nehmen muß. Sollte sein Enthusiasmus für Afrika genügend abgekühlt sein, so steht es ihm frei, vor Ablauf des Contractes den Dienst zu quittiren, wenn er seine Heimreise bezahlt und eine Conventionalstrafe von 5000 Fr. erlegt. Sollte er aber krank werden und das Klima nicht vertragen, ist die Gesellschaft so freundlich, ihn auf ihre Kosten heimzuspediren, ohne sich auf weitere Kosten einzulassen, genauso wenig wie auf die Unterstützung Hinterbliebener des in ihren Diensten Verstorbenen. Sollte der es vorziehen, Stellung bei einem anderen Handelshause zu nehmen, muß er, um nicht abermals 20000 Fr. Strafe zu zahlen, warten, bis sein Contract abgelaufen ist. Hinzu kommt eine Carenzzeit von drei Jahren, um dem Betreffenden Gelegenheit zu geben, seine im Dienste der Association erworbenen Reichthümer zu verzehren, bevor er sich erneut den Fährnissen des afrikanischen Klimas aussetzt.«

– Aus den jüngsten Mittheilungen der Admiralität über die Schiffsbewegungen ersieht man, daß das Kanonenboot *Iltis* von Schanghai nach Korea in See gegangen ist; die *Möwe* hatte im Dezember Mossamedes, Benguela und St. Paul de Loando besucht. Wie verlautet, werden die Briefsendungen für die Fregatte *Bismarck* und die Korvette *Olga* nicht nach Kamerun nachgeschickt. Es ist Grund zur Annahme, daß die Schiffe einen Besuch in Sierra Leone abstatten. Die Kreuzerfregatte *Gneisenau* dürfte einige Monate in Zanzibar bleiben, da Briefsendungen dorthin dirigirt werden.

Als Probe der in Westafrika mit dortigen Häuptlingen abge-
schlossenen Kaufverträge mag der folgende, aus dem Englischen übersetzte Vertrag mit *King Bell* dienen:

»Ich, der unterzeichnete König Bell von Kamerun, habe am
heutigen Tage an Herrn Eduard Schmidt, der für Herrn C.
Woermann in Hamburg handelt, alle meine Anrechte auf
die zu Bimbia gelegene Nicol-Insel abgetreten und freiwillig die Verwaltung, das Souveränitätsrecht und die Gesetz-
gebung für diese Insel an die genannte Firma übertragen.
Ich bestätige den Empfang von 70 Krus (1 Kru = 1 brit.
Pfund) als Zahlung für diese Insel als mein bisheriges Eigenthum. Kamerun, 11. Juli 1884, vor dem unterzeichne-
ten kaiserlich deutschen Consul. Der demselben von Person
bekannte Kaufmann Eduard Schmidt sowie der unterzeichnete King Bell legten das vorstehende Schriftstück vor und
erklärten, daß dieselben die darunter befindlichen Unter-
schriften Ed. Schmidt und King Bell, letzterer durch Zeichen eines Kreuzes, weil des Schreibens unkundig, eigenhändig vollzogen hätten. Daß die Verhandlung so, wie hier
niedergeschrieben ist, stattgefunden hat, wird hierdurch be-
scheinigt. Der Consul des Deutschen Reichs: (gez.) *Schulze.*

4. Februar (Abend)

King Bell!   177
(*Melodie*: O Tanneboom)

> King Bell, die große Majestät,
> Der schwarzen Kaffern-Race,
> Rief seinen Ober-Zulu her
> Und sprach: »Es passt mir nicht mehr,
> Ick reise morgen nach Berlin,
> Natürlich vierter Klasse!

Und weil in Deutschland sind verpönt
Die nackten Kaffern-Beene,
Nimm 15 Reichsmark, oller Sohn,
Es macht 'ne Filiale schon
In Kamerun den Ausverkauf
Der »Goldnen Hundertzehne!«

Über 8000 Winter- und Frühjahrs-Paletots in reinwollenen Stoffen, Mode 1885, Einsegnungs-Anzüge, Beinkleider u. Westen, Ball- u. Gesellschafts-Anzüge, Schlafröcke, Kaiser- u. Hohenzollern-Mäntel, sowie Knaben-Anzüge auffallend billig. Fracks werden auch verliehen! »Goldene 110«, Leipziger Str. 110.

Die Portugiesen am Congo

Donnerstag den 8. Januar erhielten die zu Banana befindlichen Factoreien der Europäer durch den Kommandanten des portugiesischen westafrikanischen Geschwaders die Aufforderung, sich zur Besprechung einer Frage von allgemeinem Interesse in der sogenannten portugiesischen Post einzufinden. Diese Conferenz wurde wegen zu spät erfolgter Einladung nicht besucht. Darauf erhielten die betreffenden Häuser ein Schriftstück zugestellt, in welchem gesagt wurde, daß die Eingeborenen von Banana, um Mißbräuchen der Weißen (*abusos*) zu entgehen, um portugiesische Oberhoheit gebeten und daß der Commandant diese Bitte angenommen habe. Gegen das Protokoll dieser Conferenz wurde von sämmtlichen Factoreien ein feierlicher Protest eingelegt des Inhalts, daß bisher alle Palaver zwischen Weißen und Eingeborenen in freundschaftlicher Weise erledigt worden seien und daß man keiner fremden Intervention bedürfe.

Am Mittwoch den 14. Januar erging wie in Banana an alle Häuser zu Boma eine Erklärung, in welcher gesagt wurde, »daß die Könige von Boma in einem Palaver, welches am 11. stattgefunden, den Kommandanten gebeten, sie unter das Protectorat von Portugal zu stellen, um ihnen Schutz gegen Mißbräuche seitens der Weißen zu geben«.

Gegen dieses Schriftstück wurde ebenfalls Protest eingereicht, des Inhalts, daß man niemals der Intervention eines Kriegsschiffes bedurft hätte und daß man ferner, da in Berlin die Conferenz zur Regelung der Congofrage, auch von Portugal beschickt, versammelt sei, man bis zur definitiven Entscheidung derselben gegen jeden Vertrag oder Tractat von Oberherrschaft feierlichst protestiere. Dieser Protest war unterschrieben von den Vertretern des holländischen, französischen und belgischen Hauses in Boma.

Sodann wurden von den Vertretern oben genannter Häuser als Zeugen 4 Könige von Boma aufgesucht, welche einstimmig erklärten, weder den Portugiesen ihr Land abgetreten, noch diese gerufen zu haben. Daß die Neger bejahend auf die Suggestivfragen der Portugiesen antworteten, nimmt nicht wunder, wenn man erfährt, daß die Könige mit Shawls und Schweinen beschenkt wurden und daher die Portugiesen für gute Menschen erklärten. Endlich ist der Werth einer solchen Erklärung unter den Kanonen von zwei Kriegsschiffen (neben dem *Sado* liegt der *Liberal* vor Boma) zu berücksichtigen.

179

17. Februar (Abend)

Die »Nordd. Allg. Ztg.« vom gestrigen Tage berichtet aus Berlin: »Die große Überraschung des Abends hat freilich der Kronprinz nicht mehr gesehen; es traf eine erste Sendung aus dem Kongogebiete ein, welche von Negerkindern in den Tanzsaal geschoben wurde. Letztere waren wohl sämtlich mit Spreewasser getauft, führten aber ihre afrikanischen Tänze mit einem Geschick auf, um das sie jedes Kamerun-Kind beneidet haben würde. Die Sendung bestand aus echten, leibhaftigen Sonnenschirmen aus den deutschen Schutzländern. Der Ball nahm einen colonialen Charakter an. In der Mitte des Saales wurde ein Riesenschirm ausgespannt, unter dem sich die junge Welt in fröhlichem Wirbel drehte. Jede Dame entfaltete dabei ihren eigenen Schirm, und so konnte man, da die tropische Hitze auch vorhanden war, und zuletzt gar noch ein Elephant erschien, sich wohl unter den Äquator versetzt meinen.«

Russland

18. Februar (Morgen)

Petersburg, 11. Februar (Orig. Corr. Der »Voss. Ztg.«) Alles, was in Westeuropa geschieht, wirkt auf Russland ansteckend, findet Nachahmung. So ist auch Russland jetzt von Colonisationsbestrebungen ergriffen; in den Zeitungen tauchen die wunderlichsten Seifenblasen auf. »Mosk. Wjedom.« machen auf Abessinien aufmerksam und motiviren zarte Gefühle diesem Lande gegenüber durch die altchristliche Religion, die dort herrscht und sich an die griechisch-orthodoxe Kirche anschließt. Ein anderes Blatt macht auf Korea Ansprüche und räth, die Gelegenheit der dortigen Unruhen nicht unbenutzt vorübergehen zu lassen. Endlich kommt ein anonymer Marineoffizier im »Nowoje Wremja« mit dem Vorschlage: Russland möge die Insel Tsushima occupiren, um des schönen Hafens willen und um bei der Theilung der Erde unter den Großmächten nicht leer auszugehen. Ein auch im Winter zugänglicher Hafen im Stillen Ocean ist ein sonderbares Verlangen, wenn man bedenkt, daß die Bucht von Wladiwostok vor der Annexion durch

Russland diese erwünschte Eigenschaft besaß, da es die Russen waren, welche die Gegend um Wladiwostok vom Walde entblößten und das Klima zum eigenen Schaden veränderten. Nicht umsonst klagen die dortigen Eingeborenen, daß die Russen den strengen Winter mit sich brachten. Es klingt wie Hohn, wenn die Russen sich als Civilisatoren gebährden, während sie nichts anderes zu Wege brachten, als alle Länder, wo sie Fuß faßten, zu verwüsten.

Afrika

Das arabische Blatt »Mubaschir« berichtet über die Heeresorganisation des Mahdi: Mohamed Achmed behält bei seiner Armee-Eintheilung das System der alten Khalifen bei. Je zehn Mann bilden eine Bruderschaft, zehn Bruderschaften eine Compagnie, an deren Spitze ein »Ferik« steht. Zehn Compagnien bilden ein Regiment unter einem Emir, und jede Compagnie führt eine verschiedenfarbige Standarte, auf der das Zeichen des Mahdi – zwei gekreuzte Schwerter – angebracht ist. Der Mahdi selbst ist von zehn Emiren, zehn Ordonnanz-Offizieren und vier Bairaktars (Fahnenträgern) umgeben.

19. Februar (Morgen)

Reisebriefe aus dem äquatorialen Afrika
Allerlei vom Congo

Von unserem Congo-Correspondenten Dr. Eugen Zintgraff

Boma, 15. Januar. Für den, der in den Vergnügungen des alten Europa seine Unterhaltung zu finden gewohnt ist, dürften einige Wochen Station am Congo genügen, um ihm gewisse Unterschiede zwischen hier und daheim klar zu legen, und in der That hat das Leben eines Forschungsreisenden für die meisten Menschen wenig Anziehendes. Nachdem die Regenzeit begonnen hat, habe ich im alten Hauptquartier Boma eine Station eingerichtet, um Beobachtungen jeder Art zu machen, unter denen metereologische an erster Stelle stehen. Ich wandere von Barometer zu Thermometer, von der Windfahne zum Wasserstandsmesser des Congo; daneben werden Neger für die Anthropologie gemessen und ethnographisches Material gesammelt. Und ich kann zuweilen mit der Flinte einen Spaziergang machen, sei es, daß ich Wasservögel schieße oder einer Antilope nachstelle. Gegenwärtig ist die Jagd lohnend, da das Gras niedrig ist und das Braun des Wildes sich vom Grün abhebt.

Seit Menschengedenken giebt es hier in Boma keine Elephanten. Desto größer war das Erstaunen, als ein Dampfer kam mit der Nachricht, man habe auf der Prinzeninsel Elephanten am Wasser gesehen. Anfänglich hielten wir die Elephanten für Seeschlangen, bis wir uns doch zur Jagd entschlossen: Herr Delcommune, Chef der belgischen Factorei und erfahrener Flußpferdjäger, Dr. Wolff, der die Wälder Germaniens als Nimrod durchstrichen, und ich, der ich in Afrika zum ersten Mal ein Gewehr in die Hand genommen habe.

Gegen 2 Uhr fuhren wir von Boma ab, und nach einstündiger Fahrt landeten wir an der Stelle, wo man morgens die Elephanten gesehen. Mit Spannung betraten wir das Ufer und fanden Spuren ihrer kürzlichen Anwesenheit: tiefe Löcher und andere, noch warme Zeichen, daß sie in der Nähe waren. Es mochte eine halbe Stunde vergangen sein, als ich hinter mir den Knall der Büchse von Herrn Delcommune hörte, der mich sofort in den Wald zurückkehren ließ, woher der Schall kam, denn dort war man auf den Feind gestoßen. Und wirklich traf ich bald meinen Jagdgenossen, der mit angelegter Büchse hinter einer Palme stand, und gewahrte durch die dichten Zweige eine dunkle Masse, die sich hin und her bewegte. Es herrschte eine leichte Dämmerung unter den Laubkronen, dabei eine tiefe Stille, unterbrochen durch das Knacken an der Stelle, wohin der Elephant sich zurückgezogen hatte. Mittlerweile kam auch Dr. Wolff an, und mit größter Spannung verfolgten wir die Bewegung des Wildes, welches uns nur unvollkommen zu Gesicht kam. Wir befanden uns zu beiden Seiten eines von dem Elephanten gebildeten Pfades, wo die Sicht freier war. Auch der Elephant wurde deutlicher sichtbar, und wir flüsterten gerade über die Möglichkeit, näher zu gehen, als unter unheimlichem Rauschen und Knacken der Zweige der Elephant auf uns losstürzte, daß der Boden dröhnte. 4 bis 5 Schritt vor uns machte er Halt, um im selben Augenblick zwei Schüsse in den kolossalen Schädel zu erhalten, die ihn auf die Knie niederwarfen, doch nur für einen Moment. Wie der Blitz sprang er auf und lief circa 15 Schritt zurück. Die ganze Attaque, Schießen und Zurückkeilen, ging in einem Nu vor sich. Um sich über den Standplatz des Thieres zu orientiren, stiegen meine Jagdgefährten auf zwei Bäume, während ich unten blieb, denn im Falle eines neuen Angriffs hingen die Beine der beiden Herren hübsch frei in der Luft für des Elephanten Rüssel. Und da der eine von schwarzen Ameisen, ohne sich wehren zu können, jämmerlich zerbissen, der andere von Lianen halb erwürgt wurde, stiegen die Jäger mit hochrothen Köpfen wieder herab. Da die Jagd uns Durst gemacht, ließen wir von einem uns begleitenden Jäger Flaschen und Gläser aus dem Boot holen, und die gespannte Büchse im Arm tranken wir mit deutschem Bier unserm Elephanten ein fröhliches *Pereat* zu. Doch der traute dem Frieden nicht und zog sich zurück. Wir beriethen, unschlüssig, was zu thun sei, als Neger gelaufen kamen und meldeten, der Elephant sei am Wasser zu sehen. Wir eilten sofort ins Boot und gewahrten bald den Kopf mit dem langen Rüssel, nach den Blättern der Bäume langend. Wir fuhren auf 15 Schritte heran, er stand in seiner ganzen Größe ungedeckt vor uns, und wir begannen zu schießen. Es war ein Schauspiel eigener Art. Langsam wandelte der Elephant am Rande des Waldes daher, während die Sonne seinen Kopf und Rücken wie Sammt erglänzen ließ und das in Strömen herabfließende Blut carmoisinroth leuchtete. Schuß auf Schuß krachte auf dieses geduldige Ziel, welches mit seinem Rüssel zuweilen seitwärts schlug, als wolle es unsere Kugeln wie lästiges Geschmeiß abwehren. Endlich brach das edle Wild an einem Palmbaum zusammen, welcher ebenfalls umstürzte, und eine Viertelstunde lang hörte man tiefes Schnauben und dumpfes Röcheln, bis es still wurde. Zu unserem Leidwesen mussten wir von der Verfolgung abstehen, da es Nacht wurde. Ein neuer Versuch am andern Morgen war resultatlos; das, was wir für Todesröcheln gehalten, war nur das schwere Atmen des vom Blutverlust erschöpften Thieres gewesen, welches sich ins Dickicht zurückgezogen haben musste. Außer Blutlachen fanden wir keine Spur.

Von den Eingeborenen wurde uns mitgetheilt, daß die Elephanten aus dem Innern gekommen waren und eine Frau getödtet hatten. Später hörten wir, daß am Morgen der Sohn eines Negerprinzen und fünf Begleiter von einem Elephanten, den sie angegriffen hatten, getödtet worden waren. Jedenfalls können wir von Glück sagen, unbehelligt davongekommen zu sein, und obgleich sich eine Elefantenjagd mit Baumbesteigung und einem Trunk Bier sehr humoristisch ausnimmt, so war doch nach der ersten Attaque unsere Situation bedenklich genug, umso mehr, als aus meinem Gewehr die Patronenhülse nicht herauszubringen und ich völlig wehrlos war.

Vom Standpunkte der Zweckmäßigkeit betrachtet, ist die Elephantenjagd absolut nicht zu billigen. Da wird wegen ein paar Kilo wiegender Zähne ein Thier getödtet, welches Stanley mit Recht *the incarnation of African power* nennt. Als Lastthier gezähmt, würde der Elephant ganz andere Dienste dem Menschen leisten, er, der die Last von 35 Trägern führt. Aber das widersprächе dem Raubbausystem, wo man, ohne an nachfolgende Geschlechter zu denken, nur für seine Interessen wirthschaftet. – Prosa, nackte Prosa, Mann für Mann und Mann gegen Mann, das ist der rothe Faden, der sich durch das ganze Leben hier zieht, ein Leben, welches für schwärmerische, zu innigem Verkehr angelegte Gemüther nichts zu bieten vermag. Der erste und letzte Grund hiervon ist, daß der Mensch noch keine engeren Beziehungen zu diesem Lande hat. Es ist der Begriff der Seßhaftigkeit, das Gefühl der Heimathlichkeit, welches fehlt und dem Lande den Stempel des Unbeständigen und Vorübergehenden verleiht. Ob jemals eine Zeit kommt, wo man vom Congo als von seiner Heimath sprechen wird?

24. Februar (Morgen)

Die Anerkennung der Congo-Gesellschaft durch Belgien ist gestern Nachmittag durch Baron von Lambermont und Oberst Strauch vollzogen worden. Wir haben bereits mitgetheilt, daß durch Abtretungen Portugals der neue Congostaat einen 37 Kilometer langen Küstenstrich im Norden der Congomündung erhalten hat. Außer in Banana am Eintritt des Congo befinden sich dort keine europäischen Établissements. Die Grenzen des neues Staates sind nunmehr folgende: 1) Im Westen das Küstengebiet des atlantischen Oceans zwischen Banana und Yabé; 2) im Süden der Congo von Banana bis stromaufwärts von Nokki, das nördliche Ufer gehört der Association, das südliche Portugal. 3) im Osten die westlichen Ufer des Tanganyika und des Albert Nyanza; 4) im Norden der Gebirgskamm, der das Bekken des Congo von dem des Nil, des Chari und des Bénoué trennt. Diese Grenzen geben dem neuen Congostaate eine Oberfläche von 2500000 Quadratkilometern, etwa achtzig Mal die Belgiens, fünf Mal die Frankreichs. Die Association besitzt zwei vortreffliche Häfen, Banana an der Mündung des Flusses und Boma, das Antwerpen des Congo.

27. Februar (Morgen)
Man erinnert sich, daß vor einiger Zeit Mittheilungen in die Presse lancirt wurden, daß der neue Congostaat eine monarchische Spitze erhalten solle. Der Ausgangspunkt dieser Versuchsbälle war nicht schwer zu errathen. Aus Brüssel wird uns dazu geschrieben: »Zwei Strömungen sind es, die sich bei Hofe über die Gestaltung des neuen Congostaates geltend machen. Der König persönlich hält eine monarchische Gestaltung für die vortheilhafteste, wäre auch geneigt, die Souveränität selbst zu übernehmen. Die andere Richtung betont das Bedenkliche der Situation, wenn der König Leopold selbst König des Congo würde. Sie möchte die Leitung des Congostaates der Association anvertrauen – bis Prinz Albert, der zweite Sohn des Grafen von Flandern, majorenn geworden. Der König soll unter Würdigung dieser Argumente jetzt geneigt sein, sich dieser Anschauung anzuschließen. Die klerikale Presse dagegen wünscht entschieden, daß keine Verbindung zwischen Belgien und dem Congostaate stattfinde. Nach den trüben Erfahrungen in Mexico fürchtet sie Verwicklungen mit Frankreich und Portugal und Rückwirkungen auf die Armee und die Finanzen.«

Wie von anderer Seite gemeldet wird, hat König Leopold an den Fürsten Bismarck ein Schreiben gerichtet, worin er demselben in warmen Worten seinen Dank ausspricht für die hervorragenden Verdienste, welche der Reichskanzler der Sache der Civilisation in Afrika geleistet hat.

– Gleichzeitig mit den Blaubüchern über Neu-Guinea und die anderen Südseeinseln, sowie über Kamerun, hat Mr. Meade, Hilfs-Unterstaatssecretair im Colonialamte, dem englischen Parlament über eine zwischen ihm und dem Fürsten Bismarck stattgehabte Unterredung berichtet.

Fürst Bismarck begann die Unterredung damit, daß er sagte, der deutsche Handel gedeihe in englischen Colonien sehr gut. Sein Grundsatz sei, den deutschen Handeltreibenden zu folgen, wenn sie sich auf einem Gebiet niederließen, das nicht unter civilisirter Herrschaft stehe, und ihnen Schutz zu gewähren gegen directe Angriffe von außen. Das Gespräch kam auf die Südsee, und Fürst Bismarck sagte, als ihm dieses Projekt vorgelegt worden, sei er davon nicht erbaut gewesen, da er es vorzöge, eine Gruppe von Inseln für sich allein zu haben, anstatt mit anderen Leuten auf der größten derselben zusammengemischt zu werden. Er habe die Gesellschaft zu Rathe gezogen und erfahren, daß die Inseln wenig Werth hätten, aber daß die Nordküste von Neu-Guinea besonders werthvoll sei. Die Unterredung schloß damit, daß Fürst Bismarck Herrn Meade erklärte, er finde seine Vorschläge, in denen die Abtretung der Walfischbay fehlte, ungenügend.

27. Februar (Abend)
Über die in der gestrigen Schlußsitzung erfolgte Unterzeichnung der Generalakte entnehmen wir der »Nordd. Allg. Ztg.« folgende Mittheilungen:

Die vierzehn Urkunden lagen aufgeschlagen auf einer langen, an der Gartenseite des Saales aufgestellten Tafel nach dem französischen Alphabet von Süden nach Norden gehend, auf der Westseite von Norden nach Süden gehend und gegenüber von Deutschland am Schlusse der Reihe Turquie. Der Anfang der in französischer Sprache verfaßten Urkunde lautet: *Au nom de Dieu Tout-Puissant*, darauf folgend die Namen der Souveräne. Dieselbe Ordnung wird beibehalten bei der Aufführung der Bevollmächtigten. Die Anfangsbuchstaben sind nach Mustern des 16. Jahrhunderts in Kupfer geschnitten, mit Blumen und Ranken umgeben und haben 1 ¼ Zoll Höhe. Die Namen sämmtlicher Souveräne sind in Versalien, der ganze Text in Tertia-Elzevirschrift gedruckt. Wie alle Staatsverträge ist auch diese Urkunde auf Pergament hergestellt, in Groß-Folio, und da das vorhandene Pergament den Anforderungen nicht genügte, war es Aufgabe des Direktors der Staatsdruckerei, Regierungsrath Busse, für geeignetes Material zu sorgen. Als Sieger in dieser Konkurrenz ging die Berliner Firma Öchsle hervor. Die vom Buchbinder Demuth hergestellten Dekkel, in welchen die Urkunden sich befinden, sind mit glattem rothem Sammt gefertigt, innen mit weißseidenem Rips gefüttert. Die Unterzeichnung der 14 Vertragsexemplare durch die 19 Bevollmächtigten begann um 2 ¾ Uhr und war 15 Minuten nach 3 Uhr vollendet. Nach Beendigung dieser Feierlichkeit schloß die Sitzung, bei deren letztem Theile auch Oberst Strauch zugegen war.

28. Februar (Abend)

Die französische Rede, mit welcher der deutsche Reichskanzler die Schlußsitzung der afrikanischen Conferenz eröffnete, lautet der »Köln. Ztg.« zufolge in Übersetzung:

»Meine Herren! Nach langen und mühevollen Berathungen ist unsere Conferenz an das Ziel ihrer Arbeiten gelangt, und ich bin glücklich, bestätigen zu dürfen, daß Dank Ihren Be-

mühungen und dem versöhnlichen Geiste, der Ihre Unter-
handlungen geleitet hat, ein vollkommenes Einvernehmen
über alle Punkte des vorgelegten Programms erzielt worden
ist. Die Beschlüsse, die wir feierlich zu vollziehen (*sanction-
ner*) im Begriffe stehen, sichern dem Handel aller Nationen den freien Zugang zum Mittelpunkte des afrikanischen
Festlandes. Die Bürgschaften und die Gesammtheit der Verfügungen sind dazu angethan, dem Handel und der Industrie aller Nationen die vortheilhaftesten Bedingungen zu
gewähren. Durch eine andere Reihe von Verfügungen haben
Sie Ihr vorsorgliches Bemühen (*sollicitude*) um das sittliche
und leibliche Wohl der eingeborenen Völker bekundet, und
wir dürfen die Hoffnung hegen, daß die vom Geiste weiser
Mäßigung eingegebenen Grundsätze ihre Früchte bringen,
um jene Völker an die Wohlthaten der Kultur heranzuzie-
hen. Die besondern Bedingungen, unter denen sich diese
weiten Gebiete befinden, haben auch Bürgschaften für die
Aufrechterhaltung des Friedens und der öffentlichen Ordnung erheischt. Die Plagen des Krieges würden einen besonders verhängnisvollen Charakter annehmen, wenn die
Eingeborenen veranlaßt würden, bei Zerwürfnissen unter
den Kulturmächten Partei zu ergreifen. In sorgsamer Er-
wägung der Gefahren haben Sie nach Mitteln gesucht, welche einen großen Theil des afrikanischen Festlandes den
Wechselfällen der Politik entziehen und die Eifersucht der
Nationen auf friedliche Arbeit beschränken. In demselben
Sinne haben Sie den Missverständnissen und Streitigkei-
ten, zu denen neue Besitzergreifungen Anlaß geben könnten, vorbeugen wollen. Der Geist guten Einvernehmens, der
Ihre Berathungen auszeichnete, hat auch die Unterhand-
lungen geleitet, die außerhalb der Conferenz stattfanden,
um schwierige Fragen der Abgrenzung zwischen den Parteien zu lösen, welche Hoheitsrechte im Congobecken aus-
üben werden. Ich kann diesen Punkt nicht berühren, ohne

den edlen Bestrebungen Sr. Majestät des Königs der Belgier unsere Huldigung darzubringen.

Meine Herren! Ich bin von Sr. Majestät dem Kaiser und König beauftragt worden, Ihnen allerhöchst Seinen wärmsten Dank auszusprechen. Ich erfülle eine letzte Pflicht, indem ich mich zum Bekunder der Dankbarkeit mache, welche die Conferenz ihren Mitgliedern schuldet, die sich der schweren Arbeit der Ausschüsse unterzogen, insbesondere Baron de Courcel und Baron de Lambermont. Ich geselle zum Ausdrucke meines Dankes auch das Schriftführeramt der Conferenz, das durch scharfe Knappheit zur Erleichterung unserer Aufgabe beigetragen hat. Meine Herren! Die Arbeiten dieser Conferenz können wie jedes menschliche Werk verbessert und vervollkommnet werden, aber sie bezeichnen, wie ich hoffe, einen Fortschritt in der Entwicklung der internationalen Beziehungen und werden unter den Kulturvölkern ein neues Band der Gemeinsamkeit bilden.«

Ein in der »Pos. Ztg.« veröffentlichter Brief aus Kamerun bringt Mittheilungen über die Bemühungen, in den von Unruhen heimgesuchten Districten die Ordnung wieder herzustellen. Zu diesem Zwecke ist es von größter Wichtigkeit, daß die geflüchteten Stämme wieder zurückkehren und die niedergebrannten Städte wieder aufbauen. Von deutscher Seite werden nur die Joß-Leute als Aufrührer betrachtet, weil sie Verträge gebrochen haben; dagegen hatten die Hickory-Leute, an deren Spitze Leck Preso steht, den Vertrag nicht unterzeichnet. Man betrachtete sie durch die Vernichtung ihres Eigenthums als hinreichend gestraft und suchte sie durch Zusicherung der Straffreiheit zur Rückkehr zu bewegen. Die Verhandlungen wurden erschwert durch das Mißtrauen der Neger, welche den Versprechungen nicht glaubten und befürchteten, bei ihrer Rückkehr gefangengenommen und hart bestraft zu werden. Schließlich gelang es den Unterhändlern, Dr. Büchner und Lieutenant v. Holtzendorff, ihre Furcht zu überwinden und sie zum Admiral Knorr zu bringen, dem sie gelobten, Schadenersatz zu zahlen für die zerstörte englische Mission, sich König Bell und dem Protektorat willig unterzuordnen und ihre Stadt an glcicher Stelle wieder aufzubauen. Letzteres wird wahrscheinlich in der Art geschehen, daß jedes Haus an derselben Stätte wieder errichtet wird, wo das abgebrannte stand, da sie die Todten in ihren Häusern beerdigen. Durch die Leck Preso auferlegte Verpflichtung, Schadensersatz zu zahlen, dürfte diese Frage, um derentwillen die Engländer sich zu Klagen berechtigt glaubten, aus der Welt geschafft sein. Über das Friedensabkommen der Hickory-Leute mit dem Admiral herrschte große Freude, am frohesten aber war König Bell über die Anerkennung seiner Autorität. In gehobener Stimmung theilte er den Anwesenden mehrere Zuschriften aus Deutschland mit, deren Absender ihm ihre Sympathie aussprachen. Unter anderen war ein Schriftstück eingelaufen, welches anfing: ›Allerhöchster König und Herr!‹, worin zwölf Studenten der Göttinger Universität die Hoffnung ausdrückten, recht bald Unterthanen Seiner Majestät als Kommilitonen begrüßen zu können.

Was den Tod des Pantänius anbelangt, so erfahren wir aus dem Briefe, daß die früheren Befürchtungen, er sei schwer gemartert worden, unbegründet waren. Man hatte ihn etwa eine Stunde weit in's Innere geschleift und ihm von hinten eine Kugel in den Kopf geschossen; seine Hände waren mit eisernen Handschellen gefesselt, an denen ein aus Bast gefertigtes Tau befestigt war. Vier Sklaven aus der Aquastadt, welche sich an der Ausplünderung der von Pantänius verwalteten Factorei betheiligt hatten, wurden zu je 50 Hieben mit der Nilpferdpeitsche von Admiral Knorr verurtheilt.

Die Strafe wurde so vollzogen, daß man sie über ein leeres Faß band und ihnen zunächst 25, am nächsten Tage wieder 25 Hiebe verabreichte. Mango Aqua, einer der Hauptanstifter der Unzufriedenheit, der von seinem Bruder King Aqua den Deutschen ausgeliefert und auf der *Olga* in Eisen gelegt worden war, wurde gleichfalls zu 25 Hieben und zweijähriger Verbannung verurtheilt. Noch vor Vollstreckung der Strafe wußte er sich in der Dunkelheit aus dem Eisen zu befreien und entkam von der *Olga*, indem er sich am Schiffsrumpf hinunter in den Strom gleiten ließ. So mag er wohl das Ufer erreicht und sich zu den Joß-Leuten geschlagen haben.

VIII. ELEFANTENFRIEDHOF

»Wenn die Brötchen versteinern
ist es Zeit für mich: Hinzugehen
wo die Elefanten sterben -
mein Museum baue ich mir selbst ...«

1 Im Vorübergehen hörte er das Wort Ulan Bator. Oder
muss es die Worte heißen?

»Ulan Bator?«

»Ja, Ulan Bator«, sagte die Sprecherin des Präsidenten,
die aus dem Mund nach Sperma roch. Nach frischem
Sperma, falls es so etwas gibt.

B. war seit drei Tagen im Hotel Mille Collines, und wie
immer, wenn die Hektik des Reporteralltags von ihm ab-
glitt, fiel er in eine Depression. Zu seinen Füßen öffnete
sich ein Loch, dessen Sog ihn verschlang, nicht unähn-
lich den Körperöffnungen, die er beim Einschlafen oder
beim Aufwachen vor sich sah – Haarsterne war das richtige Wort dafür.

In den letzten Wochen hatte er sich an Orten aufgehal-
ten, von denen die meisten deutschen Zeitungsleser noch
nie gehört hatten – ganz zu schweigen von den Fernsehzuschauern: Bunia, Bujumbura, Kasenyj, Masisi, Walikale ...
Der Dreizehnte war sein Geburtstag, und beim Einche-
cken ins Hotel hatte der Computer einen Klingelton von

sich gegeben, dessen Sinn er erst begriff, als er beim Betreten des Zimmers eine mit Kerzen gespickte Torte vor sich sah, die wie Schneewittchen unter einem Glassturz aufgebahrt war. »Ich wünsche Ihnen einen schönen Geburtstag«, hatte der Hotelmanager in deutscher Sprache auf eine Glückwunschkarte geschrieben, und passend dazu spielte der Radiowecker *Happy Birthday to you.*

Dies war sein sechzigster Geburtstag, und der Fluch der bösen Tat hatte ihn an den Tatort zurückgeführt. Das Wort Altschulden ging ihm durch den Kopf, als er unter die Dusche trat, um den Staub und Schweiß der Reise abzuwaschen, der wie zäher Leim seine Poren verklebte. Das Badewasser färbte sich lehmgelb, nicht rostrot wie vor zehn Jahren am gleichen Ort, Zimmer 323, als er zusammen mit der Erinnerung an das Geschehen des Tages Blut in den Ausguss gespült hatte, keinen Tomatenketchup, sondern Menschenblut, das nicht von ihm stammte, sondern von anderen, die weniger Glück gehabt hatten als er: *Le sang des autres.* Als er seinem Verlag in Paris diesen Titel vorschlug für seine Reportage aus dem Flüchtlingslager Kibeho, die auf Deutsch *Gemetzel im Jammertal* hieß (obwohl das Massaker nicht im Tal, sondern auf einem Hügelkamm stattgefunden hatte), stellte sich heraus, dass der Titel schon anderweitig vergeben war: *Das Blut der anderen.* Das war fast auf den Tag genau zehn Jahre her, und nach einer Reise um die Welt in achtzig Nächten, in deren Alpträumen ihm der Stacheldraht von Kibeho ständig vor Augen stand, war er gegen seinen Willen an den Tatort zurückgekehrt, ins Hotel Mille Collines, das ihm schon damals wie der Eingang zur Unterwelt erschienen war: kein Lieferanteneingang, sondern der wie ein Triumphbogen geschmückte Einstieg in den afrikanischen Grabenbruch.

2 »Es sind mehr als tausend Hügel, aber niemand hat sie gezählt«, sagte die Pressesprecherin und nippte vorsichtig an ihrem Kaffee. »Der Präsident fliegt nächste Woche nach Ulan Bator, in die Äußere Mongolei, und ich begleite ihn auf dem Staatsbesuch. Oder handelt es sich um die Innere Mongolei? Übrigens bin ich nicht seine rechte Hand, sondern nur seine Medienberaterin.«

Sie saßen in der Cafeteria des Hotels Mille Collines und stocherten in der in der Hitze zerfließenden Geburtstagstorte herum. Alles war unverändert: Die am Swimmingpool aufgereihten Deckstühle, die blauen Badetücher und der weiß gekleidete Hoteldiener, der mit einem ausziehbaren Käscher Blätter aus dem Schwimmbassin fischte.

Das Hotel sah aus wie zehn Jahre zuvor, nur die Cafeteria hatte den Standort gewechselt: Auf der Gartenterrasse, wo früher Lunch serviert worden war, fand jetzt das Casting für einen Film über den Völkermord statt. Es war der dritte oder vierte Spielfilm über den Genozid. Der erste hatte vor zwei Wochen im Hotel *Interconti* Premiere gehabt, in Anwesenheit des Präsidenten, der aus Protest dagegen, dass der Held des Films ein Hutu und kein Tutsi war, die Vorführung verließ. Drei Tage später wurde der Spielfilm im Sportstadion gezeigt und löste unter den Überlebenden des Genozids Schocks und Nervenzusammenbrüche aus.

»Ein Gatschatscha-Tribunal ist ein traditionelles Dorfgericht, das auf grüner Wiese unter freiem Himmel tagt«, sagte die Pressesprecherin, während B. ihr Feuer gab. »Früher ging es um Viehdiebstahl, heute um Völkermord. Eine Bestrafung der Täter ist unmöglich, weil es Hunderttausende sind. Wir haben die Tatverdächtigen in drei Kategorien eingeteilt, Hintermänner, Planer und Exekutoren des Genozids, A, B und C.«

B. schloss die Augen und dachte daran, dass passives Rauchen genauso schädlich wie aktives war. Statt des von Flüchtlingen niedergetretenen Stacheldrahts sah er ein hellgraues T-Shirt vor sich, unter dem sich ein rasch größer werdender Blutfleck abzeichnete. Der Tote lebte noch. Er lag auf dem Rücken, den Kopf zur Seite gedreht, und rang röchelnd nach Luft. Er war achtzehn, höchstens zwanzig Jahre alt, und es war nicht ersichtlich, ob die Kugel seinen Rücken durchschlagen oder ob er seinen Mördern ins Gesicht geblickt hatte – nicht in Kibeho, sondern in Masisi im Osten der Kongo-Republik. Und das war nicht zehn Jahre, sondern erst drei Tage her.

»Es geht nicht um Sühne oder Rache«, sagte die Pressesprecherin, »es geht um Anamnese – eine Art kollektiver Katharsis. Und im Unterschied zum Menschenrechtstribunal von Aruscha, das nur durch Spesen von sich reden macht, kosten die Dorfgerichte fast nichts.« Sie drückte die Zigarette aus und kritzelte eine Handynummer auf die Rückseite ihrer Visitenkarte.

»Und wie haben *Sie* den Genozid überlebt?«

Ernestines Eltern waren 1959, während der ersten Welle des Völkermords, über Uganda nach England emigriert. Sie selbst war in Kampala geboren und hatte in London und Liverpool studiert. Erst nach dem Sieg der Befreiungsarmee, den sie als Triumph bezeichnete, war sie nach Kigali zurückgekehrt.

»Sind Sie Hutu oder Tutsi? Oder stammen Sie aus einer gemischten Familie?«

Die Pressesprecherin wurde blass unter ihrer olivgrünen Haut – diese Frage war in Ruanda tabu.

»Tutsi – was sonst? Seit dem Völkermord gibt es keine Mischehen mehr!«

Sie klappte ihr Mobiltelefon zu und stand abrupt auf. Eine Wolke von Sperma umhüllte ihn, vielleicht war es auch der Duft im Hotelgarten blühender Bougainvilleen, aber Bougainvilleen dufteten nicht, außer wenn man, wie sein verstorbener Großvater, Jasmin dazwischen pflanzt.

»Ich verrate Ihnen ein Staatsgeheimnis«, wisperte Ernestine, deren Schatten über ihn fiel – erst jetzt sah er, blinzelnd im Gegenlicht, wie schön sie war. »Mein Chef fliegt nicht nach Ulan Bator, sondern nach Baton Rouge, wo die University of Louisiana ihn zum Ehrendoktor ernennt. Sein Terminkalender ist übervoll, aber ich will sehen, was sich machen lässt!«

8 »Willkommen daheim«, hatte der Empfangschef gerufen, dessen Gesicht ihm bekannt vorkam. Vor dem Genozid, in einer kaum noch vorstellbaren Vergangenheit, hatte er für die Sabena gearbeitet, der das Hotel damals gehört hatte, und zusammen mit der Konkursmasse den Arbeitgeber gewechselt. Über der Theke hing ein Porträt des Präsidenten, der mit seiner randlosen Brille wie ein Uhu aussah oder wie Haitis Diktator Papa Doc – beide waren Ehrendoktoren einer amerikanischen Universität, und auch sonst stand Kagame dem Voodoo-Despoten in

nichts nach. Er war ein Meister der politischen Intrige, und man munkelte, bei der Ermordung seines Vorgängers, will sagen: beim Abschuss eines Flugzeugs mit den Präsidenten Ruandas und Burundis an Bord, habe Kagame die Finger im Spiel gehabt.

»Haben Sie die Berggorillas schon gesehen?« Zusammen mit einer als Zimmerschlüssel dienenden Plastikkarte überreichte der Empfangschef ihm einen Gutschein zum verbilligten Besuch des Gorillareservats, dessen Bewohner, von Parkwächtern geschützt, den Genozid unbehelligt überstanden hatten.

Sein Zimmer lag im dritten Stock, nicht weit von der Bar, an deren Tresen Joris, der flämische Koch, den Kummer über den Verlust seiner Tutsi-Geliebten mit Strömen von Primus-Bier ertränkt hatte. Oder hieß das Bier Mützig? Egal, denn die an der Ausfallstraße nach Goma gelegene Brauerei stellte beide Biersorten her und hatte den Genozid ebenso unbeschädigt überstanden wie den anschließenden Bürgerkrieg, weil die Kämpfer beider Parteien unter Alkohol standen und Bier so dringend benötigten wie Nachschub an Waffen und Munition. Eine Etage höher lag das Dachgarten-Restaurant, wo B. beim Anblick des aus einem Steak quellenden Blutes in Ohnmacht gefallen war. Das war vor zehn Jahren gewesen, am Abend nach dem Massaker, und um auf andere Gedanken zu kommen, trat er auf den winzigen Balkon des Hotelzimmers und blickte in das fette Laub eines Baumes, dessen Name ihm entfallen war. Es war kein Mango- und auch kein Avocado-Baum, eher ein Gummibaum, wie er in Berliner Arztpraxen wuchs, nur mit dem Unterschied, dass er bis zum Dachfirst reichte, wo die Frau des Hotelmanagers sich verschanzt hatte, um beim Herannahen der Miliz mit ihrer Familie in den Tod zu springen. Nein, es gab kein Entkommen vor dieser Vergangenheit, und die Erinnerung an Kibeho würde ihn für den Rest seines Lebens begleiten: eine Urszene wie die Geschichte vom Ackerbauer Kain, der den Nomaden Abel erschlug, ohne dass Jehova ihm in den zum Todesstoß erhobenen Arm fiel, wie er dies mit Abraham tat, als der ihm seinen Sohn Isaak zum Opfer bringen wollte.

Kibeho war B.s Initiation in den Kriegs- und Katastrophenjournalismus gewesen, er war durch Pfützen von Blut gewatet, buchstäblich, nicht im übertragenen Sinn, und der Botschafter, mit dem er zu Mittag aß, hatte ihn ungläubig angesehen, als B. ihm erklärte, dass er als Kriegsreporter vollkommen ungeeignet sei, weil er keinen Wehrdienst geleistet habe, kein Blut sehen könne und so schlecht höre, dass er seine Interviewpartner entweder gar nicht oder falsch verstehe. Vielleicht, sagte er sich, war das kein Handicap, sondern ein Schutzmechanismus, mit dem das Glück oder die Vorsehung ihn vor dem Schlimmsten bewahrt hatte, und vielleicht war dies der Grund, warum ihm das Wort Massaker erst nach der Rückkehr ins Hotel eingefallen war, als aus dem auf seinem Teller liegenden Steak Blut sickerte: ein lächerliches Detail, aber das Leben hielt sich an keine vorgegebene Hierarchie, und in Afrika waren Tragik und Komik nicht durch Berliner Mauern getrennt.

Er türmte die Visitenkarten der letzten Tage zu einem Kartenhaus auf, das bei der leisesten Berührung zusammenfiel. Sollte er den französischen Kulturattaché anrufen oder den amerikanischen Militärattaché? Oder den Mann vom KGB, der ihn beim Empfang für FIFA-Präsident Blatter nach der Bewaffnung der Aufständischen gefragt hatte, leichte oder schwere Artillerie – wenn ja, welches Kaliber? Der KGB hatte seinen Namen geändert, anfangs hatte er Tscheka geheißen, dann GPU und neuerdings FSB, aber die Sache war die gleiche geblieben, die

Macht kam noch immer (oder schon wieder) aus dem Lauf der Gewehre, und zwischen Kultur und Militär gab es keinen Unterschied in diesem Teil der Welt.

Er dachte an die verbotene Zone in Tarkowskis Film *Stalker*, ein vermintes und nuklear verseuchtes Gelände, in dem man sich am besten nach dem Zufallsprinzip bewegt, und zog mit geschlossenen Augen eine Karte aus dem Stoß, kein Trumpf-As, aber doch eine gute Wahl: Das Bundesland Rheinland-Pfalz hatte eine langjährige Partnerschaft mit Ruanda, und anders als die meisten Botschaften und diplomatischen Missionen war die Vertretung nie geplündert worden, im Gegenteil: *La Maison de Rhénanie-Palatinat* war ein Ort des Friedens und der Ruhe, wo man, ungestört von Krieg und Völkermord, rheinland-pfälzischen Wein verkosten und Bücher über Flora und Fauna Ostafrikas studieren konnte, während ringsum Hutu-Milizen die Tutsi-Bevölkerung massakrierten oder umgekehrt. Böse Zungen behaupteten deshalb, hinter der als *jumelage* bezeichneten Partnerschaft verberge sich ein imperialistisches Komplott, Rheinland-Pfalz sei eine europäische Großmacht und Ruanda eine rheinland-pfälzische Kolonie.

Das Telefon antwortete nicht; entweder war Mittagspause, oder die Leiterin des Projekts hatte ihr Handy abgestellt.

4 Es gab nicht viele Restaurants auf der Welt, die Kaktus hießen, und der Name *New Cactus* passte eher nach Neu-Mexiko als ins frankophone Afrika. Aber in Medschugorje, einem Wallfahrtsort bei Mostar, bekannt geworden durch eine vom Vatikan nicht anerkannte Marien-Erscheinung, hatte er im Hotel Kaktus übernachtet und von seinem verstorbenen Vater geträumt, der ihn im Vesti-

bül erwartet und laut gerufen hatte: »Ich will ein Zimmer mit Kaktus!«

Anders als zu Lebzeiten war sein Vater schlecht gekleidet und unrasiert, und im Traum hatte er sich für ihn geschämt, weil er aussah wie ein Clochard. Daran musste B. denken, als er auf einen von Soldaten bewachten Checkpoint zuging, um nach der Adresse des Restaurants *New Cactus* zu fragen, das dem Vernehmen nach in der Nähe der amerikanischen Botschaft lag. Es dauerte lange, bis er den Posten klargemacht hatte, worum es ging; ein Sergeant in gefleckter Tarnuniform begleitete ihn zur nächsten Kreuzung und wies in eine stockdunkle Straße, an deren Ende eine rote Laterne flimmerte, eher an ein Bordell als an ein Restaurant erinnernd.

»Willkommen im *New Cactus*«, sagte der Doorman, der mehr einem Rausschmeißer ähnlich sah, und führte ihn an zwei mit Pumpguns bewaffneten Wächtern vorbei ins Innere des spärlich beleuchteten Lokals, wo er ihm einen frei gewordenen Tisch zuwies. Die Spezialität des Hauses war Steak Tartar, und B. fragte sich, ob es ratsam sei, in Afrika rohes Fleisch zu essen. Das Wort *Welthungerhilfe* fiel ihm ein, während er in der Speisekarte blätterte, und er dachte daran, dass seine Dolmetscherin den Namen der Hilfsorganisation mit *Aide à la faim du monde* übersetzt hatte, was je nach Schreibweise Hilfe zum Hunger der Welt oder Hilfe zum Ende der Welt bedeutete – trotz ihrer Fehlerhaftigkeit war ihm die Übersetzung zutreffend erschienen. Er bestellte Osso Buco mit Polenta und tunkte mit Weißbrot die Sauce auf, als ein südafrikanischer Kameramann, dem er während des liberianischen Bürgerkriegs in Monrovia begegnet war, sich an seinen Tisch setzte. Rick war mit einer Schwedin verheiratet, die zwischen Stockholm und Johannesburg pendelte, und vielleicht war das der Grund, warum ein schwedischer Fernsehsender ihn nach Ruanda geschickt hatte, um einen Film zu drehen über HIV-infizierte Frauen, die sich im Kampf gegen Aids engagierten; bei den Filmarbeiten im Stadion hatte er sich in die Vorturnerin verliebt: »Eine starke Frau.«

B. hatte genug gehört und wollte gehen, aber nach dem zweiten Bier geriet Rick erst richtig in Fahrt und schwärmte von Passionsfrüchten und Kiwis, die er auf seiner Farm in Südafrika züchtete. »Beehren Sie uns bald wieder«, rief der Doorman, als B. auf die Straße trat, wo ihn ein Geruch von Sperma umfing, dessen Herkunft er sich nicht erklären konnte.

6 Die sanfte Folter eines Moskitostichs weckte ihn. Ruandas Städte lagen auf Hügelkämmen, soweit man hierzulande von Städten sprechen konnte. Moskitos kamen nur in den Tälern vor, wo es feuchter und heißer als auf den Bergen war, und B. fragte sich, wie die Anopheles-Mücke durch geschlossene Türen und Fenster in das klimatisierte Hotelzimmer hatte eindringen können. Er ging auf den Balkon hinaus, umbrandet vom Lärm einer ihm unbekannten Vogelart, Spottdrosseln oder Bienentöter vielleicht, blauschwarze Vögel, die schrill pfeifend im Geäst des Gummibaums auf und nieder hüpften. Beim Blick in den Hotelgarten verstand er den Grund

ihrer Aufregung: Ein Toter trieb im Swimmingpool, eine Tote genauer gesagt, die mit ausgebreiteten Armen im Wasser schwebte und der Pressesprecherin des Präsidenten ähnelte; als er die Augen zusammenkniff, sah er eine Wolke von schwarzem Blut aus einer Kopfwunde sickern. Hinter seinem Rücken hörte er ein verdächtiges Geräusch, und als er sich umdrehte, stand Ernestine vor ihm, die, nur mit einem Handtuch bekleidet, aus dem Badezimmer getreten war.

»Was machst du hier?«

»Ich habe geduscht.«

Das Handtuch glitt zu Boden, und zum Beweis ihrer Worte schlang sie ihm die nassen Arme um den Hals.

»Vor zehn Sekunden lagst du noch tot im Swimmingpool.«

»Was redest du da?«

»Ich habe es mit eigenen Augen gesehen.«

»Unsinn. Wir hatten Sex, und du hast eine Halluzination.«

»Vielleicht hast du recht.«

Er schloss sie in die Arme und kam sich vor wie der Hauptdarsteller eines Tarkowski-Films, der beim Blick auf die bewegte Wasseroberfläche eines fernen Planeten Halluzinationen hat. Ihre zum Kuss geöffneten Lippen rochen nach Sperma, nach frischem Sperma, falls es so etwas gibt, und als sie eng umschlungen auf den Balkon traten, verstummte der Vogellärm. Das Wasser war abgelassen, das Schwimmbecken leer, und nur ein Blutfleck auf dem Bettlaken deutete darauf hin, dass die Nacht mit Ernestine mehr als ein feuchter Traum gewesen war.

6 »Mein Name ist Nellie«, sagte die Leiterin des Hauses Rheinland Pfalz, die ihn in der geöffneten Tür erwartete. Über ihrem Schreibtisch hing ein gerahmtes Foto, auf dem Ruandas Regierungschef, eine Schärpe in den Lan-

desfarben um den Bauch, dem rheinland-pfälzischen Ministerpräsidenten einen Orden ans Revers heftete. »Nellie van Houten – wie der Kakao. Aber ich bin keine Holländerin, ich bin Deutsche.« Sie stammte aus Straelen am Niederrhein, doch von der dortigen Akademie, wo er skandinavischen Germanisten schwer verständliche Passagen seines Haiti-Romans erläutert hatte, wusste Nellie nichts. Seit zwanzig Jahren war sie als Entwicklungshelferin in Ruanda stationiert, und erst auf dem Höhe- oder Tiefpunkt des Völkermords hatten UN-Blauhelmsoldaten sie gegen ihren Willen aus Kigali evakuiert: »Das war *force majeure*«, meinte sie achselzuckend. Nellie war Mitte oder Ende vierzig, hatte hennagefärbtes Haar und verbarg ihren ausufernden Leib unter einem wallenden Sommerkleid. Während sie sich über den Schreibtisch beugte, um den Computer auszuschalten, entblößte sie ihre ausrasierte Achselhöhle, aus der ihm eine Duftwolke in die Nase stieg: herbes Parfüm, in das sich ein anderes, typisch weibliches Aroma mischte: Blutgeruch, wie ihm schien.

»Genau genommen gab es zwei Völkermorde«, erläuterte Nellie, während sie ihn durch ihr Büro, in dem sich Bücher und Plakate stapelten, in den Garten geleitete. Sie nahmen an einem wackligen Holztisch Platz. »Die Vertretung von Rheinland-Pfalz war eine Oase der Ruhe und des Friedens«, fuhr sie fort und deutete auf ein von Bougainvilleen umranktes Gartenhaus, aus dessen Fenster ein grauhaariger Mann schaute. »Das ist Joseph, unser Nachtwächter, der hier die Stellung hielt, während Interahamwe-Milizen die Botschaften durchkämmten und alle Tutsi-Familien, die in der Hoffnung auf diplomatische Immunität in Kanzleien oder Residenzen geflüchtet waren, gnadenlos niedermachten.« Joseph war Hutu und hatte zwei Dutzend Tutsi-Flüchtlinge unter Lebensgefahr im Garten der rheinland-pfälzischen Vertretung versteckt.

Tagsüber hatten sie sich auf dem von der Sonne aufgeheizten Dachboden verborgen, und nur mit Josephs Hilfe, der sie heimlich mit Wasser und Brot versorgte, hatten sie den Völkermord überlebt. Die Tiefkühltruhe war an ein Notstromaggregat angeschlossen, das Faxgerät funktionierte, und Nellie hatte Joseph einen Lageplan übermittelt, eine Art Schatzkarte, aus der hervorging, unter welcher Gartenhecke sie vor der Abreise Wertsachen und Geld vergraben hatte.

»Und warum wurde die Vertretung von Rheinland-Pfalz nicht geplündert?«

»Das wissen wir nicht. Schon vor dem Völkermord haben wir keine Weinproben mehr veranstaltet. Weil die Milizen Champagner dort vermuteten, haben sie die Residenz des französischen Botschafters dem Erdboden gleichgemacht. Wir hatten Glück – die Plünderer glaubten, dass außer Büchern und Plakaten bei uns nichts zu holen sei.« Er dachte an das Nachschlagewerk zur Natur Ruandas, das ihm der deutsche Kulturattaché geliehen hatte: In dem prachtvoll ausgestatteten Fotoband, finanziert von einer Stiftung in Rheinland-Pfalz, war die Fauna und Flora des Landes alphabetisch aufgelistet, in drei Sprachen – Deutsch, Französisch und Kinyaruanda. Vor ein paar Tagen war er dem Verfasser des Buches begegnet, im Hôtel du Lac am Nordufer des Kiwusees, und B. hatte sich gewundert, weil der modisch gekleidete junge Mann mit Borsalino-Hut überhaupt nicht seiner Vorstellung von einem Zoologen entsprach, der in tropischen Nebel- und Regenwäldern Reptilien und Insekten klassifiziert.

»Und welches ist der zweite Völkermord?«

»Versprechen Sie, mit niemandem darüber zu reden, denn ich riskiere Kopf und Kragen – nicht bloß meinen Job!«

Offiziell gebe es keine Hutu und Tutsi mehr, sagte Nellie, nur noch Ruander. Die Regierung spreche von Frieden und Versöhnung, aber hinter den Kulissen fänden blutige Säuberungen statt. Nicht nur die Auftraggeber und Exekutoren des Genozids von 1994, auch gemäßigte Hutu und Tutsi, die Kagame die Gefolgschaft verweigerten, seien eliminiert worden. Die Hingerichteten habe man in Massengräbern verscharrt, später exhumiert und zu Opfern des Völkermords deklariert.

Obwohl er einer Tutsi-Familie das Leben gerettet habe, müsse Joseph sich demnächst vor dem Gatschatscha-Tribunal verantworten – ein Polizeispitzel habe ihn als Kollaborateur denunziert.

Nellie senkte die Stimme. »Haben Sie den Film *Hotel Ruanda* gesehen? Bei der Premiere im Sportstadion von Kigali hat der Präsident die Vorführung unter Protest verlassen, weil der Held des Films kein Tutsi, sondern Hutu ist!«

»Ich weiß.«

»Das ist noch nicht alles!«

Nellie drückte ihre Zigarette aus und schnippte die Kippe in den Garten. Sie beugte sich vor.

»Der eigentliche Völkermord findet in der Kiwu-Region statt, im wilden Osten der Kongorepublik. Dort werden jeden Tag Hunderte Menschen umgebracht. Es gibt keine verlässliche Statistik, aber im Kongo tätige Hilfsorganisationen schätzen die Gesamtzahl der Opfer auf dreieinhalb Millionen.«

»Und was hat Ruanda damit zu tun?«

»Das müssen Sie selbst herausfinden! Ich sage nur ein Wort: Coltan, ein Edelmetall, das zur Herstellung von Mobiltelefonen verwendet wird.«

7 B. hatte schlecht geschlafen. Dies war seine erste Nacht in Masisi, einem Provinzhospital in Nord-Kiwu, das am Tropf der Vereinten Nationen hing: Ohne das auf dem nächsten Hügel errichtete Camp der Blauhelmtruppen, das die Klinik jeden Tag zwei Stunden lang mit Wasser und Strom versorgte, hätten Krankenschwestern und Pfleger die Arbeit eingestellt und die Patienten sich selbst überlassen. Die Klinik war der letzte Überrest eines von den Belgiern hinterlassenen Gesundheitssystems, das nach dem Abzug der Kolonialmacht verfallen und vom Mobutu-Regime notdürftig aufrechterhalten worden war. Eine ins Tor gemeißelte Inschrift erinnerte an den Gründer des Hospitals, einen Pater, der hier eine Leprastation geleitet hatte, bis die Regierung ihn des Landes verwies. Seitdem funktionierte die Klinik nur noch rudimentär: Der Chefarzt war nach Goma gefahren, um Medikamente zu kaufen, aber niemand wusste, ob und wann er nach Masisi zurückkehren würde. Die Regenzeit stand bevor, und die mit deutscher Hilfe renovierte Piste wurde durch Erdrutsche und Straßensperren blockiert oder unpassierbar gemacht. Hinzu kamen bewaffnete Überfälle von Rebellen, die Busreisenden Geld abknöpften, LKW-Ladungen konfiszierten und Kinder entführten, um die Mädchen zu vergewaltigen und die Jungen als Kindersoldaten zu rekrutieren.

»Aus Angst vor Übergriffen verlassen die Bauern Haus und Hof. Die Felder liegen brach, und weil sie überwiegend von Hilfsgütern leben, haben die Frauen das Kochen

verlernt«, hatte ihm der Verwaltungschef der Klinik erklärt, der ihm an einer als Tisch dienenden Munitions-
kiste gegenübersaß. Und zur Illustration seiner Worte
hatte er nach draußen gezeigt, wo sich minderjährige
Mütter mit in Tüchern gewickelten Babys und ältere Ge-
schwister mit kleinen Kindern an der Hand im Regen
unter eine Dachtraufe duckten, in der vagen Hoffnung,
ins Hospital aufgenommen und dort ein paar Tage lang
durchgefüttert zu werden. »Wir päppeln sie hoch mit
Nährstoffen und Vitaminen, aber nach kurzer Zeit stehen
die Mütter wieder vor unserer Tür, weil ihre Kinder unter-
ernährt sind«, sagte der Verwaltungschef und prostete B.
zu mit wie Seifenlauge schäumendem Primus-Bier: Kuli-
narischer Luxus an einem Ort, wo es weder elektrischen
Strom noch Kühlschränke gab – ganz zu schweigen von
Hotels und Restaurants.

Mit eingezogenen Schultern hatte B. sich unter die Wartenden gemischt, um Namen und Alter von Müttern und
Kindern zu notieren, aber schon die Frage nach ihren
Wohnorten konnten oder wollten die Frauen nicht beantworten. Vom Dach spritzendes Wasser sprühte auf
seinen Notizblock, und beim Blick in die erloschenen
Augen eines Säuglings, dessen dünne Haut sich wie Sei-
denpapier über die Wangenknochen spannte, zog er sich,
von Panik erfasst, ins Innere des Hauses zurück. *Espé-
rance*, 15, *Déogratias*, 2, hatte er in Krakelschrift notiert,
bevor der Regen die Buchstaben auflöste, ein passendes
Symbol für das Schicksal der Menschen hier. Ihre Namen
klangen wie Hohn, denn die minderjährige Mutter hatte
keine Chance, ihr Baby durchzubringen, auf dem nicht
die Gnade Gottes ruhte, sondern der Fluch der bösen Tat:
Vielleicht war sie von Rebellen verschleppt worden, oder
Soldaten der Regierungsarmee hatten sie sexuell ver-
sklavt.

Daran musste er denken, während er sich schlaflos auf der durchgelegenen Matratze wälzte, unschlüssig, ob er die Läden verschlossen halten oder aufsperren sollte: Die Luft war stickig, aber das offene Fenster würde Anopheles-Mücken anlocken oder Fliegen der Gattung *Aedes Aegypti*, die Denge-Fieber verbreiteten, das gefährlicher war als Malaria. Nur weibliche Stechmücken übertrugen die Krankheit, und B. überlegte, ob Moskita die Femininform von Moskito war. Statt ihn in den Schlaf zu lullen, machte dieser Gedanke ihn hellwach. Er suchte im Finstern nach Streichhölzern – das Feuerzeug steckte in seiner Jackentasche, die im Vorraum an der Garderobe hing, und die für Tropennächte unverzichtbare Taschenlampe hatte er zuunterst in seinen Koffer gepackt. Er stieß im Dunkeln gegen die Tischkante und gegen eine Schrank- oder Zimmertür, die knarrend aufsprang. Um nicht noch mehr Lärm zu machen, ließ er sich auf die Knie nieder und kroch durch den Flur zur Toilette, wo er vergeblich versuchte, eine Kerze anzuzünden – die Reibfläche war zu feucht. Er stolperte über einen Putzeimer, dessen Inhalt über seine Pyjamahosen schwappte, und tastete sich die Wand entlang zu seinem Zimmer zurück, als ein Lichtstrahl ihn blendete. B. hatte sich in der Tür geirrt, und im Schein einer Kerosinlampe sah er den Doppellauf eines Gewehrs, das aus der Dunkelheit heraus auf ihn zielte. Das Poltern hatte den Nachtwächter alarmiert, und B. hatte Mühe, dem schlaftrunkenen Mann klarzumachen, dass er kein Einbrecher, sondern ein deutscher Reporter war.

8 Der Tote lebte noch. Er lag auf dem Rücken, den Kopf zur Seite gedreht, und rang röchelnd nach Luft. Sein Brustkorb hob und senkte sich bei jedem Atemzug, der

den abgezehrten Körper durchlief, und seine in Gummisandalen steckenden Füße zuckten, Halt suchend, durchs taunasse Gras. Eine Gruppe von Passanten, Mütter mit Kindern aus dem nächsten Dorf, umstanden ihn im Halbkreis und sahen ehrfürchtig schweigend seinem Todeskampf zu. Der Sterbende war achtzehn, höchstens zwanzig Jahre alt. Er trug zerschlissene Hosen und ein hellgraues T-Shirt, unter dem sich ein schnell größer werdender Blutfleck abzeichnete. Es war nicht ersichtlich, ob er auf der Flucht erschossen worden war oder seinem Mörder ins Gesicht geblickt hatte, als dieser seine Kalaschnikow auf ihn abfeuerte.

Es war kurz nach acht, vier Kilometer westlich von Masisi. Winkende Anwohner hatten den Landrover der Welthungerhilfe, in dem B. saß, zum Halten veranlasst. Sie erzählten, aufgeregt gestikulierend, Milizangehörige hätten die Dorfbewohner zum Tragen von Lasten gezwungen und den Jungen, der sich dem Befehl widersetzte, zur Abschreckung exekutiert. Die Frage nach den Tätern beantworteten sie mit drei Buchstaben: RCD – so hieß die Kriegspartei, die diesen Abschnitt der durch Nord-Kiwu führenden Straße kontrollierte.

Was tun? Die Behörden zu alarmieren war sinnlos, weil es in Ostkongo außer einander bekämpfenden Banden keine Staatsmacht mehr gab. Und wenn der Schwerverletzte beim Transport über die holprige Piste starb, würde der Fahrer der Welthungerhilfe für seinen Tod verantwortlich gemacht.

Safari – so hieß der Chauffeur – schlug vor, die in Masisi stationierten Blauhelmsoldaten zu informieren, aber das war leichter gesagt als getan. Ihr mit Sandsäcken und Stacheldraht barrikadiertes Camp glich einem Hospital, das keine Kranken aufnimmt, weil die Anwesenheit von Patienten den perfekt organisierten Ablauf stört. Der

Wachposten, ein Sikh mit schwarzem Turban, verstand kein Englisch, sein Vorgesetzter war in einem Meeting, und wertvolle Zeit verging, bis der Kommandeur von IND BATT 3 endlich erschien – falls der Erschossene noch gelebt hatte, war er inzwischen tot.

»Do you prefer coffee or tea«, fragte Oberstleutnant Ginesh, ein Inder mit dem Emblem der Raketentruppen am Revers, und erkundigte sich, wie in Deutschland das Wetter war. »Human life has no value in Africa«, sagte er mit einem Stoßseufzer, als B. ihm den Grund seines Kommens darlegte. »Dies ist der zweite Todesfall in einer Woche, und die Zunahme der Übergriffe zeigt, dass die Milizen nervös werden!« Der vom Weltsicherheitsrat beschlossene Einsatz, die weltweit größte und teuerste UN-Mission, war erst vor kurzem verlängert worden. Aber obwohl der Schutz der Zivilbevölkerung zum Mandat der MUNOC gehörte, weigerte sich der Offizier, eine Patrouille loszuschicken, um Zeugen zu befragen und Beweismittel zu sichern, bevor die Mörder ihre Spuren verwischen konnten.

»Wenn es nach mir ginge, würde ich hart durchgreifen«, sagte Oberleutnant Ginesh. »Aber wir sind Militärbeobachter und keine Krieg führende Partei. Was wir brauchen, ist ein robustes Mandat!« – »Ich dachte, das hätten Sie schon?« – »Wir schlagen zurück, wenn man uns angreift, aber wir vermeiden jede unnötige Provokation. Nehmen Sie noch eine Tasse Tee«, fügte der Inder hinzu, während sein weiß gekleideter Adjutant die Gläser vollschenkte. »Ich kann mir denken, wie Ihnen zumute ist. – Möchten Sie etwas Gin dazu?«

Eine Stunde später war der Tote verschwunden, als habe er sich in Luft aufgelöst. Die Menschen am Straßenrand gaben keine Auskunft mehr, sie legten Finger auf den Mund und wiesen mit stummen Gesten auf eine Gruppe finster dreinblickender Kämpfer, die demonstrativ ihre Gewehre durchluden, um der Aufforderung zur Weiterfahrt Nachdruck zu verleihen.

9 »Diese Milizen sind eine Pest«, hatte der Chauffeur der Welthungerhilfe gesagt, mit dem B. am Vortag von Goma nach Masisi aufgebrochen war. Alle fünf oder zehn Kilometer, vor jeder Straßenkreuzung und vor jedem Ortseingang, hatten sie Steine, Äste und alte Autoreifen zu Barrikaden aufgehäuft, um Wegzölle zu erpressen von vorbeifahrenden Lastwagen und Bussen: Militärpolizisten mit roten Armbinden unter dem Kommando von Gomas starkem Mann Tango Fort; Kämpfer des RCD (*Rassemblement congolais pour la démocratie*), die, anders als ihr Name verhieß, weder Kongolesen noch Demokraten waren – es handelte sich um eine von Ruanda ferngesteuerte Miliz, deren Chef Ruberwa im fernen Kinshasa als Minister amtierte; Angehörige der Regierungsarmee, die sich, abgeschnitten vom Nachschub und seit Monaten ohne Sold, in Banditen verwandelt hatten; und Kindersoldaten der Maji-Maji, unverwundbar gemacht durch Zauberwasser, das angeblich wie eine kugelsichere Weste wirkt.

Er sei nicht abergläubisch, hatte Safari gesagt, aber er habe mit eigenen Augen gesehen, wie Gewehrkugeln von der Brust der Maji-Maji-Krieger abgeprallt seien, nachdem diese sich mit Zauberwasser gewaschen hätten – Maji heißt Wasser auf Kiswahili. Die Kämpfer steckten in olivgrünen Uniformen, die aussahen, als seien sie von einem zentralen Designerbüro in Peking entworfen worden. Nur die Offiziere trugen Gummistiefel, extravaganter

Luxus in diesem Teil der Welt; ihre Untergebenen liefen barfuß oder in zerschlissenen Sandalen herum. Mit drohend gezückten Macheten oder Kalaschnikows bettelten sie Autofahrer um Alkohol und Zigaretten an: »Mistah, give me a smoke!« Der Blick in die geröteten Augen der Kindersoldaten, die schon früh am Morgen bekifft oder besoffen waren, erschien B. aufschlussreicher als die Lektüre theoretischer Traktate über Staatszerfall.

Obwohl sie sich äußerlich kaum voneinander unterschieden, bekämpften die Milizen einander bis aufs Messer. Wie der religiöse Streit zwischen Protestanten und Katholiken im Dreißigjährigen Krieg war der Auslöser der Kämpfe, der aus Ruanda importierte Hutu-Tutsi-Konflikt, in Vergessenheit geraten und durch neue Frontstellungen überlagert worden. Und nur wenn es darum ging, die Reichtümer des Kongo – Gold, Diamanten, Uran und Coltan – unter ihre Kontrolle zu bringen, zogen die verfeindeten Volksgruppen am gleichen Strang.

»Die Ruander sind Konquistadoren«, meinte Safari. »Zuerst haben die Hutu in Goma die Regale leergeräumt, und dann kamen die Tutsi und nahmen die Regale mit. Zuletzt haben sie sogar die Wellblechdächer unserer Häuser und die fruchtbare Erde außer Landes geschafft!«

Zum Beweis deutete er auf die umliegende Savanne, einst ein Naturschutzpark mit Gazellen und Antilopen, der von Wilderern leergeschossen worden war; nur die Berggorillas in den Nebelwäldern der Vulkane hatten das Massaker überlebt. Der Wind trieb Aschewolken über die Ebene. Wo sich früher Elefantengras im Wind gewiegt hatte, dehnte sich jetzt ein trostloses Lavafeld, nachts eiskalt und tagsüber aufgeheizt wie eine Elektroherdplatte: Wie Vieh zusammengepfercht, hatten hier bis zu einer Million

Menschen, unter ihnen die Täter des ruandischen Völkermords, auf engstem Raum vegetiert. Das war im Sommer 1994: Unter den Flüchtlingen brach eine Durchfall-Epidemie aus, und die Toten waren so zahlreich, dass sie von Bulldozern in Kalkgruben gekippt werden mussten; erst eine Luftbrücke zur humanitären Versorgung hatte das Massensterben eingedämmt. Ein verwittertes Schild mit der von der Sonne gebleichten Aufschrift MUGUNGA erinnerte an die historische Tragödie, die Ende 1996 mit der Erstürmung des Lagers durch die Tutsi-Armee und der Zwangsrepatriierung der Flüchtlinge geendet hatte. Und als sei das Maß nicht schon übervoll, hatte eine im Sommer 2000 erfolgte Eruption des Nyiragongo die Umgebung der Stadt mit Lavaströmen überschwemmt, nach deren Erkalten die Regierung das Gelände zur Bebauung freigab für Obdachlose und Vertriebene, die hier in windschiefen Hütten hausten, ohne Zugang zum Wasser des nahe gelegenen Kiwusees: Seit dem Vulkanausbruch quoll giftiges Metangas aus dem See, das Fischer und Anrainer tötete.

10 Die von der Welthungerhilfe instand gesetzte Piste schraubte sich in enger werdenden Serpentinen den Berg hinauf. Der Fahrer bremste auf einem schmalen Grat: Links eine steil aufragende Felswand, rechts eine Uferböschung mit tiefen Löchern, in denen halbnackte Männer, bis zur Hüfte im Wasser, Schlick schaufelten und mit Pfannen durchsiebten. B. glaubte, es handle sich um Gold- oder Diamantensucher, aber Safari belehrte ihn eines Besseren. »Nein, Coltan«, erläuterte er und winkte einen Arbeiter zu sich heran, der einen unverständlichen Satz murmelte. »Der Mann behauptet, das Coltan werde mit Militärlastwagen nach Ruanda transportiert. Kein

Wunder, dass die Wirtschaft dort boomt, während bei uns im Kongo Hungersnot herrscht!«

Die Buschtrasse schlängelte sich zwischen steilen Hängen hinab, auf denen gebückte Frauen mit auf den Rücken gebundenen Babys Maniok pflanzten. B. kritzelte das Wort *Hackbau* in sein Notizbuch, aber die holprige Piste machte seine Schrift unleserlich. Unter einer aus Baumstämmen gefügten Brücke toste ein Wildbach, und ein durch Erdrutsche blockierter Fluss kam in Sicht, angestaut zu einem See, von dem Wildenten aufflogen. Hier hatten Maji-Maji-Krieger einem Kommando der RCD aufgelauert und schwere Verluste zugefügt. »Der Fuchs sagte zu dem kleinen Prinzen: Mein Leben ist langweilig«, stand mit Kreide an der Tafel der früheren Missionsschule, die beim Rückzug der Milizen geplündert worden war: »Ich jage Hühner, und die Menschen jagen mich« – ein passender Kommentar zum Kampf aller gegen alle in einem zerfallenden Staat, dessen Regierung nur noch auf dem Papier existierte. *Failed State* war der Fachausdruck dafür, aber diesen Ausdruck hatte Safari noch nie gehört.

In der Kolonialzeit sei das Leben leichter gewesen, meinte er: Damals habe es Schulen und Hospitäler gegeben, deren Besuch gratis gewesen sei, und niemand habe den Bauern die Ernte geraubt. Deshalb, fügte er ungefragt hinzu, sei die Instandsetzung der Straße so wichtig: Die Piste stelle Öffentlichkeit her, die es den Milizen erschwere, Anwohner zu ermorden oder zu vergewaltigen. Aus diesem Grund hätten Kämpfer der RCD das Basiscamp der Welthungerhilfe attackiert, die Baumaschinen zerschlagen und 50 000 Liter Dieselöl gestohlen – der Schaden werde auf 300 000 Dollar geschätzt.

Der Landrover näherte sich laut hupend dem letzten Vorposten der UN-Blauhelmtruppe, eingeigelt in der Ruine einer ehemaligen Teefabrik. Links ein Bergmassiv, von schwarzen Wolken umhüllt, aus denen Blitze zuckten und eiskalter Regen prasselte. »Dort oben wohnen Pygmäen«, wisperte Safari ihm zu: Azarias Ruberwa, der Chef der RCD, habe die Pygmäen zum Fressen gern – wörtlich und nicht nur im übertragenen Sinn. Trotzdem habe seine Miliz das Dorf verschont, weil der Warlord abergläubisch sei. *Trompete der Nacht* hieß ein Urwaldbaum mit totenblassen Blüten, der passend dazu am Wegrand wuchs.

Kurz vor Walikale, im letzten Bauabschnitt, waren Kämpfer der Interahamwe stationiert, jener Hutu-Miliz, die den Völkermord in Ruanda geplant und ausgeführt hatte und vor dem Fluch der bösen Tat ins Hinterland geflohen war. Interahamwe hieß: allzeit bereit. Wie Pfadfinder sahen die mit Funkgeräten und MPs bewaffneten Soldaten nicht aus, doch Hunderte Kilometer von der Grenze entfernt, stellten sie für die ruandische Armee keine Bedrohung dar. B. fragte ihren Kommandeur, der seinen Namen mit Mugabe angab und ein T-Shirt mit dem Bild Osama Bin Ladens trug, was er vom Waffenstillstand von San Egidio halte. In diesem vom Vatikan ausgehandelten Friedensplan hatten die Führer der Hutu-Milizen sich zu ihrer Verantwortung für den Völkermord bekannt und zur Rückkehr nach Ruanda bereit erklärt.

»Sehen Sie mir ins Gesicht«, sagte Mugabe. »Ich bin kein Monster und wünsche nichts sehnlicher, als in Frieden zu leben. Aber Kagame spuckt auf unsere zur Versöhnung ausgestreckte Hand und fordert die bedingungslose Kapitulation, um uns in Schauprozessen abzuurteilen und in Massengräbern verschwinden zu lassen. Nur wenn man mir Straffreiheit garantiert, lege ich die Waffen nieder und kehre freiwillig nach Hause zurück!«

11 »Vor elf Jahren, am 14. April 1994, hat die Interahamwe meine Eltern und Großeltern, Schwestern und Cousinen, Onkel und Tanten ermordet«, sagt Rosette, eine Studentin der Psychologie, die B. durch das Genozid-Museum führt. Sie schiebt die eiserne Abdeckung zurück und zeigt in eine Gruft, in der sich mit Plastikblumen geschmückte Särge stapeln, von denen jeder, wie sie sagt, die sterblichen Überreste einer Großfamilie enthält. Im umliegenden Tal habe man 20 000 Leichen exhumiert, in ganz Kigali seien es zehnmal so viele. Auf die Frage nach dem Schicksal ihrer Angehörigen schüttelt Rosette stumm den Kopf. Sie habe nicht die Kraft, sagt sie, den Tätern gegenüberzutreten; und selbst wenn sie die Mörder ihrer Familie ausfindig machen könnte, würden die ihr nicht die Wahrheit sagen.

Sie stehen vor einer Vitrine voller Schädel, die mit Knüppeln oder Macheten gespalten worden sind – eine tödliche Kugel war ein Privileg, das Geld kostete. Daneben sind rostige Schlüsselbunde, blutgetränkte Hemden und vergilbte Passfotos ausgestellt. Eine weißhaarige Frau, die auf einem der Fotos ihren Neffen erkennt, bekommt einen Nervenzusammenbruch und wird von einer Betreuerin behutsam zum Ausgang geleitet.

800 000 Tutsis und gemäßigte Hutus, die sich geweigert hätten, mit den Mördern gemeinsame Sache zu machen, seien damals, im Frühjahr 1994, innerhalb weniger Wochen abgeschlachtet worden, berichtet Rosette: der schlimmste Völkermord seit dem Genozid in Kambo-

dscha, und ähnlich wie dort hätte das Massaker durch rechtzeitiges Eingreifen verhindert werden können. »Die UNO war vorgewarnt, aber statt Verstärkung zu schicken, zog Kofi Annan die Blauhelmtruppen aus Ruanda ab, weil Bill Clinton ein zweites Somalia befürchtete.«

»Und wer hat das Flugzeug abgeschossen, dessen Absturz im April 1994 den Völkermord auslöste? Stimmt es, dass die jetzige Regierung dahintersteckt?«

Rosette legt erschrocken den Finger auf den Mund.

»Diese Frage kann Ihnen nur Pater Freddy beantworten, die rechte Hand des Erzbischofs. Er war während des Völkermords hier und kennt Ruanda besser als ich. Fragen Sie in der *Procure* nach ihm. Ich studiere Psychologie und verstehe nichts von Politik!«

12 Pater Freddy sah so aus, wie man sich einen Missionar der Weißen Väter vorstellt, der einen Großteil seines Lebens in Afrika zugebracht hat: Zwanzig Jahre in Kisangani, das damals noch Stanleyville hieß, und fünfzehn Jahre in Kigali und Bujumbura. Er war kahlköpfig und hatte einen schwarzen Bart, der mit seinem weißen Talar kontrastierte; nur seine von Nikotin verfärbten Fingerkuppen passten nicht dazu. Pater Freddys Büro lag neben dem Amtssitz des Erzbischofs, der *Procure*, im Hinterzimmer einer kirchlichen Buchhandlung, auf deren Tisch sich vergilbte Broschüren und zerlesene Zeitschriften stapelten: B. kaufte ein Buch über die Geschichte des Erzbistums und klopfte erst zaghaft, dann lauter an die Tür, zu der die Kassiererin, eine Schwester in Ordenstracht, ihn gewiesen hatte. Tabakrauch schlug

ihm entgegen, blauer Dunst, der den Priester wie einen unsichtbaren Gott den Blicken entzog. Ein an der Wand hängendes Poster des Papstes, der mit erhobenen Armen eine Kopf an Kopf stehende Menge segnete, schwebte wie der Heilige Geist über der Rauchwolke.

»*Urbi et orbi*«, murmelte Pater Freddy mit Blick auf das Papstfoto und stemmte sich aus seinem Schreibtischstuhl. Er kam aus Malmédy im belgischen Grenzgebiet, sprach fließend Deutsch und baute gern idiomatische Redensarten in seine Sätze ein: »Hoppla – wer kommt da hereingeschneit?« – »Was haben wir denn hier?« Der Priester zog eine Flasche Calvados aus einem Schubfach und schenkte zwei Kaffeetassen, die er vorher saubergewischt hatte, gestrichen voll. »Tun Sie sich keinen Zwang an. Es gibt auch Kaffee, und wenn es Ihnen Spaß macht, legen Sie die Beine auf den Tisch. Was kann ich für Sie tun?«

»Die katholische Kirche hat einen schweren Stand in Ruanda«, sagte Pater Freddy, nachdem B. ihm den Grund seines Kommens erläutert hatte. »Man wirft ihr vor, dass sie den Völkermord nicht verhindert hat. *Génocidaire* heißt das neue Totschlagswort, mit dem das Regime die Opposition mundtot macht und Andersdenkende zum Schweigen bringt. Das Schlimme ist, dass die Vorwürfe nicht aus der Luft gegriffen sind. Ordensschwestern und Priester haben nicht nur nichts getan zur Verhinderung des Genozids – sie haben selbst Hand angelegt!«

»Und was halten Sie von der These, dass es noch einen zweiten Völkermord gibt?«

Pater Freddy zündete sich eine Zigarette an – Gitanes mit Maispapier, das die Finger gelb färbt.

»Schauen Sie. Alle reden vom Aussterben der Saurier vor 65 Millionen Jahren – erdgeschichtlich gesehen ist das erst gestern passiert – so wie der Genozid von 1994. Aber niemand redet vom Aussterben der Ammoniten, die sich 300 Millionen Jahre lang in allen Meeren tummelten, bis sie urplötzlich von der Bildfläche verschwanden.«

»Die Dinosaurier sind ein beliebtes Kinderspielzeug«, fuhr er fort, nachdem er sich mit einem Schluck Calvados gestärkt hatte. »Kein Wunder, denn sie waren riesengroß und sahen prachtvoll aus – so wie die Tutsi die Lieblinge der Medien sind. Ruandas Mehrheitsbevölkerung hingegen hat keine Lobby, denn die Hutu sind klein und krumm – wie die Ammoniten, für die sich außer ein paar Paläontologen niemand interessiert. Die öffentliche Meinung gibt ihnen keine faire Chance, weil sie ein für alle Mal abgestempelt sind. Sie tragen das Kainsmal des Mörders auf der Stirn.«

»Oder das Kainsmal des Verlierers. Aber Sie haben meine Frage nicht beantwortet: Gab es einen zweiten Genozid?«

»Ich würde eher von einem Hintergrundsterben sprechen, das dem Völkermord vorausging und diesen begleitet hat, weniger spektakulär und deshalb schwerer wahrnehmbar. Wie das Aussterben der Korallenriffe, das bis heute andauert.«

»Sind Sie Christ oder Darwinist?«

»Lassen Sie Darwin aus dem Spiel! Ich bin katholisch, aber kein Idiot.«

13 Einzeln oder in kleinen Gruppen kamen sie durch die Tür: Botschafter in Nationaltrachten ihrer Länder und Afrikanerinnen in farbenprächtigen Boubous, Militärattachés in Ausgehuniform und Kirchenmänner im festlichen Ornat, Funktionäre der Einheitspartei, Minister in Maßanzügen und Entwicklungshelfer in Jeans, gefolgt von jungen Männern in Blazern mit dem Emblem der FIFA, die einen kahlköpfigen, sonnengebräunten Herrn eskortierten, der durch eine in der Menge sich öffnende Gasse auf das Buffet zuging und mit geübtem Griff ein Glas von dem Silbertablett nahm, das ein Kellner vollschenkte, bevor er sich, nach mehreren Seiten grüßend, auf den freien Platz neben B. setzte, den Whisky Soda wie eine Siegestrophäe an die Brust gedrückt.

»Mein Name ist Blatter«, sagte er mit Schweizer Akzent, »und ich habe in drei Tagen sechs afrikanische Länder besucht. Jeder Regierungschef will, dass wir die Weltmeisterschaft bei ihm ausrichten, zumindest aber ein hochkarätiges Match, und Sie können sich vorstellen, wie mir zumute ist!«

Er führte das gefüllte Glas zum Mund und nahm, erleichtert, wie es schien, den ersten Schluck. – »Sind Sie mit dem Schriftsteller Silvio Blatter verwandt?« – »Das hat man mich schon oft gefragt!«

221

Die Fortsetzung des Gesprächs wurde unterbrochen von Frauen in wallenden Gewändern, die dem Fußballgewaltigen mit hochgereckten Hintern ein aufwendig verpacktes Geschenk überreichten, eine kitschige Skulptur aus Ebenholz, die der FIFA-Präsident auswickelte und in Siegerpose, als handle es sich um einen heiß umkämpften Pokal, der Presse präsentierte.

»Sie waren in Nord-Kiwu«, sagte von Schmidt, der deutsche Kulturattaché, der ihn zum Empfang der FIFA eingeladen hatte. Ursprünglich waren sie zum Mittagessen verabredet gewesen, aber der Kulturattaché hatte in letzter Minute abgesagt, und B. hatte mit dem russischen Militärattaché vorliebnehmen müssen, der seinen Namen mit Nikitin angab und, obwohl knapp bei Kasse, darauf bestanden hatte, die Rechnung zu bezahlen. »Oberst Nikitin spricht fließend Kinyaruanda«, sagte von Schmidt. »Er hat an der Lumumba-Universität in Moskau Afrikanistik studiert. Vermutlich arbeitet er für den KGB.«

»Was mich besonders interessiert«, fügte er hinzu, während der FIFA-Präsident, leichtfüßig, wie es schien, das Podium erklomm, vor dem Kinder in Schuluniformen Spalier standen, mit selbst gemalten Bildern und Bastelarbeiten im Arm, »was mich interessiert, ist die Bewaffnung der Rebellen. Es heißt, die Interahamwe sei mit G-3-Gewehren ausgerüstet.«

»Sie fragen mir Löcher in den Bauch.«

»Das deutsche G-3-Gewehr hat größere Durchschlagskraft als die AK-47, die, wie der Name besagt, aus dem Jahr 1947 stammt und nach ihrem Erfinder Kalaschnikow heißt, russisch Awtomat.«

»Dasselbe hat Oberst Nikitin gesagt.«
»Die Ausfuhr von Kriegswaffen ist verboten, und wir wüssten gern, wie die Interahamwe in den Besitz von G-3-Gewehren gelangt ist.«
»Sind Sie Kultur- oder Militärattaché?«

»Kultur und Militär sind zwei Seiten derselben Sache«,
antwortete von Schmidt. »Genau wie Kultur und Sport!«
Und er deutete auf das Podium, wo der FIFA-Präsident,
umbrandet vom Blitzlichtgewitter der Fotografen, einen
mit Büffelleder bespannten Schild und einen hölzernen
Speer entgegennahm.

14 Bei der Rückkehr ins Hotel Mille Collines fand B.
eine Nachricht vor, die der Nachtportier unter dem
Türschlitz durchgeschoben hatte: ERNESTINE HAS CAL-
LED – WILL CALL AGAIN. Wer war Ernestine? Ein Call-
girl der Luxusklasse oder eine Spionin, die auf ausländische Besucher angesetzt war? Mata Hari, Lola Montez
oder beide zugleich? Er hatte keine Zeit, sich diese Frage
zu beantworten, denn im selben Augenblick klingelte
das Telefon. Der Präsident der Republik wünschte ihn zu
sprechen, jetzt sofort. Aber war Ruanda überhaupt eine
Republik? Oder handelte es sich um eine Militärdemo-
kratie? Diesen Ausdruck hatte Oberst Nikitin benutzt,
und B. hatte ihn auf einem Bierdeckel notiert. Jemand
schlug ihm einen stumpfen Gegenstand auf den Kopf.
Später konnte er sich nicht mehr daran erinnern, ob die
Eindringlinge an die Tür geklopft oder Nachschlüssel benutzt hatten. Offenbar waren sie zu zweit, denn sie pack-
ten ihn unter den Achselhöhlen und zerrten ihn zum Auf-
zug, obwohl B. sich wehrte und mit den Absätzen seiner
Schuhe auf dem Teppichboden eine gut sichtbare Spur
hinterließ, die später mit Staubsaugern beseitigt wurde.
Die Angreifer schleiften ihn über Treppen und Korridore
zur Lobby des Hotels, vor dessen Auffahrt ein Jeep ohne
Nummernschild mit laufendem Motor wartete. Ob die
Rezeption nicht besetzt oder der Nachtportier eingeschlafen war, konnte die nachträgliche Untersuchung nicht

223

mehr klären, genauso wenig wie die Frage, warum die Überwachungskameras zur fraglichen Zeit ausgeschaltet waren. B. hatte keinen Anhaltspunkt, wo er sich befand, bis er durch eine verrutschte Augenbinde hindurch einen Meilenstein sah, der die Entfernung nach Gisenyi mit 49 Kilometern angab. Das bedeutete, dass die Fahrt nicht, wie er gehofft hatte, zum Flughafen ging, sondern zur kongolesischen Grenze und dass man ihn, aus welchen Gründen auch immer, nach Goma abschieben würde.

Ruanda ist ein Bergland, das dicht bevölkert und von Rinderherden überweidet ist. Die auf Hügelkämmen liegenden Bauernhöfe wurden durch Erbteilung immer weiter parzelliert, sodass immer weniger Land immer mehr Menschen ernähren muss. Trotz der Nähe zum Äquator ist es auf den Hügeln erfrischend kühl, während in den feuchten Niederungen tropische Hitze herrscht. Früher gab es hier Nilpferde und Krokodile, heute wimmelt es von Moskitos, die Gelbfieber und Malaria übertragen. Wie einst Sklaven ins Mississippi-Delta, flüchteten Überlebende des Genozids in die Papyrussümpfe und wurden dort von ihren Verfolgern massakriert. B. war trotzdem zuversichtlich, denn der Jeep bog von der asphaltierten Straße ab und fuhr auf einer mit Schlaglöchern übersäten Piste bergauf. Er überlegte, ob er aus dem fahrenden Auto springen und den Steilhang herabrollen sollte, der ihn den Blicken seiner Verfolger entzog, aber als der Wagen hielt, war es zu spät. Hinter der Vulkankette im Osten ging die Sonne auf, und statt auf das von Nebel umflorte Wasser des Kiwu-Sees blickte er in einen brodelnden Krater, dessen schwefliger Rauch ihm den Atem benahm. Das war seine letzte Erinnerung.

IX. AURELIA

1 *»Gleich darauf sah ich vor mir eine Frau mit fahler Gesichtsfarbe und hohlen Augen, die die Züge von Aurelia zu haben schien. Ich sagte mir: Ihr oder mein Tod wird mir angekündigt ...«*   Gérard de Nerval: *Aurélia*

AURÉLIE IST TOT. Sie starb im Beisein ihrer Kinder am 12. Dezember 2009 in Berlin, und ihr viel zu früher, qualvoller Tod legt mir die Verpflichtung auf, über ihr Leben zu schreiben und all das zu sagen, was Aurélie mir, und nicht nur mir, bedeutet und in ihrer Person verkörpert hat: die Tragödie ihres Volkes, die gegen meinen Willen Teil meiner eigenen Geschichte geworden ist, eine Geschichte blutiger Verwicklungen, bis heute fortdauernd und so ausweglos, dass sie sich kaum in Worte fassen lassen und hiesigen Lesern, die das Leiden fremder Völker in weit entfernten Ländern nicht interessiert, schwer zu vermitteln ist.

Ich weiß nicht, wo ich anfangen soll, denn Aurélies Geschichte begann vor hunderttausend Jahren, als eine aufrecht gehende Äffin namens Lucy in heißem Lavasand ihre Fußabdrücke hinterließ, am Osthang des afrikanischen Grabenbruchs, genannt Rift Valley, wo der südliche Urkontinent Gondwana nach Norden, zum Indischen Ozean und zum Roten Meer hin abdriftete. Oder bei der Belagerung Wiens durch die Türken, tausend Jahre nach der Hedschra des Propheten Mohammed, als Niloten aus dem heutigen Sudan ins Gebiet der großen Seen einwanderten und dort sesshafte Bantu-Bauern unterjochten. Nein, das alles ist viel zu kompliziert und noch dazu historisch umstritten, ich fange am Ende an, beim Gedenkgottesdienst für Madame Aurélie Nduwayo in der Sankt-Bernhard-Kirche in Dahlem, wo ein katholischer Priester abwechselnd auf Deutsch und Französisch die Verdienste der Verstorbenen würdigt, die in einem mit Blumen dekorierten Fichtenholzsarg aufgebahrt liegt, und allen, die dies wünschen, den Leib des Herrn reicht in Form einer Oblate, die nach nichts schmeckt und für Vergebung der Sünden steht, ritueller Kannibalismus, wenn man so will: Bevor Aurélies Familienangehörige und Freunde, allen voran die beiden Söhne, den Sarg schultern und, gefolgt von den Trauergästen, zum Kirchentor tragen, wo Aurélies Tochter Joséphine die Arme zum Himmel reckt, MAMA, MAMA! ruft und tränenüberströmt zusammenbricht, als der Sarg mit der sterblichen Hülle ihrer Mutter in einen Kastenwagen geladen wird, der mit unbekanntem Ziel davonfährt, vielleicht zum Krematorium, wo Aurélies Körper zu Asche verbrannt wird, um in einer Urne heimzukehren ins Land ihrer Väter, dem sie 37 Jahre zuvor unter Lebensgefahr entflohen war.

Später, zum Auftakt der Trauerfeier im Gemeindesaal, erzählt Joséphine, die so herzzerreißend MAMA, MAMA! schrie, als ihre innig geliebte Mutter, die sie unter Schmerzen geboren und großgezogen hatte, für immer aus ihrem Blickfeld verschwand, später also erzählt Joséphine mit tränenerstickter Stimme von den dramatischen Umständen ihrer Geburt. Im Mai 1972, damals war Burundi noch eine Monarchie, beruhend auf einem System von *checks and balances*, also geteilter Macht zwischen Tutsi-Minderheit und Hutu-Mehrheit, zu der Aurélies Familie gehörte – ihr Großvater entstammte einem Adels-

geschlecht und hatte dem Mwezi genannten König als Berater gedient – im Mai 1972 also ermordeten Tutsi-Milizen
200 000 sogenannte Hutu-*Evolués*, die auf Missionsschu-
len lesen und schreiben gelernt, an Universitäten studiert
oder Berufsausbildungen absolviert hatten: Vorausgegangen waren Massaker mit Abertausenden Toten 1959 und
1966, Tendenz steigend; und auch nach dem Genozid
der Hutu an den Tutsi 1994 in Ruanda war das Morden
nicht beendet und setzte sich unter anderen Auspizien im
Kongo fort. Aber an das Pogrom vom Mai 1972 erinnere
ich mich deshalb so genau, weil ich damals die Teilneh-
mer einer kommunistisch gelenkten Friedenskonferenz in
Brüssel schockierte mit dem Hinweis, es gäbe Schlimmeres als den Ostwestkonflikt: Als Beispiel nannte ich die
Massaker in Burundi. Davon hatten die Friedensfreunde
noch nie gehört und wollten sich nicht dazu äußern, weil
die Tutsi-Oberschicht sich bestens mit den Kremlherren
in Moskau verstand.

Ein vorgeblicher Putschversuch gegen das Königshaus
diente Burundis Polizei und Armee als Vorwand, um
Lehrer, Beamte, Priester und politische Führer der Hutu-
Mehrheit festzunehmen – zu einer Befragung, wie es hieß.
Sie wurden auf Lastwagen abtransportiert und kehrten
nie mehr zurück. Aurélie war im sechsten Monat schwan-
ger; die Milizen hatten ihren Ehemann, Bruder, Vater und
Großvater ermordet und glaubten, leichtes Spiel zu haben
mit der werdenden Mutter. Aber sie hatten sich verrechnet: Aurélie schmierte sich Erde ins Gesicht und floh, als
Bettlerin verkleidet, in Nachtmärschen nach Bukavu, auf
die kongolesische Seite des Tanganyikasees. Dort kam
ihre Tochter Joséphine zur Welt, und von dort gelangte
sie, nach einer Irrfahrt kreuz und quer durch Europa, in
die Bundesrepublik.

2 »*Überall starb, weinte oder seufzte das Leidensbild der* ›*Ewigen Mutter*‹ ...«

Ich habe vergessen, wann und wo ich Aurélie zum ersten Mal begegnet bin, vor sechs oder sieben Jahren in Berlin, weiß nur noch, dass ihre Schönheit mich geblendet, nein überwältigt hat. Schönheit ist nicht das richtige Wort: Es war ihre Würde, die mich beeindruckte, und lange bevor ich von ihrer aristokratischen Abstammung erfuhr, kam sie mir vor wie eine Königin: *Elle avait la portée d'une reine*, wie man auf Französisch sagt. Im Gegensatz zu ihrem selbstsicheren Auftreten war alles, was sie äußerte, von Unsicherheit und Zweifeln geprägt. Sie meinte, sie sei ungebildet und dumm, habe nichts gelernt oder studiert, eine Asylbewerberin, deren Familie von den Machthabern ausgelöscht worden war. Ich verstand nicht, was sie mir damit sagen wollte, und fühlte mich überfordert angesichts von so viel Leid, das mir übermächtig und inkommensurabel erschien, aber ihr Verzicht auf jegliches Imponiergehabe, gekoppelt mit rückhaltloser Ehrlichkeit, machte mich neugierig. Hinzu kam, dass Schuldzuweisungen, Vorurteile und Klischees, die Gespräche mit Afrikanern oft mühsam oder unerquicklich machen, im Umgang mit Aurélie keine Rolle spielten: Reizwörter wie Rassismus oder Kolonialismus kamen ihr nicht über die Lippen, nicht etwa, weil sie die dahinterstehende Realität ignorierte, sondern weil die Tragödie ihres Volkes sich mit so groben Rastern nicht erfassen ließ.

Ich hatte Burundi, Ruanda und den Osten des Kongo besucht und in Zeitungsartikeln, halbherzig und tastend zunächst, erste Zweifel angemeldet an der offiziellen Version der Ereignisse, die zum ruandischen Genozid geführt hatten: Nicht am Völkermord selbst, sondern an der Vor-

und Nachgeschichte dieses Menschheitsverbrechens. Ich war selbst traumatisiert aufgrund eines Massakers in einem Flüchtlingslager, das ich im Süden Ruandas mit ansehen musste, und vermutlich war das der Grund, warum Aurélie mich persönlich kennenzulernen wünschte. Sie schickte mir eine E-Mail, und ich reagierte zögerlich, weil ich nicht in die Querelen und Intrigen der Hutu- und Tutsi-Parteien hineingezogen werden wollte, die ihren Bruderkrieg mit anderen Mitteln im Exil fortsetzten – in Belgien, Frankreich und auch auf dem Boden der Bundesrepublik. Ich wurde schwankend in meinem Entschluss, als Aurélie mir gegenüberstand: Sie war schön – ich sagte es schon –, und ich hätte sie gern zu meiner Geliebten gemacht. Dass sie Nein sagte, ist der beste Beweis dafür, dass Aurélie keine auf mich angesetzte Spionin war, wie ein Afrika-Kenner und Freund von mir allen Ernstes behauptete. Aurélie sagte nicht einfach Nein – sie lehnte das schmutzige Angebot ab mit einer Begründung, die origineller war, als ich sie je hätte erfinden können: »Mein Bauch hat die Produktion eingestellt.« – »Welche Produktion?« – »Die Produktion von Kindern, was sonst!«

Von da an waren die Verhältnisse klar, und wir wurden Freunde, ja mehr als das – Blutsbrüder. Ich weiß nicht, warum ich dieses Wort hinschreibe, denn wir besiegelten unsere Freundschaft nicht wie Winnetou und Old Shatterhand, doch wir hielten zusammen wie Schneeweißchen und Rosenrot oder, um im Bild zu bleiben, wie Hänsel und Gretel, die Hand in Hand durch den Wald laufen, laut pfeifend, um sich selbst Mut zu machen und um Hexen und Kobolde zu verscheuchen.

3 »*Im Innern Afrikas, jenseits des Mondgebirges und des alten Äthiopien fanden diese seltsamen Mysterien statt ...*«

Ich weiß nicht mehr, was genau Aurélie von mir erwartete, aber in meiner Erinnerung waren es stets unrealistische Ideen oder nicht realisierbare Projekte: Ich sollte helfen, ihre minderjährigen Nichten, die in einem von katholischen Schwestern geleiteten Heim für Kriegswaisenkinder lebten, von Bujumbura nach Deutschland zu schmuggeln. Ich sollte einen nach Michel Kayoya, einem 1972 ermordeten Priester und Dichter, benannten Radiosender installieren, der von Tansania aus unzensierte Nachrichten nach Burundi senden würde, um den Armen und Analphabeten die Grundbegriffe von Rechtsstaat, Demokratie, Gewaltenteilung und zivilgesellschaftlicher Toleranz beizubringen. Einmal begleitete ich Aurélie zu einer von ihr einberufenen Tagung, die in einer Volkshochschule – vielleicht war es auch ein Gemeindehaus – in Aachen stattfand, und wie bei all ihren Aktivitäten hatte ich das Gefühl, für eine hoffnungslose Sache einzutreten, weil es schwer und beinahe unmöglich war, desinteressierten Deutschen, die sich eben erst mühsam den Unterschied zwischen Hutu und Tutsi eingeprägt hatten, klarzumachen, dass die Kriege in Ruanda und Burundi zwei Seiten und dass Opfer und Täter die Rollen getauscht hatten. Keine der Konfliktparteien war im Recht, und die Wahrheit lag nicht einfach in der Mitte; erschwerend kam hinzu, dass das benachbarte Uganda von den Unruhen profitierte, um den rohstoffreichen Osten der Kongorepublik unter seine Kontrolle zu bringen, ganz zu schweigen von transnationalen Konzernen aus Südafrika, Westeuropa und Nordamerika, die auf den Buschfeuern ihre Süppchen kochten, und der in

Afrika ausgetragenen Rivalität zwischen Frankreich und den USA.

Die in Aachen versammelten Priester und Professoren, Entwicklungshelfer und Missionare waren redlich bemüht, Verständnis zu wecken für das Schicksal der Hutu-Bevölkerung, die außer in der katholischen Kirche keine Lobby hatte in der Bundesrepublik, aber sie standen auf verlorenem Posten – etwa so, als habe man nach 1945 aufmerksam machen wollen auf das Leid der Vertriebenen, das, verglichen mit der Judenvernichtung, zu Recht als kleineres Übel erschien. Dabei waren weniger Vorurteile zu überwinden als Denkfaulheit und Ignoranz, die jede ernsthafte Beschäftigung mit Afrika zu verlorener Liebesmüh machten: Sobald die Antwort auf die Frage: »Wie war's in Ruanda?« länger dauerte als zehn Sekunden, legte mein Gegenüber die Stirn in schmerzliche Falten, weil er oder sie es nicht so genau wissen wollte. Mehr als die Ursachen und Folgen des Völkermords interessierte meine deutschen Freunde, wie das Wetter oder das Essen in Ruanda gewesen war. Die Antwort war einfach: Das Klima ist kühl, weil Ruanda ein Bergland ist, und das Essen schlecht, weil die Mehrheit der Bevölkerung von durch Hilfsdienste gespendeten Lebensmitteln lebt.

4 *»Ich weiß nicht, wie viel tausend Jahre diese Kämpfe dauerten, die den Erdball mit Blut überschwemmten ...«*

Mitte der neunziger Jahre, ein Jahr nach dem ruandischen Genozid, bereiste ich zum ersten Mal die Region. Es war mein erster Besuch in Ostafrika, und ich war beeindruckt von der Wortkargheit und dem Ernst der Menschen, die, anders als in Westafrika, keinen Spaß verstanden: Der erste Preis, den der Taxifahrer verlangte, war der Endpreis, und er ließ nicht mit sich feilschen oder handeln. »Ici, ce n'est pas l'Afrique«, sagte mir der aus Mauretanien stammende UN-Botschafter Abdallah Ould, »oder haben Sie schon einmal einen Tutsi lachen sehen?« Die Rede ist von Burundi, wohlgemerkt, nicht vom durch den Völkermord traumatisierten Ruanda, das ich kurz danach besuchte. Abdallah Ould bat mich, Grüße an die Comtesse auszurichten – gemeint war Marion Gräfin Dönhoff –, und gab mir Vorsichtsmaßregeln mit auf den Weg: Die Gemäßigten seien hierzulande eine Minderheit, sagte er sinngemäß, die Extremisten die Mehrheit, und Hassprediger beider Seiten hätten ihn mit dem Tode bedroht, seit er im Auftrag der Vereinten Nationen zwischen den Volksgruppen zu vermitteln versuche – dem US-Botschafter sei es genauso ergangen, und selbst Nelson Mandela, der die Versöhnung der Erzfeinde zur Chefsache erklärt hatte, werde von Demagogen mit Dreck beworfen.

Die Spannung war mit Händen zu greifen, als ich vor einer mit Stacheldraht und Glasscherben gespickten Mauer, die an ihr Berliner Gegenstück erinnerte, aus dem Taxi stieg und einem bewaffneten Bodyguard meine Visitenkarte überreichte. Obwohl man mich erwartete, vergingen weitere zehn Minuten, bis der Wächter das Eisentor öffnete und Ex-Präsident Bagaza mich empfing, der westliche Diplomaten, Entwicklungshelfer und Missionare des Landes verwiesen und Lybien und Iran als Verbündete willkommen geheißen hatte: ein nervöser Typ mit Sprachfehler, der kaum verständlich nuschelte und ständig zur Toilette rannte. Hinterher erkundigte er sich, was seine Berater vom Zentralkomitee der *Arena*-Partei mir gesagt hätten, und wollte wissen, wie es technisch möglich gewesen sei, sechs Millionen Juden umzubringen – ob die Zahl nicht übertrieben sei? Hinter Bagazas zur Schau gestellter Zerstreutheit verbarg sich eine wache Intelligenz – so ähnlich stellte ich mir Stalin vor.

Um auf andere Gedanken zu kommen, fuhr ich mit dem Taxi zu einem Wildreservat am Ufer des Tanganyikasees, vorbei an Strandhotels und Diskotheken, die wegen der politischen Spannungen geschlossen waren. Statt der *jeunesse dorée*, die hier zu baden und zu feiern pflegte, lagen Soldaten in Tarnanzügen hinter Sandsäcken verschanzt, aber die Posten am Checkpoint winkten mich unkontrolliert durch. Auf dieser Straße war Aurélie, als Bettlerin verkleidet, um ihr Leben gelaufen, aber davon wusste ich damals noch nichts. Vor mir lag ein geschlossener Schlagbaum, dahinter die Grenzstation der Kongorepublik; rechts ein improvisiertes Flüchtlingscamp mit Hutu-Vertriebenen, die im Schatten einer Schirmakazie Schlange standen vor einem LKW der Welthungerhilfe, um Sojaöl, Reis und Mais in Empfang zu nehmen. »Die Leute haben keine Ausweise. Sie geben falsche Namen an und verkaufen die Hilfsgüter auf dem Markt«, sagte ein Entwicklungshelfer mit Marseiller Akzent, doch die abgehärmten Gesichter sprachen eine andere Sprache.

Wir standen auf einer Holzbrücke über den Rusisi-Fluss, der hier in den Tanganyikasee mündet, lila Wolkenschatten wanderten über die Berge im Westen. Das lehmgelbe Wasser hatte bis vor kurzem Leichen angeschwemmt, so viele, dass selbst die Krokodile die Toten verschmähten, wie ein Wildhüter berichtete. Jetzt lagen die riesigen Echsen mit aufgesperrten Rachen an der Uferböschung, Madenhacker pickten verwesendes Fleisch aus den Zahnlücken, Flusspferde dösten im Schlamm, und

Ibisse stolzierten zwischen Zebras, Giraffen und Gnus auf der Savanne herum, von Hyänen und Schakalen belauert, während über ihnen Geier kreisten. O Lichtabgrund, du reiner Azur, dachte ich, Nietzsche paraphrasierend, beim Blick in den tiefblauen Himmel.

Zehn Jahre später besuchte ich Burundi noch einmal, und erst nach langem, ermüdendem Hin und Her gelang es mir, den Sprecher der Hutu-Mehrheit, dessen Name und Adresse Aurélie mir genannt hatte, in Bujumbura ausfindig zu machen. Wir trafen uns unter konspirativen Umständen, nachdem er die Verabredung immer wieder abgesagt und an andere Orte verlegt hatte, aus Sicherheitsgründen, wie er betonte. Ein Jeep der UN-Militärpolizei brachte den Hutu-Führer zu meinem Hotel, und bewaffnete Blauhelmsoldaten nahmen am Nebentisch Platz und ließen den Abgeordneten, der gute Chancen hatte, zum Vizepräsidenten gewählt zu werden, keinen Moment aus den Augen, während die übrigen Gäste aus Angst vor Mordanschlägen oder Bombenattentaten das Restaurant verließen. Auch das Hotelpersonal ging auf Distanz, als säße ein Paria mit mir am Tisch. »Ich weiß nicht, ob ich morgen noch am Leben bin«, sagte der Kandidat der Mehrheitspartei, »und ich habe Ihre Einladung nur deshalb akzeptiert, weil Aurélie mich darum gebeten hat.«

5 *»Quer durch die wirren Zivilisationen Asiens und Afrikas sah man eine blutige Szene von Orgien und Gemetzeln sich stets wiederholen, die von denselben Geistern in immer neuen Formen hervorgebracht wurden ...«*

Was ich am 22. April 1995 in Kibeho erlebte, einem Flüchtlingslager im Süden Ruandas, war mehr als meine

Initiation – Feuertaufe klingt zu pathetisch – als Kriegsreporter oder Katastrophenjournalist: eine Urszene, die
mich in Alpträumen bis heute verfolgt und die zur Ur-
zelle meines Schreibens geworden ist, zu einem Trauma,
das ich mir in Wachträumen von der Seele zu schreiben
versuche – das Verb auf- oder abarbeiten trifft die Sache
nur ungenau, weil man, um weiterzuleben, verdrängen
und vergessen muss. *Glücklich ist, wer vergisst, was doch
nicht zu ändern ist*, oder, mit den Worten von Elvis Pres-
ley: *I forgot to remember to forget*. In beiden Zitaten geht
es um Liebe, die tödlich enden kann – siehe Werther oder
Madame Bovary –, aber in meinem Fall ging es um mehr:
ein Massaker mit Tausenden von Toten, die nicht in die
politische Landschaft passten. Ein schrecklicher Ausdruck, denn in Kibeho wurden nicht Tutsi-Zivilisten von
Hutu-Milizen massakriert, es war umgekehrt – blutige
Rache für den Völkermord, der fast auf den Tag genau ein
Jahr zuvor begonnen hatte.

Früh am Morgen setzte ein Hubschrauber der UNAMIR –
so hieß die in Ruanda stationierte Blauhelmtruppe – mich
mit einer kleinen Gruppe von Journalisten in Kibeho ab.
Die Täler lagen noch im Nebel, aber die Hügelkuppe, auf
der wir landeten, war, soweit das Auge reichte, von niedergebrannten Hütten übersät, um die herum die Habe
ihrer Bewohner verstreut lag: Blutige Monatsbinden, leere
Bierflaschen – vermutlich hatte die Soldateska sich Mut
angetrunken – und verkohlte Karteikarten einer Missionsschule, von denen ich zwei als Souvenir mitnahm.
Aus der Ferne waren Schüsse zu hören, *sporadic gunfire*,
wie es in Kriegsberichten heißt, das sich zu Dauerfeuer
verdichtete, aber es dauerte lange, bis wir begriffen, dass
dies kein Übungsschießen war, sondern dass Ruandas Regierungsarmee gezielt in die Menge feuerte: Circa 80 000

Hutu-Vertriebene, die seit Tagen, zusammengepfercht auf einem Terrain von der Größe eines Fußballfelds, in brütender Sonne und eisigem Regen ausharrten, watend in ihren Exkrementen, ohne Wasser und Nahrung, Hygiene oder ärztliche Hilfe – einem Lastwagenkonvoi des Roten Kreuzes verwehrte die Armee die Zufahrt. Der Wind wehte pestilenzialischen Gestank vom nächsten Hügel herüber, über dem ein blaues Wölkchen aufstieg, jedes Mal, wenn ein Flüchtling dem Belagerungsring entkommen und nach kurzer Verfolgung zur Strecke gebracht worden war. Kindersoldaten mit dem Hammer-und-Zirkel-Emblem der nationalen Volksarmee untersagten uns den Zutritt zum Lager, eine quergestellte Schulbank aus der geplünderten Missionsschule diente als Barrikade, die die Todgeweihten von der Welt der Lebenden trennte, und wir schlossen Wetten ab auf die Überlebenschancen der Fliehenden, die wie Hasen gehetzt und abgeknallt wurden – kein Zynismus, sondern Galgenhumor, um das Unerträgliche erträglich zu machen. Der Horror kam hautnah, als ein Flüchtling die Umzingelung durchbrach und sich schlotternd vor Angst uns zu Füßen warf, christliche Gebete stammelnd, die nicht erhört wurden, denn zwei Tutsi-Soldaten führten ihn ab. Kurz danach fiel ein Schuss, und auf meine Frage, was das zu bedeuten habe, sagte ein sambischer Militärpolizist lakonisch: »This man dead.«

Die Barrikade wurde zur Seite geräumt, und wir suchten Zuflucht in einer Erste-Hilfe-Station, wo Mitarbeiter der Ärzte ohne Grenzen und Sanitäter am Rande des Nervenzusammenbruchs Verletzte versorgten, die alle Augenblicke, aus Stich- und Schusswunden blutend, hier eingeliefert wurden. Eine junge Frau mit klaffendem Schnitt im Hals starb vor meinen Augen, während Rot-Kreuz-Helfer einen Tropf in ihrer Armbeuge anbrachten, und zwischen gebrauchten Verbänden und Pfützen voll Blut wärmten sambische Blauhelmsoldaten ihr Mittagessen auf, Couscous mit Hammelragout. Die Tote wurde auf einen olivgrünen Militärlastwagen geworfen, der mit unbekanntem Ziel davonfuhr; gleichzeitig wartete ein Sanitätskonvoi der australischen Armee mit laufendem Motor auf Verwundete, deren Abtransport ein ruandischer Offizier verbot.

Aber das war noch nicht das Schlimmste: Eine Stunde später war ich selbst von der Menschenmenge eingekesselt, die auf der Flucht vor Artilleriebeschuss wie eine Brandungswelle hin und her wogte, umgeben von Toten und Sterbenden, die sich verzweifelt an meine Beine klammerten. Eine junge Mutter streckte mir ihr Baby entgegen, um es aus dem Kugelhagel zu retten; ich stieß sie brutal zurück und griff nach dem rettenden Arm, den ein ukrainischer Blauhelmsoldat mir über den Stacheldraht hinweg entgegenstreckte. Ein stechender Schmerz in der Schulter, ein kräftiger Ruck, und ich war in Sicherheit, selbst hier, im tiefsten Kreis der Hölle, aufgrund meiner Hautfarbe privilegiert.

6 *»Was das Volk betrifft, das für immer in Kasten eingezwängt war, so konnte es weder auf das Leben noch auf die Freiheit zählen ...«*

Trog meine Erinnerung, oder hatte ich das Massaker in Kibeho »falsch erlebt«? So sagte man in der ehemaligen DDR, wenn die Wirklichkeit nicht mit der Parteilinie übereinstimmte – die Realität hatte sich nach der Ideologie zu richten, nicht umgekehrt. Im Vergleich zu den Gräueln des Völkermords (und zu dem, was vorher in

Burundi und später im Kongo geschah) war Kibeho nur eine Fußnote. Aber sind Tausende von Toten eine *quantité négligeable*? »Suffering is not increased by numbers; one body can contain all the suffering of the world«, schreibt Graham Greene, und das Gegeneinanderaufrechnen von Leichenbergen gilt zu Recht als unmoralisch und obszön.

Ich wollte und musste Zeugnis ablegen, aber es war nicht leicht, der herrschenden Meinung zu widersprechen, die bekanntlich die Meinung der Herrschenden ist. Sieger der Geschichte war die von Paul Kagame geführte Befreiungsfront, Ruandas neue Regierungsarmee, und westliche Staaten, die nichts getan hatten, um den Völkermord an den Tutsi zu verhindern, warfen sich dem Militärregime zu Füßen und drückten beide Augen zu angesichts der Destabilisierung des Kongo und der Verfolgung oder Ermordung von Hutu-Vertriebenen innerhalb und außerhalb Ruandas. Wer es wagte, den politisch korrekten Konsens in Frage zu stellen, wurde zum Komplizen von Völkermördern erklärt oder als Geschichtsrevisionist und Genozid-Leugner an den Pranger gestellt. Es genügte, Begriffe wie Hutu und Tutsi zu benutzen, um als Rassist gebrandmarkt zu werden, da es sich angeblich um ein ideologisches Konstrukt handelte, ersonnen von deutschen und belgischen Kolonialisten, um besser herrschen zu können: ungefähr so, als seien Gallier und Germanen eine Erfindung der Römer gewesen und hätten realiter nie existiert. (Dass die Ignorierung oder Relativierung ethnischer Gegensätze blind macht für die Destruktivität afrikanischer Stammeskonflikte, sei nur in Klammern vermerkt.)

Solche und andere Vorwürfe prasselten auf mich nieder nach meinem offenen Brief an Bundespräsident Köhler, als dieser Ruandas Militärherrscher mit rotem Teppich und großem Bahnhof in Berlin empfing. Vorausgegangen war eine halbherzige Entschuldigung Bill Clintons für den Völkermord, und über Nacht war Paul Kagame, der durch den Abschuss eines Flugzeugs mit den Staatschefs Ruandas und Burundis an Bord den Genozid mitzuverantworten hatte, zum Liebling westlicher Medien und Regierungen avanciert: Nicht nur die Industrie, auch die deutsche Bundeswehr kooperierte mit dem undemokratischen Regime.

7 *»Das war die Geschichte aller Verbrechen, und es genügte, die Augen auf diesen oder jenen Punkt zu heften ...«*

Ich hasse Verschwörungstheorien, die komplexe Gemengelagen auf eine einzige Ursache namens Mossad, CIA oder KGB reduzieren, und ich fragte mich, was ich falsch gemacht hatte. War ich einer Geschichtslüge aufgesessen, war ich naiv und gutgläubig oder hatte ich mich, politisch verblendet, vergaloppiert? In dieser Situation fiel mir, als Rettungsanker, ein Buch in die Hand, das ein unverdächtiger Zeuge nach der Rückkehr aus Kibeho geschrieben hatte – kein Journalist, sondern ein australischer Sanitäter. Statt einer Charakteristik drei Auszüge:

»Eine alte Frau in unserer Nähe hob die Hände und ergab sich. Ein Regierungssoldat eskortierte sie auf den Hügelkamm. Gut, dachte ich, dort ist sie in Sicherheit. Aber zu meinem Entsetzen drehte der Soldat sich lächelnd zu uns um, stieß die Frau zu Boden und erschoss sie. Ich habe keinen Zweifel, dass er das mit Absicht tat, um uns mitzuteilen: ›Ihr habt hier nichts zu sagen, aber ich.‹ Eine

Minute später rannten drei Flüchtlinge den Hügel hinab auf unsere Stellung zu. Sie waren keine zwanzig Meter entfernt, und ihre Augen waren von Panik geweitet. Sie rannten um ihr Leben, um Schutz zu suchen in unserem Compound, aber es gab keinen Schutz. Sie kamen näher, und ich sagte zu meinen Kameraden, sie sollten hinter den Sandsäcken in Deckung gehen. Wir warfen uns zu Boden, eine MG-Salve peitschte über unsere Köpfe hinweg. Als wir aufblickten, waren alle drei tot, ein Mann, eine Frau und ein Kind – vermutlich eine Familie. Die Verzweiflung und die animalische Angst in den Augen des Vaters hat sich für immer in mein Gedächtnis eingebrannt.

Um nicht klein beizugeben, spielten Churchy und ich ein makabres Spiel, das nur der verstehen kann, der etwas Ähnliches selbst erlebt hat. Wir schlossen Wetten ab auf die Überlebenschancen der Flüchtlinge: ›Etwa eine Minute‹, sagte ich, und Churchy tippte auf zwanzig Sekunden, womit er meistens richtig lag. Spätestens nach dreißig Sekunden wurden die Fliehenden, die wir an den Farben ihrer Hemden unterschieden, von Schusssalven niedergemäht. Wir schauten ohnmächtig zu – mehr konnten wir nicht tun.

240 Begleitet von Infanterie, wurden Jordo und Scotty losgeschickt, um die am Wegrand liegenden Leichen zu zählen. Sie benutzten Rechenmaschinen dazu. Jordo und Scotty hatten etwa viertausend Tote und 650 Verwundete gezählt, als sie auf halbem Weg gestoppt wurden. Die Regierungssoldaten hatten begriffen, was hier vor sich ging. Jordo und seine Einheit fanden eine große Zahl getöteter Frauen, deren auf den Rücken gebundene Babys noch wimmerten.«

Es ist möglich, dass ich Terry Pickard, dem Autor dieser Zeilen, am 22. April 1995 in Kibeho begegnet bin. Nach seiner Rückkehr hatte er die gleichen Stress-Symptome wie ich, einschließlich der damit einhergehenden Selbstzweifel, und es dauerte Jahre, bis er die Traumatisierung überwunden hatte.

8 *»Bei jeder deiner Prüfungen habe ich eine meiner Masken aufgegeben, mit denen ich meine Züge verschleiere, und bald wirst du mich so sehen, wie ich bin ...«*

Rückblickend kommt Aurélie mir merkwürdig konturlos und schemenhaft vor, und ich weiß bis heute nicht, ob sie eine Hexe oder eine Heilige war, Muttergottheit oder Mutter Gottes, Astarte oder Mater Dolorosa, ein »schweigsames und geduldiges Wesen, das wie eine Sphinx an den äußersten Toren des Lebens saß«, um noch einmal Gérard de Nerval zu zitieren. »Ich fing an, es wegen seines Unglücks und seiner Verlassenheit zu lieben, und ich fühlte mich durch diese Zuneigung und dieses Mitleid gehoben«, schreibt Nerval, und man könnte abergläubisch werden bei der Vorstellung, wie punktgenau die phantastischen Visionen und Delirien eines Poète Maudit des 19. Jahrhunderts mit Aurélies Leben und Tod – und mit meinen Obsessionen – übereinstimmten.

INTORE NTIRAMBA – *die Gerechten leben nicht lange*, stand auf der Todesanzeige, mit der die Hinterbliebenen um Geldspenden baten, um Aurélies sterbliche Hülle im Land ihrer Vorfahren beizusetzen. Dabei fiel mir ein, dass *Intore* auf Kinyaruanda Leibwächter bedeutet: So hießen die Elitesoldaten, die Gegner des Königs exekutierten, indem sie ihnen zugespitzte Stöcke in die Eingeweide trieben – Aurélie war an Darmkrebs gestorben.

241

Wie der Priester in seiner Predigt darlegte, war sie kurz vor ihrem Tod wieder eingetreten in die katholische Kirche, an der sie irre geworden war, weil Gott ihr Volk verstoßen hatte und im Elend versinken ließ. Aurélie identifizierte sich mit dem Schicksal ihres Volkes, dessen Leiden sie als Krebsgeschwür von innen zerfraß. Schon in den ersten Minuten unserer Bekanntschaft hatte sie mir die Gretchenfrage gestellt: »Wie hältst du's mit der Religion?« Und vielleicht wollte sie sich auf kein Liebesverhältnis mit mir einlassen, weil meine Antwort sie enttäuschte, ich sei getauft und konfirmiert, aber kein gläubiger Christ; ein säkularisierter Protestant, sprich Atheist, der nur noch zu Hochzeiten oder Beerdigungen in die Kirche ging. Trotzdem oder gerade deshalb reihte ich mich in die Schlange der Wartenden ein und nahm dankbar die Oblate entgegen, die der katholische Priester mir auf die Zunge legte, in der vagen Hoffnung, wenn nicht das ewige Leben, so doch Vergebung für meine Sünden zu erlangen. Während ich die Oblate einspeichelte, fiel mir ein, dass Aurélie mich zum Essen eingeladen hatte: Sie hatte ein typisch afrikanisches Essen gekocht, Huhn mit Erdnusssauce, Süßkartoffeln und Kassaven. Und während ich die Augen schloss, um die Oblate zu schlucken, als sei es eine bittere Pille, blickte ich auf eine von Kindersoldaten umkämpfte Straße in Monrovia, der Hauptstadt Liberias. Am Wegrand waren frische Gräber aufgehäuft, aus denen Kassaven wuchsen, die in der mit Leichen gedüngten Erde besonders gut gediehen.

Anhang

OFFENER BRIEF AN HORST KÖHLER

Berlin, den 22. April 2008

Sehr geehrter Herr Bundespräsident,

seit ich Sie und Ihre Frau im Dezember 2004 auf einer Rundreise durch afrikanische Staaten begleiten durfte, habe ich bei mehr als einer Gelegenheit darauf hingewiesen, wie sehr ich Ihr beharrliches Engagement für Afrika schätze. Und ich habe wiederholt zum Ausdruck gebracht, dass es wichtiger ist, sich überhaupt für Afrika zu interessieren, als in jedem Punkt übereinzustimmen, was die Einschätzung der Konflikte und deren Lösungsmöglichkeiten betrifft. So besehen, sind Sie, Herr Dr. Köhler, ein Afrika-Optimist, während ich ein Skeptiker bin, vielleicht sogar ein Pessimist, weil mir das Glas weder halb voll noch halb leer, sondern fast leer erscheint. Derlei Differenzen könnte man auf sich beruhen lassen, weil jeder über Afrika denken, reden und schreiben darf, was er (oder sie) will, sähe ich mich nicht durch die politische Aktualität gezwungen, mich auf diesem Weg an Sie zu wenden.

Es geht um den Staatsbesuch, den Paul Kagame, der Militärherrscher von Ruanda, in diesen Tagen in der deutschen Hauptstadt absolviert. Ich bin nicht so naiv, zu glauben, dass zwischenstaatliche Beziehungen nur mit demokratisch gewählten Regierungen möglich sind, und ich weiß, dass der rote Teppich auch für Diktatoren ausgerollt wird, weil man, um Geiseln freizubekommen, auch mit

Kidnappern reden muss, besonders dann, wenn es nicht um Einzelpersonen, sondern um ganze Völker geht – Darfur und Zimbabwe sind Beispiele dafür.

»Kagame ist nicht Mugabe«, werden Sie sagen, »und im Gegensatz zum Despoten von Zimbabwe wurde Ruandas Staatschef frei gewählt.« Aber wie reagieren Sie auf den Vorwurf, Herr Bundespräsident, dass Paul Kagame am 6. April 1994 ein Flugzeug mit den Staatschefs Ruandas und Burundis an Bord, die in Aruscha ein Friedensabkommen ausgehandelt hatten, beim Landeanflug auf Kigali abschießen ließ? Und dass er das durch den Absturz der Maschine ausgelöste Massaker an seinen Landsleuten billigend in Kauf nahm, weil das politische Chaos seinem Invasionsheer den Weg zur Macht ebnete?

Ich war nicht dabei und weiß nicht, ob Paul Kagame die Boden-Luft-Rakete abschießen ließ oder wer sonst den Befehl dazu erteilt hat. Zeugenaussagen vor einem französischen Gericht, bei dem die Witwe des getöteten Piloten Anzeige erstattete, belasten ihn schwer: Nach dem Urteil des Untersuchungsrichters Jean-Louis Bruguière müssten hochrangige Mitarbeiter seiner Regierung verhaftet werden, sobald sie europäischen Boden betreten, und nur sein Status als amtierender Staatschef hat Kagame vor Strafverfolgung geschützt. Dass sein Regime diesen Affront mit dem Abbruch der diplomatischen Beziehungen beantwortete, steht auf einem anderen Blatt: ein Sturm im Wasserglas, denn kurz danach wurden zwischen Paris und Kigali wieder Botschafter ausgetauscht.

»Lo vi con mis propios ojos« (ich habe es mit eigenen Augen gesehen) heißt das Motto von Goyas Skizzenfolge »Die Schrecken des Krieges«. Diesen Satz könnte auch ich sagen, denn ich war selbst am Ort und habe mit eigenen Augen gesehen, wie Ruandas Regierungsarmee, will sagen: die von Paul Kagame kommandierte Ex-Befreiungsfront, das Feuer auf 80 000 wehrlose Zivilisten eröffnete, Hutu-Flüchtlinge, die zusammengepfercht auf einem Areal von der Größe eines Fußballplatzes ohne Wasser und Nahrung vegetierten. Das war am 22. April 1995, im Lager Kibeho im Süden Ruandas, und nach Schätzungen des Flüchtlingshilfswerks der Vereinten Nationen wurden an diesem Tag vor den Augen einer Handvoll Journalisten, zu denen ich gehörte, bis zu 8000 Männer, Frauen, Kinder und Greise von Soldaten getötet – die Regierung sprach von höchstens 400 Toten. Ich kann und will diese Zahlen nicht nachprüfen, weiß nur noch, dass ich eine junge Mutter, die mir ihr Baby reichte, um es aus dem Kugelhagel zu retten, brüsk zurückstieß, weil ich um mein Leben fürchtete: Deshalb mache ich mir noch jetzt Vorwürfe.

Ruandas Regierung wolle Versöhnung, hieß es damals wie heute, und es gäbe nur noch Ruander, keine Hutu und Tutsi mehr. Hinter dieser Propagandafassade nahm Kagames Regierung blutige Rache für den Völkermord, an dem sie selbst mitschuldig war (siehe oben!). Ich rede hier nicht von Pasteur Bizimungu, dem prominentesten Hutu im Kabinett, der dem Regime als Feigenblatt diente, bis er unter einer willkürlich konstruierten Anklage verhaftet wurde; ich rede auch nicht von Tausenden Tatverdächtigen, die in Lagern und Gefängnissen, wie Ölsardinen zusammengepfercht, seit Jahren auf Anklageerhebung warten. Ich spreche von über drei Millionen Toten, die nach Schätzung des *International Rescue Committee* im Osten der Kongo-Republik als Folge des ruandischen Genozids, sozusagen als Kollateralschaden, an Hunger und Krankheiten starben oder in Stellvertreterkriegen von aus Ruanda und Uganda ferngesteuerten Milizen massakriert wurden.

Unvorstellbare Zahlen, ich weiß, aber bei meinem letzten Besuch der Region habe ich selbst erlebt, wie ein 18-Jähriger, der sich weigerte, Lasten zu tragen, von Kämpfern einer von Ruanda bewaffneten Miliz vor meinen Augen getötet wurde. Und der Kommandeur der zum Schutz der Bevölkerung entsandten Blauhelmtruppe, ein indischer Offizier, wollte lieber Tee mit mir trinken, als das Leben des Jungen zu retten.

Und als wäre all dies noch nicht genug, geht in diesen Tagen die Meldung durch die Presse, Ruandas Regierungschef habe im Gespräch mit der Zeitschrift *Jeune Afrique* die Einrichtung von Umerziehungslagern für Jugendliche angekündigt, die dem negativen Einfluss ihrer Hutu-Eltern entzogen und zu guten Bürgern gedrillt werden sollen. Wenn das stimmt, wäre Ruanda, das mehr deutsche Entwicklungshilfe als andere afrikanische Länder erhält, dabei, den Schritt vom autoritären Regime zum totalitären Staat zu gehen.

Um Missverständnisse zu vermeiden: Ich verlange nicht, Paul Kagame auszuladen oder nicht als Staatsgast zu empfangen – das wäre unrealistisch. Aber ich möchte Sie bitten, verehrter Herr Bundespräsident, wenigstens *eine* der in diesem Brief aufgeworfenen Fragen im Gespräch mit Ihrem Besucher zur Sprache zu bringen. Damit wäre schon viel erreicht!

Freundliche Grüße –
Ihr *Hans Christoph Buch*

Postskriptum

Dieser offene Brief erschien am 24. April 2008 im Feuilleton der *Frankfurter Rundschau* unter dem nicht von mir stammenden Titel: »Ihr Gast ist ein Verbrecher«. Danach herrschte zwei Jahre lang Funkstille. Ich bekam weder eine Empfangsbestätigung von Horst Köhlers Büro noch eine Antwort oder eine Einladung zum Meinungsaustausch über die von mir gestellten Fragen, im Gegenteil. Fortan war ich *persona non grata* im Bundespräsidialamt, und auf einem diplomatischen Empfang zum kenianischen Nationalfeiertag wisperte ein leitender Mitarbeiter des Bundespräsidenten mir zu, ich sei seinem Chef in den Rücken gefallen – eine Dolchstoßlegende, wenn man so will.

Am 30. Mai 2010, dem letzten Tag seiner Amtszeit, was zu diesem Zeitpunkt noch niemand wusste, besuchte ich eine Matinee im Schloss Bellevue, wo der Bundespräsident das von ihm herausgegebene Buch *Schicksal Afrika* vorstellte. Beim anschließenden Empfang ging Horst Köhler auf mich zu und sagte, er habe mit Präsident Kagame über meine Vorwürfe gesprochen und der habe ihm versichert, ich sei falsch informiert. Das gelte auch für den französischen Richter Bruguière und dessen spanischen Kollegen, der vierzig Politiker und Militärs aus Ruanda wegen Verbrechen gegen die Menschlichkeit zur Fahndung ausgeschrieben hatte – Spaniens Regierungschef Zapatero weigerte sich deshalb, Kagame zu empfangen. Er persönlich, fuhr Köhler fort, habe einen rundum positiven Eindruck von Paul Kagame, da dieser, anders als andere afrikanische Staatschefs, Kritik nicht als Majestätsbeleidigung empfinde. Ruandas Parlament habe die höchste Frauenquote Afrikas, und die unter freiem Himmel tagenden Gatschatscha-Tribunale seien ein Experiment, von dem auch die deutsche Justiz lernen könne. »Aber er wird wohl immer diktatorischer«, fügte Horst Köhler in fragendem Tonfall hinzu. »Nein, Kagame war von Anfang an ein Diktator«, warf Volker Schlöndorff ein, der in Kigali eine Filmakademie aufbaut und weiß, wovon er spricht. Während der Bundespräsident von Autogrammjägern umringt wurde, konnte ich mir eine letzte Bemerkung nicht verkneifen: »Heute steht fest, dass bei dem Massaker im Lager Kibeho, das ich aus der Nähe mit ansah, fast so viele Menschen ermordet wurden wie in Srebrenica. Radovan Karadžić sitzt im Gefängnis, aber Paul Kagame läuft frei herum – schlimmer noch: Er ist ein Lieblingskind deutscher Diplomatie und Entwicklungshilfe!«

Den Entschluss, das Handtuch zu werfen, muss Köhler noch am selben Tag gefasst haben, denn in seiner Begrüßungsrede hatte er erklärt, er fliege demnächst nach Burkina Faso, und aus dem Präsidialamt verlautete, die Afrika-Reise diene dem Staatsoberhaupt dazu, Distanz zwischen sich und seine Kritiker zu legen. Wie dünnhäutig Horst Köhler reagiert, hatte schon das von ihm einberufene Afrika-Forum auf dem Bonner Petersberg gezeigt, wo er kritische Fragen zur blutigen Niederschlagung einer Protestdemonstration in Addis Abeba abtat mit der Bemerkung, die Presse mache wieder mal alles kaputt.

Drei Monate nach Köhlers überraschendem Rücktritt wurde in Ruanda ein neuer Präsident gewählt. Das Resultat bestätigte meine schlimmsten Befürchtungen: Paul Kagames Einheitspartei gewann 93,08 Prozent der Stimmen, nachdem er die Oppositionsführerin Victoire Ingabire unter Hausarrest hatte stellen lassen; Peter Erlinder, ein zu ihrer Verteidigung angereister Jurist aus Oklahoma, wurde verhaftet und der Leugnung des Genozids angeklagt, die Grüne Partei zur Wahl nicht zugelassen und ihr Mitbegründer, ein früherer Gefolgsmann Kagames, enthauptet aufgefunden. Als seine Mörder ihm den Kopf abschnitten, lebte er noch, was Kagame mit der Bemerkung quittierte, auch den Unfalltod von Jörg Haider laste man nicht der österreichischen Regierung an. Einen Monat später publizierte das Hochkommissariat der Vereinten Nationen einen offiziellen Bericht über Menschenrechtsverletzungen im Kongo, der alles bestätigte, was ich seit Jahren vor tauben Ohren gepredigt hatte: Dass Ruanda im Osten der Kongorepublik mehrfach militärisch interveniert und direkt oder indirekt mitschuldig war am Tod von drei Millionen Menschen, die dort nach Mobutus Sturz ums Leben kamen – ganz zu schweigen von Massenvergewaltigungen, sexueller Versklavung und Gräueltaten vom Kannibalismus bis zum Völkermord.

So besehen, hat sich nicht allzu viel verändert seit den Tagen der Berliner Kongo-Konferenz, und die Kluft zwischen den Sonntagsreden unserer Politiker und der grimmigen Realität vor Ort ist nicht schmaler, sondern breiter und tiefer geworden. Die schon damals fragwürdige Ausrede, Afrika sei weit weg und man wisse nicht genug, um die Vorgänge zu beurteilen, gilt heute nicht mehr: Im Zeitalter der Globalisierung liegt der Kongo vor unserer Haustür, und was in Goma oder Kisangani passiert, ist *live* im *heute journal* oder den *Tagesthemen* zu sehen. Die Frage stellt sich, wer oder was zynischer war: Bismarck, der die Zivilisierung Afrikas versprach und gleichzeitig den Kontinent mit billigem Fusel aus seiner Schnapsfabrik überschwemmte, oder das salbungsvolle Gerede von Menschenrechten und Demokratie, während Bootsflüchtlinge aus Afrika in Sichtweite Europas ertrinken.

Im Vergleich zur Doppelzüngigkeit heutiger Politiker hatte Bismarcks Doppelmoral den Vorzug der Deutlichkeit, und das Schicksal afrikanischer Boat People steht den eingangs geschilderten Leiden der Schiffbrüchigen der *Medusa* nicht nach.

September 2010

APOKALYPSE AFRIKA

ist im Februar 2011 als dreihundertvierzehnter Band der *Anderen Bibliothek* im Eichborn Verlag, Frankfurt am Main, erschienen.
Der Autor dankt der Stiftung preußische Seehandlung in Berlin für die Förderung der Arbeit an diesem Buch.
Zu danken ist dem Fotograf Andreas Herzau für die Bebilderung:

Flüchtlingscamp im Rohbau des Ministeriums für Gesundheit, Monrovia, Liberia, 1996
Diamantensucher, Bo, Sierra Leone, 1996
Flüchtlingsfrau bei der Impfung, Bo, Sierra Leone, 1996
Im Zentrum der von Flüchtlingen überfüllten Stadt Bo, Sierra Leone, 1996

Ruandische Frau im Lazarett des Flüchtlingscamps Benako, Tansania, 1995
Flüchtlingscamp, Goma, Zaire, 1995
Des Mordes verdächtige Hutu im überfüllten Zentralgefängnis, Kigali, Ruanda, 1995
Hilfsgüterverteilung im Flüchtlingscamp Benako, Tansania, 1995

Herausgegeben und lektoriert hat Christian Döring.

HANS CHRISTOPH BUCH

wurde 1944 in Wetzlar geboren. Er ist Erzähler, Essayist und Reporter und begleitet die *Andere Bibliothek* als Autor seit vielen Jahren: *Blut im Schuh* (2001), *Tanzende Schatten oder der Zombie bin ich* (2004) und zuletzt *Sansibar Blues* (2008).

Der Autor lebt, wenn er nicht gerade unterwegs ist, in Berlin.

DIESES BUCH

wurde von Greiner & Reichel in Köln aus der ITC Jamille und der Janson gesetzt. Das Memminger MedienCentrum druckte auf 100 g/m² holz- und säurefreies, mattgeglättetes Bücherpapier. Dieses wurde von der Papierfabrik Schleipen ressourcenschonend hergestellt. Den Einband besorgte die Buchbinderei Lachenmaier in Reutlingen. Typografie und Ausstattung gestalteten Susanne Reeh und Cosima Schneider.

1.–6. Tausend Februar 2011
Dieses Buch trägt die Nummer

ISBN 978-3-8218-6236-1